우리집 인문학

영화

일러두기

1. 단행본은 《 》, 논문·영화·신문·잡지·시·그림·노래·글 등은 〈 〉로 표기했습니다.

2. 작품의 원문과 서술 방식을 살리고자 구어체 표현을 사용했습니다.

3. 출처가 표기되지 않은 이미지는 저자가 직접 촬영한 사진입니다.

4. 본 도서에 수록된 일부 영화 포스터의 경우, 제작사 및 권리자와 연락이 닿지 않아 사전 사용 허락을 받지 못했습니다. 추후 권리자로부터 연락이 있을 경우 원만한 협의를 거쳐 절차에 맞게 진행하겠습니다.

우리 집 인문학: 영화

초판 1쇄 인쇄 2026년 1월 28일
초판 1쇄 발행 2026년 2월 11일

지은이 양혜원
펴낸이 고영성

책임편집 하선연 │ **디자인** studio forb
본문 일러스트 불곰

펴낸곳　　주식회사 상상스퀘어
출판등록　　2021년 4월 29일 제2021-000079호
주소　　경기도 성남시 분당구 성남대로 52, 그랜드프라자 604호
팩스　　02-6499-3031
이메일　　publication@sangsangsquare.com
홈페이지　　www.sangsangsquare-books.com

ISBN 979-11-24248-01-0 (세트)
ISBN 979-11-24248-06-5 44300

우리집 인문학

영화

영화가 묻고
역사가 답하다

양혜원 지음

영화를 통해
역사를 이해하는 법

영화를 통해 역사를 이해할 수 있을까요? 또 영화를 통해 역사를 이해하는 것은 바람직할까요? 이런 질문은 이미 오래전에 제기되었고 다양한 논의가 존재합니다. 결론을 먼저 이야기해 본다면, 가능은 하겠으나 분명한 한계와 주의점이 있습니다. 다만, 부정적인 의견이 있다고 해도 오늘날의 대중이 역사를 소비하는 한 형태로 영화가 자리 잡았음을 부정할 수는 없으며 이는 되돌이킬 수 없는 흐름이기도 합니다. 1890년대에 영화가 제작되기 시작한 이래 130년이 넘어가는 지금, 역사물은 흥행 확률이 높은 대표적인 장르가 되었습니다. 우리나라는 특히 그런 경향이 강한 편입니다. 천만 관객 영화 〈광해, 왕이 된 남자〉, 〈서울의 봄〉 등의 역사물이 바로 떠오르는 것을 보면 말이죠.

영화를 통해 역사를 보려 할 때 가장 큰 장점은 이해도를 높일 수 있다는 점입니다. 사실, 역사적 사건을 알기 위해 책장을 넘겨 가며 글자를 읽어 내려가는 것이 쉬운 일은 아닙니다. 그러나 영화는 허구적인 공간에서나마 역사적 인물이나 사건을 생생한 영상으로 보여 주기에 대중의 흥미와 이해를 단숨에 불러일으킬 수 있는 강력한 매체입니다. 영화에서는 단순한 역사 기록을 토대로 실제 인물이 배역을 맡고 옷가지나 장신구, 각종 기구, 건물, 마을 등을 재현하여 복잡한 갈등 상황이나 정치적 사안도 좀 더 쉽게 이해할 수 있게 하거든요. 그렇기에 역사 수업 시간에 학생들의 눈길을 끌어오기 위해 종종 영화가 소환되는 것이겠지요.

전문 역사가들은 고전 자료를 찾아내고 해석하여 과거의 사건에 역사적 의미를 부여하는 일을 합니다. 반면 영화에서 표현하는 역사는 영화적 상상력을 동원하여 고전 자료의 공백을 메워 주고 이해하기 어려운 표현이나 복잡한 상황을, 영상을 통해 이야기처럼 풀어내죠. 이를 통해 관객에게 역사적 사실을 더욱 쉽게 이해시키고, 시청각을 통한 즐거움을 주게 됩니다. 그런데 바로 이런 점이 영화를 통해 역사를 이해할 때 큰 단점으로 작용합니다. '역사적 사실'과 '상상'이라는 말은 얼핏 들어도 어울리기 어려운 단어 같지 않나요?

역사적 사건은 고전 자료나 역사 연구서만으로 구체적 면모를 온전히 구현하기 어렵습니다. 역사를 소재로 한 영화가 아무리 고증을 철저히 한다고 한들 대사나 감정선, 세부 사건 등에 있어서는 필연적으로 동반되는 한계가 있는 것이죠. 그렇기에 역사 영화는 역사적 사실에 허구가 개입하는 방식으로 제작될 수밖에 없습니다. 이런 점에서 역사상에 대한 왜곡을 불러올 소지가 다분하고 관객으로 하여금 사실과 허구에 대한 혼동과 착각을 일으키도록 하기도 합니다. 심한 경우 영화 제작자의 관점이 강하게 반영되어 역사적 사실에 대한 은폐나 미화, 정당화의 수단으로 이용될 우려도 있습니다. 또한 관객의 시선을 잡기 위한 흥미적 요소가 우선시되므로 허구적 에피소드나 사건의 과장, 단순화, 생략 등도 존재합니다.

영화를 통해 역사적 사실을 완벽하게 재현하는 일은 불가능합니다. 애초에 역사 기록이 그렇게 상세하지 않으니까요. 예를 들어 《삼국사기》와 같은 고전 자료에서는 신라시대 화랑에 대해 다음과 같이 기록하고 있습니다.

신분이 높은 집안의 아들 가운데
용모가 아름다운 자를 뽑아 분을 바르고 곱게 꾸몄다.
[擇貴人子弟之美者, 傅粉粧飾之.]

글로는 이렇게 간단히 표현하면 그만이지만, 불과 한자 열세 자로 표현된 이 기록을 영화 속에서 구현하려면 큰 상상력이 필요합니다. 신라의 용맹한 전사로 성장하여 삼국통일의 주역이 되는 이 '아름다운 화랑'들을 영상에서 보여 주려면, 그들의 화장이나 옷, 장신구, 전투 장비 등을 구체적으로 재현해야 하니까요. 뒤에서 다루게 될 영화 〈황산벌〉에서 앳된 화랑들이 하얀 분을 바르고 등장하는 것은 저 기사에 근거하여 상상력을 동원한 결과일 것입니다. 그러나 세심하게 고증하여 사실에 가깝게 하려 해도 실제 화랑의 모습은 그 누구도 본 적이 없습니다. 이 때문에 영화에서 역사를 완벽히 재현한다는 것은 불가능에 가까운 것이죠. 즉, 관객은 역사 영화에서 보여 주는 영상과 줄거리가 역사적 사실과 차이가 있다는 점을 분명히 인식할 필요가 있습니다. 역사적 사건이 뼈대를 이루되, 극적 긴장감과 이야기의 흐름을 위해 상상과 허구가 개입된 것임을 기억해야 합니다.

또한 영화에서 과거를 재현하는 방식에는 영화감독의 해석과 시선이 반영되었다는 것, 또 영화 제작 당시의 사회상이나 가치관이 녹아 있다는 것도 종합적으로 고려되어야 합니다. 예컨대 이순신 장군에 대한 영화를 생각해 봅시다. 1971년에 제작된 영화 〈성웅 이순신〉은 이순신을 완벽한 리더이자 절대복종해야 할 지도자의 모습으로 그려 냈습니다. 국가를 위한 개인의 희생을 당연한 것으로 전제하고 왕에 대한 절대적 충성을 미덕으로 강조하여, 영화 제작 당시 권위주의적인 체제의 가치관을 고스란히 드러낸 것이지요. 반면 근래에 개봉한 〈명량〉, 〈한산〉 등 영화에서의 이순신은 치열하게 고민하고 두려움도 느끼지만, 절망적 상황에서도 희망을 잃지 않고 위기를 극복하는 인물로 표현됩니다. 이는 2010년대의 경제 불안이나 세월호 참사와 같은 사회적 위기와 혼란에 맞서 이를 극복하려는 가치관이 강하게 부각된 것으로 평가됩니다. 동시에 현실적이고도 인간적인 민주화시대의 리더로 그려졌습니다. 위와 같은 점들을 고려해 본다면 아무리 고증이 잘 된 영화라도 어떤 면에서의 '왜곡'이나 '미화' 혐의를 완전히 벗어나기란 힘들 것입니다.

한편, 영화의 역사가 길고 깊어지면서 역사 사건을 직접적으로 그려 낸 영화뿐 아니라, 역사적 사건을 모티브로 차용한 영화들도 나오기 시작했습니다. 각종 기록이나 역사의 일단을 가져와 영화적 장치로 사용한다거나, 잘 알려진 역사적 배경을 영화의 배경으로 삼아 그 분위기를 활용하는 식이지요. 그러면서 역사 영화와 아닌 영화의 경계가 모호해지는 면도 있어 보입니다. 예컨대 영화 〈웅남이〉, 〈전우치〉, 〈신과 함께〉 같은 영화들은 역사 영화라고 할 수 없지만 역사적 사실이나 배경을 모티브로 삼고 있어요. 영화 〈광해, 왕이 된 남자〉는 사람들이 역사 영화라고 평하지만, 광해가 대역을 세우고 자신은 숨어 있다가 생사를 넘나드는 병중에 있었다는 식의 설정은 전혀 사실이 아닙니다. 전자의 경우는 영화를 더 잘 이해하기 위해 역사적 배경 지식이 필요한 정도라면, 후자의 경우는 상상을 대폭 추가하여 사실과 허구를 헷갈릴 소지가 농후합니다.

영화 〈광해, 왕이 된 남자〉와 같은 경우를 팩션 영화faction film라고 합니다. 팩션이란 팩트fact와 픽션fiction을 합성한 신조어로, 역사적 사실이나 실존 인물의 이야기에 상당 부분 허구적 상상력을 덧붙여 새로운 사실을 재창조하는 문화예술 장르를 가리킵니다. 팩션은 오늘날의 영화, 텔레비전, 연극 등 모든 문화 영역으로 확산되어 중요한 핵심 장치로 작동하고 있는데요. 어찌 보면 역사적 배경과 인물을 활용하는 데 정도의 차이가 있을 뿐이지, 모든 역사 영화는 팩션 영화의 범주 안에 들어 있다고 해도 과언이 아닙니다. 결국 영화와 같은 매체를 통해 역사를 이해하는 일은 흥미 유발과 이해의 수월성 면에서 많은 장점이 있지만, 항상 허구성을 염두에 두고 주의를 기울일 필요가 있음을 의미합니다.

이 책에서는 모든 역사 관련 영화는 팩션 영화임을 전제하고 역사적 배경과 인물이 차용되거나 주요 소재로 사용된 경우를 모두 포함하여 다루려 합니다. 아쉽게도 우리나라의 역사 영화는 시대와 주제의 다양성이 매우 떨어집니다. 특히 시대적으로 조선 후기, 일제강점기, 현대사에 대부분의 역사 영화가 몰려 있고, 주제에 있어서도 전쟁이나 정변을 다룬 경우가 압도적으로 많습니다. 이런 주제들로 영화를 제작하다 보니 폭력적이거나 선정적인 영화들도 종종 있습니다. 이 책에서는 최대한 넓은 시대를 포괄하면서 가급적 학생들이 시청해도 크게 무리가 없는 수준의 영화들을 고르려고 노력했습니다. 이 책에서 다룬 영화는 대부분 전체관람가이거나 12세 이상 관람가입니다. 단, 〈웅남이〉, 〈황산벌〉, 〈광해, 왕이 된 남자〉는 15세 이상 관람가이므로 선생님이나 부모님의 시청 지도를 부탁드립니다.

이 책은 크게 '영화가 묻다'와 '역사가 답하다' 그리고 그 사이에 던지는 질문으로 구성되어 있어요. '영화가 묻다'에서는 영화에 대한 간략한 정보와 전반적인 줄거리를 소개하고 있습니다. 영화의 스포일러가 될 수 있다는 점을 주의해 주세요. 그리고 영화를 보고 떠오를 수 있는 의문이나 생각할 거리 하나를 던져 놓았어요. 이는 영화를 볼 때 필요한 핵심적인 배경지식이 무엇인지를 파악할 수 있는 질문이기도 합니다. '역사가 답하다'는 앞에서 던진 질문에 대한 대답이자, 영화 속에 녹아 있는 역사적 배경에 대한 해설을 곁들이고 있어요. 단순 학습에 치중한 수박 겉핥기식 정보를 지양하고, 좀 더 깊이 있는 내용을 쉽게 전달하고자 노력했습니다.

　우리나라는 유구한 역사를 가지고 있어서 조금만 눈을 돌리면 역사적 배경을 차용한 영화가 꽤 많습니다. 영화를 통해 역사를 공부하는 재미도 있지만, 반대로 역사 공부를 통해 영화가 더욱 흥미로워질 수 있기를 기대합니다. 자, 그럼 역사학자와 함께 살펴보는, 한 걸음 더 깊은 영화 속 역사 이야기로 들어가 볼까요?

차례

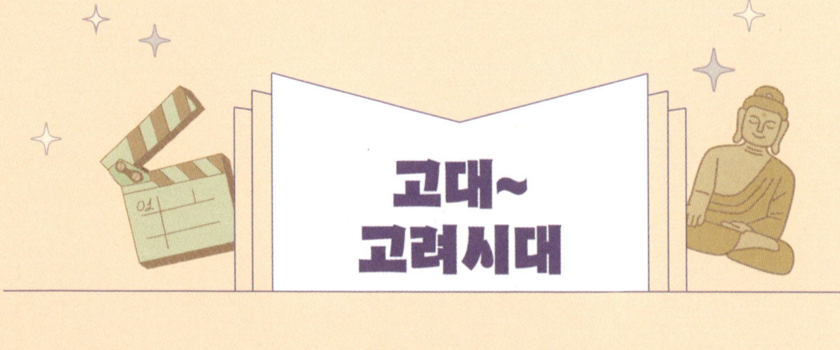

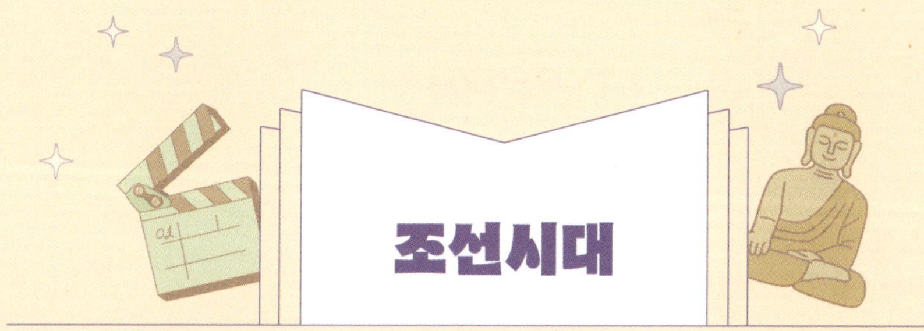

조선시대

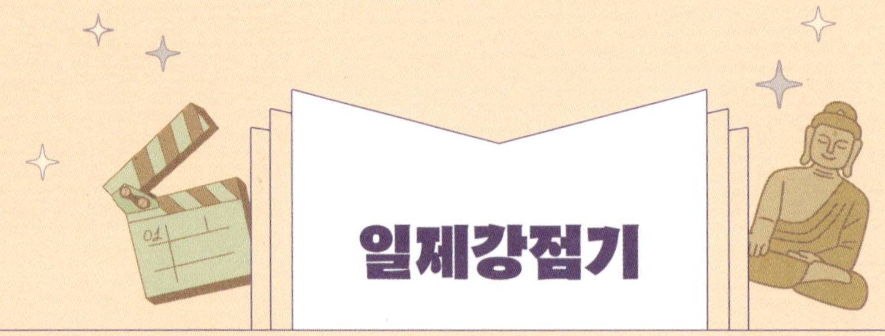

일제강점기

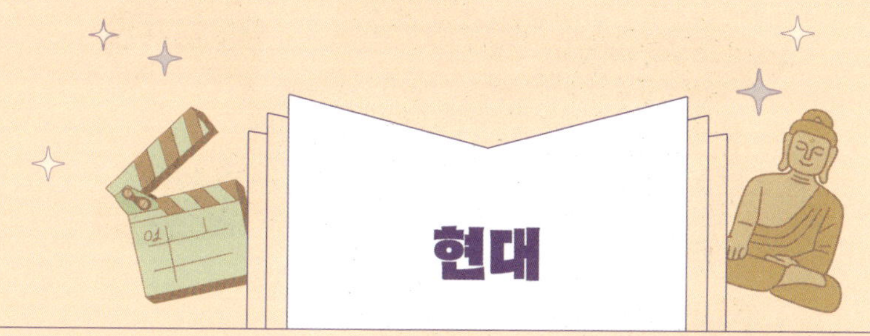

현대

CINEMA
고대~
고려시대

웅남이
신화 같은 역사 기록, 고조선

곰과 호랑이는 환웅에게 사람이 되게 해달라고 기도하였다. 환웅은 이들에게 신령한 쑥과 마늘을 주면서 이를 먹고 백일동안 햇빛을 보지 않으면 사람이 되리라 하였다. 이에 곰은 금기를 잘 지켜 삼칠일 만에 여인이 되었으나 호랑이는 지키지 못하여 사람이 되지 못하였다.

《삼국유사》〈기이〉 고조선

- ◆ **감독:** 박성광
- ◆ **개봉연도:** 2023년
- ◆ **관람등급:** 15세 이상 관람가
- ◆ **장르:** 코미디, 액션
- ◆ **등장인물(배우):** 나웅남/이정학(박성웅), 이정식(최민수), 나복천(오달수), 장경숙(염혜란), 말봉(이이경) 등

〈웅남이〉는 2023년 3월에 개봉한 코믹 액션 영화입니다. 인간을 초월하는 짐승 같은 능력으로 국제 범죄 조직에 맞서는 웅남이의 좌충우돌 활약상을 그리고 있어요. 코미디언 박성광이 감독한 첫 상업영화로 썩 흥행하지는 못했지만, 고조선의 건국 신화인 단군 신화를 현대적으로 재해석하여 제작되었다는 점이 눈길을 끕니다.

영화는 국립종생명기술원에서 관리하던 쌍둥이 반달곰, 웅남이와 웅북이가 어느 날 갑자기 사라지면서 시작돼요. 연구원들은 반달곰들이 자취를 감춘 이유를 알 수 없어 걱정을 키워 가죠. 알고 보니 반달곰 쌍둥이는 민가를 돌아다니며 쑥과 마늘을 훔쳐 먹고, 무려 100일 넘게 산속 동굴에 숨어 지내고 있었어요.

연구원 나복천은 인간 아이의 모습으로 변해 산속 동굴에 홀로 남아 있던 웅남이를 발견하고, 그를 자신의 자식처럼 키우게 됩니다. 웅남이는 어느덧 25살의 청년으로 자라나고, 인간이 된 뒤에도 곰처럼 뛰어난 힘과 후각을 지닌 채 경찰이 되어 교통계에서 에이스로 활약해

요. 상대방이 먹은 안주나 혈중알코올농도까지 냄새로 맞히는 능력 덕
분이었죠.

그러던 어느 날, 웅남이는 아버지가 동료 연구원과 반달곰의 습성에
대해 통화하는 내용을 우연히 듣게 돼요. 웅남이는 그 말을 곧이곧대
로 받아들여 자신의 살날이 얼마 남지 않았다고 오해하고 맙니다. 사
실 아버지가 확인하려던 건 반달곰의 발정기였지만, 이 사실을 알 리
없던 웅남이는 깊은 상실감에 빠져 경찰직을 자진해서 그만두고 백수
신세가 되죠. 이후로는 집에서 빈둥거리며 지내거나, 동네 친구 말봉이
의 방송을 도와주고 마을의 소소한 일들을 거들며 하루하루를 보내요.

한편, 웅남이와 똑같은 얼굴을 한 이정학은 국제 마약 조직에 몸담
은 범죄자예요. 그의 정체는 바로 웅남이의 쌍둥이 형제, 웅북이였죠.
웅남이와 달리 범죄조직 보스 이정식에게 길러진 그는 냉정하고 잔인
한 성격으로 성장해 조직의 2인자 자리에까지 오르게 됩니다. 경찰은
이정학의 마약 밀매 정황을 포착하고 그에게 현상수배를 내리게 돼요.

그러던 중 웅남이는 말봉이를 따라 들어간 도박장에서 이정학으로
오해받아 경찰에 붙잡히게 됩니다. 곧 오해는 풀리지만, 경찰은 이 상
황을 기회로 삼아 웅남이를 이정학으로 위장시켜 범죄조직에 잠입시
키는 '도플갱어 작전'을 계획해요. 웅남이는 경찰 복직을 조건으로 작
전에 참여하게 되고, 말투와 행동을 익히는 훈련을 거쳐 조직에 들어
가지만, 어딘가 어색한 몸짓과 곰의 습성을 완전히 숨기지 못해 곳곳
에서 웃음을 자아냅니다.

한편 이정식은 백신의 희소성을 유지하기 위해 과거 연구원이었던

나복천을 제거하려 하고, 이 임무를 맡은 이정학은 우연히 웅남이를 키워 준 엄마 장경숙을 만나게 됩니다. 처음 느껴보는 가족의 따뜻함 앞에서 이정학의 마음은 점점 흔들리기 시작하죠. 결국 그는 살해 명령을 끝내 실행하지 못한 채 조직으로 돌아갑니다.

마침내 작전 당일이 다가오고, 경찰과 웅남이는 이정식을 체포하기 위해 움직여요. 하지만 현장에 도착한 이정식은 수상한 낌새를 눈치채고 도주를 시도하고, 상황은 걷잡을 수 없이 꼬이기 시작하죠. 그 과정에서 웅남이는 가짜 이정학임이 들통나고, 병원에서 탈출한 진짜 이정학까지 나타나면서 현장은 극심한 혼란에 빠집니다.

결국 웅남이는 시한폭탄이 든 가방을 들고 조직원들과 몸싸움을 벌이다 바닷속으로 뛰어들어요. 죽음을 각오한 순간, 이정학이 나타나 폭탄을 대신 넘겨받고 깊은 바다 속으로 사라집니다. 이정식은 결국 체포되고, 웅남이는 다시 경찰로 복직해 평화로운 일상을 되찾으며 영화는 막을 내려요.

> **Q.** 곰이 쑥과 마늘을 먹고 사람이 되었다는 단군왕검 이야기는 우리 역사에서 무엇을 의미하는 걸까요?

단군왕검, 고조선 건국에 대한 신비한 이야기

이 영화에서 곰인 웅남이와 웅북이가 쑥과 마늘을 먹고 사람이 되었다는 설정은 단군왕검 기사에 나오는 웅녀 이야기를 재해석한 것입니다. 단군왕검 이야기는 우리나라 최초의 고대국가인 고조선의 건국에 관한 내용이에요. 우리나라 사람이라면 대부분 알고 있는 이야기죠.

그렇다면 이 유명한 단군 이야기는 어디에 나올까요? 단군 이야기가 처음 실린 책은 고려 후기 승려 일연이 편찬한 《삼국유사》예요. 이후 이승휴의 《제왕운기》에도 등장하고, 조선시대 들어 권람의 《응제시주》나, 《세종실록지리지》와 《동국여지승람》 등에도 기록되어 있죠. 단군과 고조선에 대한 기록들은 그 내용이 조금씩 다르나 《삼국유사》의 기록이 가장 원형에 가깝다고 보고 있으며, 조선시대의 기록들은 고려 후기의 기록들을 참고하여 전승되는 것으로 보여요.

비슷하지만 조금씩 다른 이야기

《삼국유사》에 실린 단군왕검 내용을 간단히 소개해 보면 이렇습니다.

옛날에 하늘신 환인에게 환웅이라는 아들이 있었어요. 환웅은 인간 세상에 내려가고 싶어 했어요. 아들의 뜻을 알게 된 환인이 하늘 아래를 굽어 살펴보니 널리 이롭게 할만했기에 천부인 세 개를 주며 허락했죠. 환웅은 풍백, 우사, 운사를 비롯한 무리 3000명을 이끌고 태백산 정상의 신단수 아래로 내려와 인간 세상을 다스리게 되었어요. 이곳이 바로 신시神市예요. 그런데 이때 곰과 호랑이가 환웅에게 사람이 되고 싶다고 기도했어요. 그러자 환웅은 신령한 쑥과 마늘을 주면서 이것을 먹으며 100일 동안 햇빛을 보지 않으면 사람이 될 것이라고 했지요. 곰은 이를 잘 지켜 21일 만에 사람이 되었으나, 호랑이는 지키지 못해 사람이 되지 못했어요. 여인이 된 이 곰은 '웅녀'라고 불려요. 웅녀는 환웅과 결혼하여 아들을 낳았는데, 그가 바로 단군왕검입니다. 단군왕검은 고조선을 세우고 1500년 동안 나라를 다스리다가 산신이 되어 1908세까지 살았답니다.

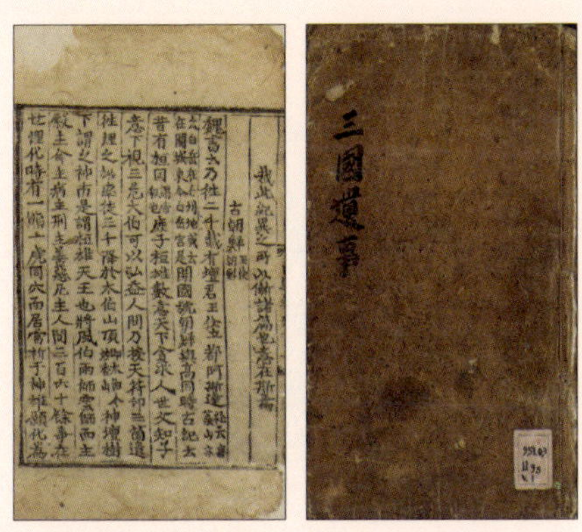

《삼국유사》 표지와 고조선 기사 (출처: 규장각)

《제왕운기》에 실린 단군의 기록은 《삼국유사》와 비슷하지만 약간 다른 부분도 있어요. 다음과 같은 내용이 간략하게 전해집니다.

환인은 아들 환웅에게 삼위태백에 가서 널리 인간을 이롭게 하라고 명했어요. 이에 환웅이 천부인 세 개를 받고 귀신 삼천을 이끌고 태백산 정상 신단수 아래로 내려왔으니, 이를 '단웅천왕'이라고 했대요. 단웅천왕은 손녀에게 약을 먹여 사람으로 변하게 하고 단수신과 결혼하게 했는데, 그 사이에서 태어난 아들이 바로 단군이에요. 단군은 조선의 왕이 되었어요. 시라와 고례, 남옥저, 북옥저, 동부여, 북부여, 예와 맥이 모두 단군의 후손이에요. 단군은 1038년을 다스리다 아사달산에 들어가 죽지 않고 신이 되었다고 해요.

역사의 신화적 서술, 단군왕검

마치 신화의 한 장면 같은 이 이야기들은 무척 신비롭고 재미있지만, 한편으로는 의문이 들 수도 있을 것 같아요. 환웅이 하늘에서 내려왔다고? 어떻게 곰이 사람이 되지? 어떻게 동물이 쑥과 마늘을 먹지? 어떻게 단군은 천 년을 넘게 살았지? 뭐 이런 의문들 말이죠. 어쩌면

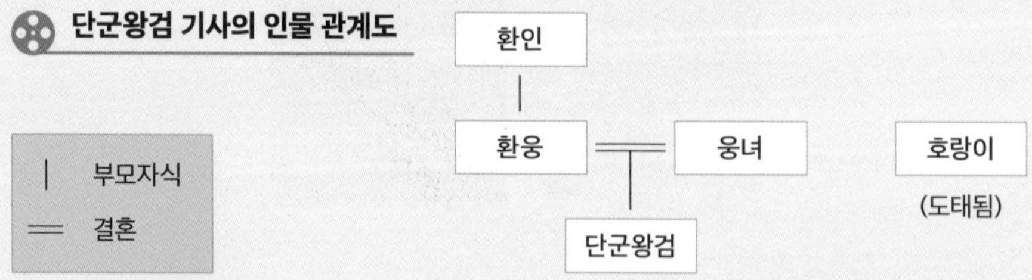

'이거 역사 맞아?' 하는 생각이 들지도 모릅니다.

그러나 신화 형식의 역사 서술은 아무렇게나 꾸며 낸 이야기가 아니라 과거 사람들이 역사를 서술하는 방식이었어요. 오늘날과 같이 실증에 기반한 객관적인 역사 서술이라는 개념은 근현대에 형성된 거예요. 과거에는 역사적 내용에 권위와 정당성을 부여하기 위해 신성한 기원을 강조하는 것이 일반적이었죠. 특히 위대한 업적을 이룬 역사적 인물이나 왕조를 세운 **건국조***는 신격화하여 전승하는 것이 오히려 자연스러웠어요. 고구려를 세운 주몽이 강의 신 하백의 딸 유화가 햇빛을 받아 잉태한 알에서 태어나 신비한 능력을 지녔다거나, 신라의 시조 박혁거세가 하늘에서 내려온 알에서 태어나 뛰어난 자질을 지녔다거나 하는 건국 신화들을 떠올리면 쉽게 이해가 될 거예요. 또한 이러한 신화적 서사는 우리나라뿐 아니라 동서양을 막론한 역사 전승 방식이기도 하죠.

우리가 동화처럼 읽는 서양의 그리스·로마 신화도 실은 역사적 진실을 품고 있어요. 그리스·로마 신화에서 신들의 전쟁은 왕조가 교체되거나 권력 집단이 바뀌는 것을 의미하곤 합니다. 즉, 오래전 인간 사회에 대한 신화적 서술은 단순한 판타지가 아니라 당대의 세계관이나 정치, 사회구조 등을 은유적이고도 상징적으로 드러낸 것이라고 할 수 있어요. 따라서 단군왕검의 신화적 서술 역시 우리나라 고대 사회의 세계관과 역사가 응축된 문화적 산물로 이해해야 합니다.

★ **건국조**: 나라를 처음 세운 사람.

하느님의 아들, 환웅의 강림

환웅의 아버지인 환인은 하늘신, 즉 하느님이지요. 간혹 오해하는 사람이 있는데, '하느님'은 전통적인 하늘 숭배 사상에서 비롯된 것으로, 오늘날 천주교나 개신교의 유일신 하나님과는 전혀 다른 개념입니다.

환웅은 아버지의 허락을 얻어 홍익인간弘益人間의 뜻을 세우고 무리 3000명을 이끌고 신단수 아래로 내려왔어요. 데려온 무리에는 풍백(바람의 신), 우사(비의 신), 운사(구름의 신) 같이 농경 생활에 중요한 요소들이 포함되어 있음을 알 수 있지요. 지상에 내려온 환웅은 곡식과 생명, 형벌과 같은 인간 세상의 360여 가지 일을 관장했는데, 이는 하늘의 뜻을 받아 인간계에 질서를 부여한 것으로 볼 수 있어요. 다시 말해, 환웅이 천상의 무리를 이끌고 인간계에 강림했다는 것은 하늘의 신, 즉 천신 숭배 사상을 가진 문명 집단이 한반도로 이주해 왔음을 의미합니다.

한편, 환인이 환웅의 인간 세계행을 허락한 것은 인간 세상이 널리 이롭게 할 만하기 때문이었어요. 이는 《삼국유사》 원문에 '홍익인간'이라는 말로 표현되고 있지요. 이 홍익인간 사상은 인류 공공의 이익을 추구하는 것으로, 현재까지도 우리나라 교육의 기본 이념으로 계승되고 있습니다.

인간이 되고 싶은 곰과 호랑이

환웅이 내려온 땅에는 사람이 되고 싶은 곰과 호랑이가 살고 있었어요. 환웅은 곰과 호랑이에게 "쑥과 마늘을 먹으며 어둠 속에서 100일을 견디면 인간이 될 수 있다"라고 말해 주었어요. 육식동물인 곰과 호랑이에게는 그야말로 가혹한 방법이었죠. 호랑이는 며칠 버티지 못하고 굴 밖으로 뛰쳐나왔어요. 하지만 곰은 끝까지 참고 견뎌서 마침내 사람이 되는 데 성공했답니다.

곰과 호랑이는 원주민의 토템totem이었을 거예요. 토템이란 자신들의 부족 혹은 씨족과 특별한 관계가 있는 것으로 믿어 신성하게 여기는 동물이나 자연물을 말합니다. 토템을 숭배하는 종교 형태를 토테미즘totemism이라고 해요. 어떤 학자는 곰과 호랑이를 하늘신에 대응하는 지모신地母神, 즉 땅신으로 보기도 해요.

곰에서 웅녀로의 변화 과정은 원시 자연적 상태에서 문명 사회로의 전환을 상징하는 것으로 해석돼요. 곰을 토템으로 하는 부족이 인내심을 가지고 쑥과 마늘이라는 농작물을 통해 자연 상태의 곰에서 문명의 인간으로 거듭나는 것에 대한 은유인 셈이죠. 이렇게 여인이 된 웅녀는 단군을 낳음으로써 우리 민족의 시조모로 거듭나게 됩니다.

호랑이가 사람이 되지 못했다는 것은 고대 한반도 사회의 문화적 갈등을 상징합니다. 단군 이야기에서 호랑이는 사람이 될 수 있는 존재지만 성급함과 변덕으로 환웅이 제시한 시험을 통과하지 못하고 사람이 되지 못한 미완의 존재로 그려졌어요. 이는 호랑이를 토템으로 하는 부족이 곰 부족이나 천손(하늘의 자손)을 표방하는 세력과 결합하지 못하고 배제되었음을 의미하지요. 어떤 학자는 호랑이가 수렵 중심의 유목 문화 집단을 상징한다고 해석하기도 합니다. 수렵에서 농업으로 전환하는 시기에 정착 생활을 하는 농경 문화에 적응하지 못하고 도태

된 유목 집단이 바로 호랑이라는 것이죠.

환웅과 웅녀의 아들, 단군왕검

환웅과 웅녀는 결혼해서 단군왕검을 낳았어요. 단군왕검은 하느님의 손자이자 강림한 천손의 아들이며, 곰에서 사람이 된 웅녀에게서 태어난 거예요. 부계로는 하늘, 모계로는 신성한 동물인 곰과 연결된 단군의 혈통이 얼마나 비범한지 느껴지나요? 환웅과 웅녀가 결혼했다는 이야기는, 하늘의 자손이라고 주장하며 발전된 문화를 가진 외부 집단이 곰을 숭배하며 이 땅에서 오래 살아온 사람들과 만나 결합하게 되었음을 상징적으로 나타낸 거예요. 두 세력은 서로 대립하며 다투기보다 조화롭게 융합하여 단군왕검을 탄생시켰어요. 단군왕검이 가진 혈통의 고귀함은 그의 정치적 집권을 정당화하는 중요한 이념적 장치라고 할 수 있어요.

단군왕검의 '단군'은 샤먼, 즉 무당을 뜻하는 '당골'이나 몽골어로 '하늘'의 의미를 갖는 텡그리tengri와 통하며, 왕검은 '임금'이라는 의미입니다. 이를 통해 단군왕검은 하늘과 인간을 매개하는 샤먼적 존재이자 정치 권력자인 왕의 역할을 함께했음을 알 수 있죠. 이 때문에 고조선을 종교와 정치가 결합한 제정일치 사회로 본답니다.

고조선, 단군왕검이 세운 조선

단군왕검이 세운 나라의 이름은 '조선朝鮮'이에요. 청동기 문화를 배경으로 일어난 우리나라 최초의 국가죠. 이를 흔히 '고조선古朝鮮'이라고 부르는데, 이는 '옛날의 조선'이라는 의미랍니다. 이렇게 부르는 까닭은 우리 역사상 '조선'이라는 이름을 가진 왕조가 여럿 등장하기 때문이에요. 조선은 아침 해가 밝고 선명한 나라를 뜻해요. 처음으로 단군이 세운 단군조선이 있고, 이후로 위만조선*과 우리가 잘 알고 있는 이성계의 조선이 있지요.

단군왕검은 처음에 평양성을 도읍으로 했다가 다시 백악산 아사달로 수도를 옮겼어요. 《삼국유사》에서는 평양성이 당시의 서경, 즉 지금의 평양이라고 했어요. 평양이 단군조선의 도읍이라는 사실은 김부식의 《삼국사기》에도 등장하고 있어 고려시대에도 알려져 있던 내용이었죠. 아사달의 위치에 대해, 개성 동쪽의 백악궁 터라거나 황해도 구월산이라는 견해들이 있어요.

1500년을 다스린 단군왕검

단군왕검은 1500년 동안 고조선을 다스리다 산신이 되었다고 해요. 단군이 초월적이고도 초자연적인 존재임을 여실히 드러내는 기록이지요. 그러나 이를 단군이라는 특정 인물이 그 긴 세월을 살았다고 이해하기는 어려워요. 옛 역사책에서 이런 식으로 서술한 이유는 단군의 고조선이 세워진 이래 그 자손들이 1500년간 왕위를 이어 갔기 때문이에요. 여기서 1500년을 다스린 단군왕검이란, 한 사람을 가리키는

★ **위만조선**: 위만이 집권한 기원전 2세기 초부터 한나라의 공격으로 멸망한 기원전 108년까지의 조선.

이름이 아니라 고조선을 다스려 온 여러 대의 통치자를 뜻하는 말이에요. 이후 단군왕검이 산으로 숨어 들어가 산신이 되었다는 것은 단군조선의 종말을 의미한다고 볼 수 있어요.

단군왕검과 고조선에 대한 논란

단군과 고조선에 대한 기록에는 몇 가지 논쟁이 있고, 내용에 대한 이해도 다양해요. 문제점으로 지적되는 것은 고조선과 이에 대한 기록 사이의 시간적 거리가 너무 멀다는 점이에요. 고조선 관련 기록 가운데 가장 이르고도 중요한 것으로 평가받는 《삼국유사》도 고려 후기인 13세기에 편찬되었어요. 그러나 고조선은 기원전 2세기경에 이미 멸망했죠. 역사적 실체와 기록 사이의 시간적 차이가 무려 1500년에 이르기 때문에 단군 관련 기록의 신빙성을 의심하는 견해가 있어요.

이러한 견해는 특히 일제강점기 일본인들에 의해 제기되었어요. 《삼국유사》에는 《위서》와 《고기》라는 역사서에 나오는 단군에 관한 기록이 인용되어 있는데, 이 책들은 현재 전해 오지 않아요. 또한 환인이나

고조선과 관련 사서의 등장 시기

기원전 2333년★~기원전 2세기 고조선	고려 후기(13세기) 《삼국유사》, 《제왕운기》	조선 전기(15세기) 《응제시주》

★ **기원전 2333년**: 고조선의 건국 연대는 기록마다 차이가 있으나 《동국통감》에 근거한 2333년이 많이 알려져 있다.

풍백, 우사, 운사 등은 불교 혹은 도교적 용어이므로 고조선 때 쓰일 수 없는 용어라는 거예요. 이런 점들을 들어 일본 학자들은 단군 신화가 후대의 조작에 불과하다며 그 가치를 깎아 내렸어요.

그러나 이런 주장은 설득력이 떨어져요. 《삼국유사》보다 훨씬 이른 시기부터 이미 단군 신화와 관련된 이야기가 널리 회자되고 있었거든요. 5세기 고구려 고분 각저총의 〈씨름도〉에는 커다란 나무 아래 곰과 호랑이가 앉아 있는 벽화가 그려져 있어요. 신단수 아래의 곰과 호랑이가 떠오르는 장면이지요. 더구나 시간적으로 거리가 먼 고조선에 대한 기록이 지금까지 남아 있기는 매우 힘들어요. 《삼국유사》는 당시 존재하던 각종 역사책을 인용하는 방식으로 내용을 서술하고 있기에 단군에 대한 기록을 고려 말의 창작으로 보기도 어렵지요. 불교적 용어가 등장하는 것은 불교가 유행한 시대의 특징이 반영된 것이라 할 수 있어요. '하늘신'을 표현하는 불교적 용어가 '환인'인 것이지요.

단군 신화에서 전하는 가장 중요한 내용은 하늘신의 아들인 환웅이 신단수 아래로 내려와 웅녀와 결합하여 단군을 낳고, 단군이 고조선을 건국했다는 거예요. 나라의 건국조가 하늘신의 자손이라는 천손 강림형 신화는 동북아시아 고대국가들에서 널리 보이는 형식의 신화지요. 또한 동물과 결합하여 건국조가 탄생했다고 보는 토테미즘이나 태백산 신단수와 같은 산악신앙 역시 시베리아 일대에 널리 퍼져 있던 고대적 사고방식이었어요. 이렇게 볼 때 단군 신화는 동북아 일대 고대 신화의 한 유형으로 판단할 수 있어요.

단군의 고조선에 대한 역사는 문헌 기록이 워낙 적고 간략하여 상세

비파형동검	세형동검
(출처: 국립중앙박물관)	(출처: 국립중앙박물관)

한 내용을 규명하는 데 한계가 있어요. 이 때문에 고고학적 발굴이 매우 중요하지요. 고조선의 역사를 보여 주는 한국의 청동기 유적에서는 고인돌과 비파형동검, 세형동검, 청동거울 등이 특징적으로 나타나요. 같은 시기 중국의 청동기 문화와는 전혀 다르죠.

비파형동검은 고조선 전기 역사를 상징하는 유물이에요. 중국 랴오닝성 일대를 중심으로 한 중국 동북지역과 한반도 전역에서 출토되고 있지요. 한반도 청동기 문화를 대표하는 유물로 돌널무덤이나 고인돌의 **부장품***으로 발견되는 경우가 대부분이에요. 비파형동검은 청동기 후기에서 초기 철기로 넘어가면서 세형동검으로 변화해요. 세형동검

★ **부장품:** 장사 지낼 때, 시체와 함께 묻는 물건을 통틀어 이르는 말.

고인돌 (출처: 국가유산포털)

은 한반도 일대에서만 주로 출토되어 '한국식 동검'이라고도 부르죠. 한반도의 독자성이 드러나는 세형동검은 특히 청천강 이남에서 주로 출토되며 동검을 만드는 틀인 거푸집도 함께 나오므로 한반도에서 제작되었음을 확실히 알 수 있어요. 이와 같은 고고학적 발굴의 성과로 고조선의 실체가 선명하게 확인되고 있답니다.

전우치

도사와 신선 그리고 거문고 갑을 쏴라

한 노인이 연못에서 나와 편지를 바쳤다. 겉봉에는 "열어 보면 두 사람이 죽을 것이요, 열어 보지 않으면 한 사람이 죽을 것이다"라고 쓰여 있었다……. 왕이 편지를 열어 보니 "거문고 갑을 쏴라[射琴匣]"라고 적혀 있었다. 왕이 궁에 돌아가 거문고 갑을 보고 활로 쏘았는데 그 안에서 궁궐에서 기도하는 승려와 왕비가 몰래 사통하고 있었다. 그 둘을 잡아 죽였다.

《삼국유사》〈기이〉 사금갑

- ◆ **감독:** 최동훈
- ◆ **개봉연도:** 2009년
- ◆ **관람등급:** 12세 이상 관람가
- ◆ **장르:** 액션, 코미디, 모험
- ◆ **등장인물(배우):** 전우치(강동원), 화담(김윤석), 서인경(임수정), 초랭이(유해진) 등

〈전우치〉는 2009년에 개봉한 액션 판타지 영화입니다. '전우치'라는 전통 캐릭터를 활용해 처음으로 한국형 히어로를 창조해 냈다는 면에서 크게 주목받았던 영화지요. 영화 속에는 우리나라 역사에 등장하는 온갖 신비한 소재들이 풍부하게 녹아 있어요. 연출은 물론 극본까지 맡은 최동훈 감독은 《전우치전》 같은 고전 소설이나 《삼국유사》, 《삼국사기》 같은 고전 자료를 열심히 읽은 것 같아요. 전우치, 화담, 표훈대사 같은 인물뿐 아니라 만파식적 같은 전설의 물건, 불교적 윤회관, 꿈과 현실이 모호하게 엇갈리는 도교적 세계관, 무속적 요소에 이르기까지 고전에 대한 감독의 관심과 식견이 드러나거든요.

이 영화는 사람들에게 해를 끼치는 요괴들을 잡아 감옥에 가두고 인간 세상을 평안하게 만들려는 표훈대덕의 이야기로 시작합니다. 표훈대덕은 천 일 동안 신비한 피리 만파식적을 불어 감옥 속 요괴들의 마성을 잠재우려 했어요. 그런데 감옥을 관리하던 신선 세 명이 날짜 계산을 잘못해, 천 일을 채우기 딱 하루 전에 감옥 문을 열어 버리고 말죠. 그 바람에 도망친 요괴들은 기억을 잃은 채 인간의 몸속으로 숨어들고, 표훈대덕도 요괴의 마성에 잠식된 채 인간계로 떨어지고 말았어요. 이때 표훈대덕의 피리 만파식적도 어디론가 사라져 버렸답니다. 만파식적에는 요괴를 다스릴 힘이 있었기에 만약 요괴의 손에 들어가면 요괴가 다른 요괴들을 조종해 인간 세상을 혼란스럽게 만들 것이 불 보듯 뻔했어요. 요괴들과 신선들은 행방이 묘연해진 만파식적을 먼저 찾기 위해 필사적이었답니다.

그러던 어느 날, 망나니 도사 전우치는 최고의 도사가 되기 위해 신물*을 찾아 헤매다가 우연히 만파식적을 얻게 되었어요. 이 피리는 우여곡절 끝에 둘로 나뉘어 전우치의 스승인 천관대사와 화담이 한 쪽씩 맡게 되었지요. 하지만 화담은 자신의 정체를 알고 있는 천관대사를 살해하고 피리를 온전히 차지하려 했어요. 천관대사는 죽으면서 전우치에게 "거문고 갑을 쏴라[發玄琴匣]"라는 글을 남기게 됩니다. 사건의 전말을 모르는 세 신선은 전우치가 천관대사를 죽인 범인이라고 오해하고 500년 동안 그림 속에 봉인되는 벌을 줘요. 전우치는 충실한 조수 초랭이와 함께 그림 속으로 빨려 들어가면서, 화담이 빼앗은 피리 반쪽을 낚아채 도로 가져가 버리죠.

500년 후 그림에서 풀려난 전우치와 초랭이는 발전한 현대사회에 당황하면서도 신기해해요. 그러던 중 예전에 만났던 과부와 똑같이 생긴 서인경이라는 여인을 발견하고 따라다니게 되죠. 그사이 화담은 요

★ **신물**: 초자연적인 힘과 능력을 가지고 있다고 믿어지는 대상물.

괴였던 과거를 완전히 기억해 내고 만파식적을 차지하려는 음모를 꾸며요. 전우치는 화담과 치열한 싸움을 벌이게 되죠. 절체절명의 순간, 서인경은 복숭아나무로 화담의 옆구리를 찔러 제압해요. 알고 보니 서인경이 표훈대덕의 환생이었던 거예요. 위기에 몰린 화담은 환각술로 전우치를 과거로 보내지만, 전우치는 "거문고 갑을 쏴라"라는 천관대사의 유언을 떠올리고 거문고 갑을 활로 쏴 환각을 깨뜨려요.

그렇게 전우치는 화담에게 치명상을 입힌 뒤 만파식적을 파괴하고 진정한 도사로 거듭나게 됩니다. 요괴 화담은 스스로 족자 속에 들어가 봉인되었고요. 전우치가 초랭이, 세 신선과 함께 배우가 된 서인경을 따라다니며 여유로운 일상을 살아가는 것으로 영화는 끝이 나죠.

> **Q.** 전우치와 화담은 원래 누구일까요? 또 거문고 갑을 쏘라는 것은 무슨 의미였을까요?

도사 전우치와 죽지 않는 신선들

이 영화의 주인공인 전우치는 도사입니다. 스승을 죽인 화담에 맞서며 뛰어난 도사로 성장해 가는 인물이죠. 도사란 속세를 떠나 인적이 드문 깊은 산속에 숨어 살며 도를 닦는 도교의 수행자를 의미해요. 이들은 수행이 높은 경지에 이르면 신선이 되어 영원히 살 수 있다고 믿어요. 영화 〈전우치〉에서 표훈대덕이 양반집 며느리나 영화배우의 코디 등으로 윤회를 거듭하는 불교적 존재라면, 세 신선은 암에 걸리거나 화살을 맞아도 죽지 않는 불로장생의 도교적 존재입니다.

고려 신선 모양 주자
(출처: 국립중앙박물관)

도사나 신선은 부적을 쓰고 도술을 부리며 신비한 힘을 마음대로 부릴 수 있는 존재로 여겨져요. 영화 속에서 최고의 도사를 꿈꾸는 전우치는 "도사란 바람을 다스리고 비를 내리며 땅을 접어 달리는 자"라며, 둔갑술과 분신술을 쓰고 돌주먹으로 요괴를 때려잡지요. 도력을 가진 도사에 대해 전통적으로 가지고 있던 선망과 환상이 잘 반영된 설정이라고 할 수 있어요.

사실 '전우치'는 조선시대를 살다 간 실제 인물이에요. 태어나고 죽은 해가 정확하지는 않지만 16세기 중종 대에서 명종 대 송도(지금의 개성)에 살았던 것으로 알려져 있습니다. 특이하고 이해할 수 없는 행동을 하는 기인으로 유명했는데,《송와잡설》을 비롯한 조선시대의 여러 기록에 그에 관한 이야기가 등장해요. 신선이나 도인 같은 풍채를 가지고 신선술, 의술, 점술, 관상술 등 여러 술수에 정통했다 하여 수많은 설화를 남겼지요. 기록 속 전우치는 귀신을 부리고 전염병을 다스리는 능력을 가지고 있었다고 해요. 뛰어난 경치와 이름난 산을 찾아다니면서도 추위나 더위를 타지 않았다고도 하죠. 이러한 전우치의 신비한 행적은 설화와 민담 속으로 녹아 들어가《전우치전》같은 소설로 탄생되기도 했습니다.

뛰어난 기품의 화담 선생

'화담' 역시 조선시대의 실존 인물입니다. 전우치와 같은 시기를 살았던 '서경덕'이라는 사람이지요. 개성의 화담이라는 곳에 살았기에 '화담 선생'이라고 불렸어요. 그는 현량과에 수석으로 추천을 받기도 하고, 생원시에 장원으로 급제하기도 한 뛰어난 유학자였어요. 그렇지만 벼슬에 나가는 것을 사양하고 화담에 숨어 살며 자기 수양과 학문

연구에 힘썼어요. 이理보다 기氣를 중시한 그의 기일원론氣一元論은 우리나라 성리학 연구의 한 획을 그은 것으로 평가되죠.

고고한 학자적 인품으로 유명하던 서경덕이 당대 최고의 기생으로 손꼽히는 황진이의 유혹을 물리친 일화는 유명해요. 아름다운 미모와 뛰어난 예술적 재능으로 사람들을 사로잡았던 개성 기생 황진이는 자신의 유혹에 흔들리지 않는 화담의 청렴한 면모를 존경했어요. 이에 자신과 화담, 박연폭포를 개성의 3대 명물로 꼽았답니다.

전우치와 화담의 대결 구도

서경덕은 성리학자지만 도교의 바탕이 되는 노장사상을 비롯해 불교에 대한 이해도 상당히 깊었던 것으로 알려져 있습니다. 조선시대 지리지*인《동국여지지》에는 개성의 기인으로 전우치가 소개되어 있는데, 이와 함께 서경덕의 동생인 서숭덕도 술법을 부린다고 기록되어 있어요. 다양한 학문적 배경과 도술을 부리는 동생 서숭덕 때문일까요? 꼿꼿한 유학자였던 서경덕은, 이상하게도 조선시대 설화나 소설 속에서 자유자재로 도술을 부리는 도사로 등장하는 경우가 많습니다. 조선시대 소설《전우치전》에서도 화담은 도술만 믿고 온갖 사고를 치고 다니는 전우치를 제압하는 뛰어난 도사로 등장하지요.

영화 〈전우치〉 속 전우치와 화담의 대결 구도는 소설《전우치전》속 대립 구도를 빌려온 것처럼 보여요. 영화 속 망나니 도사 전우치는 스

★ **지리지:** 특정 지역의 지리적 특성을 체계적으로 기록한 책.

승이 가르쳐 주지 않았는데도 스스로 부적술을 깨우친 도사 꿈나무입니다. 옥황상제의 아들로 둔갑하여 국왕을 속이고 신물을 훔치는 소동을 벌이기도 해요. 그러나 화담에게 제압당한 뒤 스승을 살해했다는 누명을 쓰고 500년 동안 그림 속에 갇히게 되지요. 500년 후 그림 속에서 나와서도 화담의 무시무시한 도력을 이기기는 쉽지 않았어요. 화담을 이겨 내는 전우치의 여정에는 표훈대덕과 만파식적, 거문고 갑이라는 열쇠들이 들어 있습니다.

신라의 10대 성인, 표훈대덕

영화 〈전우치〉는 천 일 동안 만파식적이라는 피리를 불어 요괴들의 마성을 잠재우려는 표훈대덕의 이야기로 시작해요. 표훈대덕은 《삼국유사》에 등장하는 역사적 인물로, 신라에서 이름난 스님이었어요. 그는 우리나라 화엄종을 개창*한 의상대사의 대표 제자 10명 가운데 한 사람이었지요. 표훈은 금강산에 있는 표훈사를 세운 승려로도 알려져 있고, 신라의 재상** 김대성이 전생의 부모를 위해 창건한 경주 석불사의 첫 주지를 맡기도 했어요. 석불사는 지금의 석굴암이랍니다. 우리나라의 유일무이한 인공형 석굴 사원으로 건축된 석굴암은 통일신라의 가장 중요한 절 가운데 하나였죠.

표훈에게는 신통력이 있어 천궁을 자유롭게 오가며 천제를 만날 수

★ **개창:** 왕조, 종교, 종파, 학파 등을 새로 열음.

★★ **재상:** 국왕을 보필하던 최고위 벼슬.

있었다고 해요. 당시 왕이었던 경덕왕에게는 자식이 없었는데, 왕이 표훈대덕을 통해 천제에게 부탁하여 아들 혜공왕을 얻었다는 이야기도 전해 온답니다. 최근 연구에 의하면 표훈이 오갔다는 천궁이 바로 석굴암이라고도 해요. 의상의 10대 제자로서 천궁을 오가며 천제를 만나는 표훈대사라니, 그가 신라에서 얼마나 존경받는 스님이었는지 알 수 있는 이야기입니다. 표훈은 훗날 신라에서 10대 성인을 선정하여 흥륜사 금당에 상을 만들어 모실 때 포함될 정도로 국가적으로 존경받았어요.

문무왕, 신문왕 그리고 만파식적

만파식적은 신라의 보배였어요. '만파식적^{萬波息笛}'이란 이름을 한자 그대로 해석하면 '온갖 파도를 가라앉히는 피리'라는 의미예요. 우리나라 고대사 연구의 양대 고전 자료인 《삼국사기》와 《삼국유사》에는 모두 이 피리에 대한 이야기가 등장하죠. 특히 《삼국유사》의 만파식적 기사에는 피리가 어떻게 생겨났으며, 문무왕, 신문왕과 어떤 관계가 있는지 잘 설명되어 있어요.

태종무열왕의 뒤를 이어 즉위한 문무왕은 당나라와 연합하여 '삼국통일'이라는 대업을 완수한 왕이에요. 비록 고구려의 영토를 모두 차지하지는 못했지만, 삼국 가운데 가장 후발주자였던 신라가 고구려와 백제를 평정했다는 것은 주목할 만한 사건이었지요. 삼국 사이 전쟁이 빗발치고 바다 건너 왜구의 침입도 잦았던 시기에 나라를 다스린 문무왕은 죽어서도 신라를 지키고자 했어요. 이를 위해 문무왕은 자신을

경주 감은사지. 우측이 서삼층석탑

동해 입구의 큰 바위에 묻어 달라는 유언을 남겼지요. 바닷속에 묻혀 동해의 용이 되려고 한 거예요. 푸른 파도 한가운데 있는 경주 대왕암이 바로 문무왕의 무덤이랍니다.

문무왕의 아들 신문왕은 아버지를 위해 바닷가에 감은사를 지었어요. 절을 지을 때 감은사 금당 섬돌 아래에 동해 쪽으로 구멍을 내어 바닷물이 금당 아래까지 들어오도록 설계했다고 해요. 이는 용이 된 문무왕이 바다에서 감은사로 드나들도록 하기 위한 것이었어요. 죽어서까지 신라를 지키는 수호신이 되고자 한 문무왕도, 아버지의 뜻을 소중히 받든 신문왕도 이제 막 이룬 통일의 위업을 지키려는 신라의 각오를 보여 주는 듯합니다.

신비의 피리, 용이 된 문무왕의 선물

어느 날, 동해에 작은 산 하나가 감은사를 향해 떠내려왔어요. 의아하게 여긴 신문왕이 무슨 일인지 점을 쳐 보게 하자, 용이 된 문무왕과 천신이 된 김유신이 나라를 지킬 진귀한 보배를 보냈다는 점괘가 나왔어요. 김유신은 문무왕의 처남이자 신라의 통일 전쟁을 선봉에서 이끈 뛰어난 장수였죠. 점괘를 듣고 깜짝 놀란 신문왕은 배를 타고 직접 그 산으로 들어갔어요.

산에 들어가 보니 용이 기다리고 있었죠. 용은 검은 옥대를 바치면서 그 산의 대나무로 피리를 만들면 천하가 태평해질 것이라고 말했어요. 신문왕은 그 대나무로 피리를 만들어 보물창고에 넣어 두었다가, 나라에 일이 생길 때마다 꺼내서 불었어요. 피리를 불면 적군이 물러나고 전염병이 사라지며, 가뭄에는 비가 오고 장마에는 날이 개며, 바

경주 감은사지 서삼층석탑 출토 사리기.
사리기 네 모서리에 각종 악기를 연주하는 인물상이 있다.

피리를 부는 인물상
(출처: 국립중앙박물관)

람이 멈추고 물결이 잦아들었대요. 그야말로 나라의 온갖 풍파를 가라앉혀 주는 보배라 할 만하지요.

영화 〈전우치〉에서는 이 신비한 피리 만파식적을, 요괴를 다스리는 신물로 표현하고 있어요. 역사 속 신라의 보배 만파식적과 고승 표훈의 이미지를 빌어, 요괴를 조종하는 피리와 도력이 높은 신선으로 바꾼 것이죠. 영화에서 별다른 설명이 없어도 이미 표훈대덕이 부는 만파식적에서 강력한 마법이 솟아날 것 같지 않은가요?

거문고 갑을 쏴라!

영화 속 천관대사는 살해당하면서 전우치에게 '발현금갑發玄琴匣'이라는 글을 남겼어요. '발發'은 '쏜다'는 뜻이고, '현금玄琴'은 '거문고'이며, '갑匣'은 '물건을 보관하는 상자'를 의미해요. 글자대로 해석하면 거문고 갑을 쏘라는 것이죠. 천관대사의 이 메시지는 전우치가 목숨을 구하는 데 결정적인 도움을 주게 됩니다.

영화에서 처음 이 장면을 보았을 때 '각본을 쓴 최동훈 감독이 《삼국유사》를 정말 열심히 읽었나 보다'라고 생각했어요. '발현금갑'은 《삼국유사》 기사 속의 '사금갑射琴匣'이라는 글을 살짝 변형한 것이거든요. '사射'는 '활을 쏜다'는 뜻이고, '금갑琴匣'은 '거문고 갑'이라는 의미지요. 《삼국유사》의 이 문구도 왕의 목숨을 구하는 단서가 되었답니다. 그렇다면 《삼국유사》 속에서 '사금갑'이 무엇에 관한 기사였는지 조금 깊숙이 들여다볼까요?

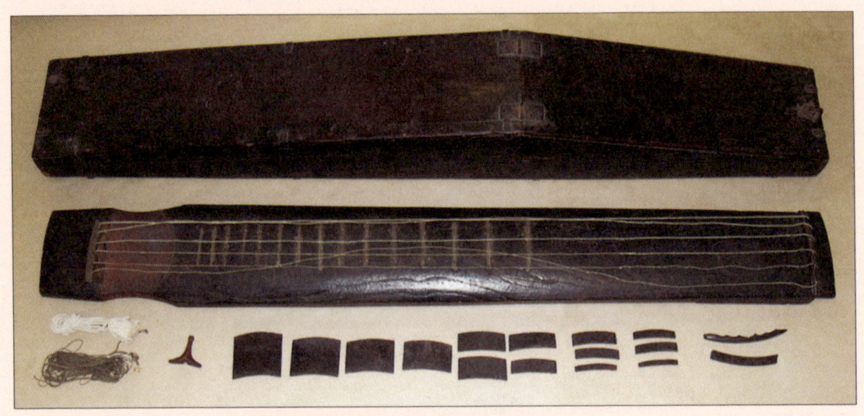

조선시대 거문고와 거문고갑 (출처: 광주박물관)

사금갑, 은유적으로 표현된 역사상

《삼국유사》에는 '사금갑'에 대한 수수께끼 같은 이야기가 실려 있어요. 내용은 이렇습니다.

신라 소지왕이 경주 천천정에 행차했을 때의 일이에요. 어디선가 까마귀와 쥐가 나타났는데, 쥐가 "이 까마귀가 가는 곳을 살피세요" 하고 말하더래요. 왕이 놀라 호위 무사에게 까마귀를 뒤쫓게 했어요. 호위 무사가 한참을 쫓다가 까마귀를 놓쳐서 헤매고 있었는데, 옆에 있던 연못에서 노인이 나와 편지 한 통을 전해 주었어요. 그런데 편지 겉봉에는 이렇게 쓰여 있었답니다.

이 편지를 열어 보면 두 사람이 죽을 것이고, 열지 않으면 한 사람이 죽을 것이다.

　호위 무사에게 편지를 전해 받은 소지왕은 편지 겉봉의 글을 보고 두 사람이 죽는 것보다는 한 사람이 죽는 것이 나으니 열어 보지 않겠다고 했어요. 그러자 일관이 나서서 "두 사람이란 서민이고 한 사람이란 왕입니다"라고 아뢰었어요. 일관이란 천문을 관측하고 점을 치는 왕의 측근이었어요. 일관의 말에 일리가 있다고 여긴 왕이 편지를 열어 보니 다음과 같이 쓰여 있었답니다.

　　　　거문고 갑을 쏴라[사금갑射琴匣].

　왕은 그 길로 궁으로 돌아가 거문고 갑을 보고 활로 쏘았어요. 그런데 거문고 갑 안에는 궁궐 안에서 복을 기원하는 승려와 왕비가 몰래

경주 서출지 (출처: 경주시청)

숨어 있었어요. 두 사람은 바로 죽임을 당했죠. 이후 노인이 나와 편지를 전해 준 연못은 '편지가 나온 연못'이라는 의미로 '서출지'라고 불렸어요. 서출지는 지금도 경주에 가면 찾아볼 수 있답니다.

자칫《삼국유사》에 실린 사금갑 이야기가 승려와 왕비의 불륜 현장을 적발한 막장 드라마의 한 장면처럼 보일 수도 있을 것 같아요. 그러나 이 이야기는 어떤 사건을 직접적이고 분명하게 표현하기보다, 여러 상징과 은유로 드러내는 옛날 사람들의 역사 서술 방식을 보여 주는 거예요.

토착 무속신앙과 외래 사상 불교의 갈등

'사금갑' 이야기에는 신라 사회에 불교가 자리 잡기까지의 갈등과 정치적 상황이 암시되어 있어요. 인도에서 전래된 불교는, 우리나라는 물론 중국에도 없던 생소한 개념들과 수준 높은 철학 체계를 기반으로 하고 있지요. 불교는 중국에 인도 열풍을 불러올 만큼 크게 유행했고, 곧 우리나라에까지 전해지게 되었어요. 중국과 국경이 맞닿아 있던 고구려와 바다를 통해 중국과 교류하던 백제가 4세기 후반에 먼저 불교를 받아들였고요. 상대적으로 중국의 문물을 빨리 수용할 수 없었던 신라는 5세기 초에야 고구려를 통해 불교가 전해졌지요.

현재의 경상도 지역에 위치했던 신라는 지리적으로 중국과의 직접 교역이 불가능했어요. 이 때문에 선진 문물의 수용이 늦은 편이었고, 관계가 우호적이었던 고구려를 통해 불교를 알게 된 것이었죠. 불교라는 이질적인 외래 사상이 신라 궁중 안에서 세력을 확대해 가자, 무속

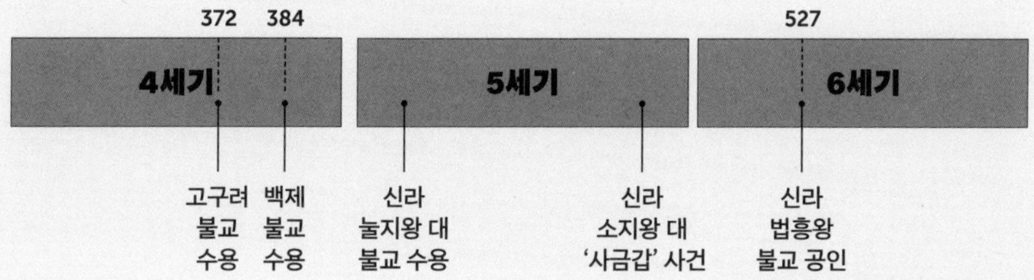

신앙을 믿던 귀족 세력은 크게 반발했어요. 이렇게 전통과 기득권을 지키려는 세력과 새로운 체제와 사상을 수용하려는 세력이 부딪히는 것은 역사 속에서 흔히 보이는 현상이기도 합니다.

고구려의 남진과 긴장 속의 한반도

신라는 강대국인 고구려에 의지하며 외교 관계를 맺고 있었고, 그 결과 고구려 군대가 신라 영토 깊숙이 주둔하고 있었어요. 신라가 고구려로부터 불교를 전해 받은 것도 바로 이쯤이에요. 그러나 5세기 들어 고구려가 적극적인 남진 정책을 추진하며 압박해 오자 신라는 큰 위기감을 느꼈어요. 고구려의 남진 정책이란 4세기 말부터 5세기 말까지 고구려가 한반도 남쪽까지 영토를 확장하려 한 대외 정책을 말해요. 특히 광개토대왕을 이은 장수왕은 수도를 국내성에서 평양으로 옮기고 백제와 신라를 압박하며 고구려의 전성기를 이끌게 되지요.

고구려의 적극적인 남진으로 더 이상 마찰을 피할 수 없게 되자, 신라 눌지왕은 고구려와 결별하기로 결심하고 칼을 빼 들었어요. 그 신호탄처럼 450년 신라 측에서 고구려 장수를 살해하는 일이 일어났어요. 고구려는 이에 대한 보복으로 신라를 공격했고, 군사력에 밀린 신라는 사과할 수밖에 없었지요. 그러나 신라의 반ಂ고구려 분위기는 거세져만 갔어요. 신라는 백제와의 동맹을 강화하는 한편, 464년 '수탉을 죽여라!' 작전으로 신라에 남아 있던 고구려 군사 100명을 모조리 다 죽이기에 이릅니다.

그러나 신라와 백제가 손을 잡고 고구려를 견제해도 절정의 군사력을 자랑하던 고구려를 막기는 쉽지 않았어요. 급기야 백제는 475년 고구려에게 개로왕이 살해당하고 수도 한성을 빼앗겨 한강 유역에 대한 지배권을 잃게 돼요. 고구려가 삼국 항쟁의 주도권을 거머쥐게 된 거예요.

신라, 복잡다단한 국내외 정치 상황

사금갑 기사에서 등장하는 궁궐 승려는 불교를 상징해요. 소지왕 때 신라에서는 국왕이 머무르는 궁궐에 기도하는 승려를 둘 만큼 왕실 주도로 불교를 받아들였던 것으로 보여요. 그러나 새로운 종교 사상이 기존의 신앙 체계를 대체하기는 쉽지 않았어요. 귀족들이 전통적 무속 신앙을 고수했기에 신라에서 불교가 공식적으로 신앙되기까지의 과정은 순탄치 못했어요. 연못에서 나와 편지를 전해 준 '노인'과, "편지 겉봉에 적힌 한 사람이란 왕"이라고 아뢰어 거문고 갑을 쏘게 만든 '일관'은 신라의 전통적 무속신앙의 주체들이라고 해석됩니다. 전통 무속신앙과 외래 사상 불교가 갈등하다가, 노인과 일관으로 대변되는 토착세력에 의해 불교 승려가 살해당하게 된 거예요.

여기서 이상함을 눈치챈 사람이 있을까요? 궁궐에 승려를 둘 만큼 불교에 호의적이었던 소지왕이 그 승려를 죽여 버렸다는 사실을 말이죠. 이런 껄끄러운 상황의 원인은 출가한 승려가 왕의 여인과 사랑을 나누었기 때문인 것으로 표현되었지만, 사실 그렇게 로맨틱한 일이 아니었답니다.

노인이 건네준 편지봉투에 적힌 문구를 기억하지요? '편지를 열면 죽을 두 사람'이란 승려와 왕비를 의미하는 것이었어요. 바꾸어 생각한다면 '편지를 열어 보지 않았을 때 죽을 한 사람'이란, 일관의 말대로 왕인 셈이죠. 즉, 이 이야기의 본질은 고구려 승려와 왕비의 소지왕 암살 미수 사건이었어요. 갑자기 무슨 고구려냐고요? 이 사건의 배후에는 신라와 고구려 간의 날카롭고 복잡한 관계가 얽혀 있었던 거예요.

사금갑 기사 속 왕은 신라 제21대 소지왕으로 479년부터 500년까지 재위*했어요. 5세기 후반인 이 시기에 고구려와 신라는 극심한 긴장 관계에 놓여 있었지요. '수탉을 죽여라!' 작전 이후 고구려와 신라의 관계는 빠르게 얼어붙었고, 남쪽으로 영토를 넓혀 가던 고구려의 창칼이 본격적으로 신라에게 향한 때거든요. 이 시기 고구려와 백제의 전투가 네 번인 데 반해 고구려와 신라의 전투는 여덟 번에 달하는 것만 봐도 고구려의 주된 공략 대상이 어디인지 알 수 있지요.

★ **재위:** 임금의 자리에 있음. 또는 그런 동안.

사금갑, 고구려의 신라왕 암살 미수 사건

남쪽으로 확장하려는 고구려의 움직임은 날로 거세졌어요. 소지왕이 즉위한 이후 고구려는 말갈의 병력까지 동원해 신라를 집중적으로 공격했어요. 백제의 한성을 빼앗고 몇 년 후인 481년, 고구려는 다시 군사를 몰아 신라의 미질부(오늘날의 포항 흥해 지역)까지 쳐들어갔죠. 수도 경주의 코앞까지 다가가 신라의 목에 칼을 들이민 셈이에요.

그러나 신라는 백제와 손잡고 고구려의 공격을 번번이 막아 냈어요. 이에 고구려는 전략을 바꾸어 승려를 첩자로 보내 소지왕을 암살하려 했어요. 마침 신라에는 왕위를 이을 아들을 낳지 못해 정치적 수세에 몰려 있던 소지왕의 비가 있었죠. 왕비는 친정 세력을 동원해 소지왕 암살 음모에 가담했어요. 이러한 정황이 사금갑 기사에서 궁궐 승려와 왕비의 부적절한 관계로 에둘러 표현된 것이죠.

이들의 암살 시도는 실패로 돌아갔어요. 노인과 일관의 도움으로 소지왕이 거문고 갑을 쏴 승려와 왕비를 없앴으니까요. 이는 소지왕을 지지하는 정치 세력의 도움으로 암살 위기를 모면하는 것을 의미해요. 이후 신라에서는 불교 세력이 곧 고구려 세력으로 인식되며 크게 탄압당했어요.

영화 〈전우치〉에서는 '사금갑'이라는 문구가 '발현금갑'으로 바뀌어 등장해요. '거문고 갑을 쏘라'는 메시지 덕에 전우치는 목숨을 건지게 되지요. 영화 속 상황과 신라, 고구려의 긴박한 관계는 크게 상관 없지만, '사금갑'에 얽힌 소지왕의 위기를 떠올리며 본다면 더욱 손에 땀을 쥐게 되지 않을까요?

벽루천

우리나라 최초의 여성 임금, 선덕여왕

선덕왕善德王이 즉위하였다. 이름은 덕만이고 진평왕의 큰딸이며 어머니는 김씨 마야부인이다. 덕만은 성품이 너그럽고 어질며 총명하고 영민하였다. 왕이 죽고 아들이 없어서 나라 사람들이 덕만을 왕으로 세우고 '성조황고聖祖皇姑'라는 칭호를 올렸다.

《삼국사기》〈신라본기〉 선덕왕

- ◆ **감독:** 진영우
- ◆ **개봉연도:** 2011년
- ◆ **관람등급:** 전체
- ◆ **장르:** 애니메이션
- ◆ **등장인물(배우):** 선덕여왕(윤소이), 지귀(김정훈) 등

〈벽루천〉은 2011 경주세계문화엑스포를 기념하여 제작한 3D 판타지 애니메이션 영화예요. 국내에서 처음으로 3D 실사 촬영 기법을 활용해 만들었으며, 실제 배우들의 연기에 VFX 컴퓨터 그래픽을 접목한 작품이기도 하지요. 약 30분 분량의 단편 영화지만 당시 국내 최고 수준의 3D 입체 전문 제작 인력이 참여해, 3D 영화 단일 건으로는 최대인 25억 원의 제작비를 들였다고 해요. 3D 영화의 특성상 인터넷이나 OTT로는 관람하기 어렵지만, 경주엑스포대공원 첨성대영상관에서 무료로 상영되고 있어요. 수학여행 등을 통해 이 영화를 본 학생들도 많겠지만, 아직 보지 못했다면 경주에 갔을 때 꼭 한번 관람해 보면 좋겠어요.

〈벽루천〉은 신라시대를 배경으로, 역사 속 인물인 선덕여왕을 주인공으로 하면서 설화에 기반한 허구적 이야기를 덧붙여 만들어졌지요. 제목인 '벽루천碧淚釧'은 '푸른 눈물의 팔찌'라는 의미로, 작품의 중심 소재이자 중요한 상징이에요.

　이야기는 먼저 우리나라 최초의 여성 임금이던 선덕여왕의 위엄 있는 모습으로 시작돼요. 나라를 지키기 위해 온몸을 바치는 그녀의 존재감이 깊은 울림을 주며, 곧이어 그녀를 향한 순수하고도 숭고한 사랑을 지닌 인물 지귀가 등장해요. 그는 낮은 신분의 무사였지만, 여왕을 향한 절절한 마음을 품고 몰래 그녀를 지켜 왔어요. 영화에서 선덕여왕은 인류를 몰살시키려는 백룡왕에 맞서 신라를 지키려고 해요. 국가적 재난을 막기 위한 선덕의 전투와 모험을 그리고 있죠. 결국 희생과 헌신을 바탕으로 한 선덕여왕과 지귀의 사랑이 신라를 구해 내며 영화는 마무리됩니다.

　신라 천 년의 역사 중 굳이 선덕여왕을 이 영화의 주인공으로 삼은 이유는 무엇일까요? 그건 바로 선덕여왕이 갖는 상징성 때문일 거예요. 선덕여왕은 대내적으로 남성 중심의 정치 문화를 극복하고 신라 최초의 여성 임금으로 즉위했어요. 또한 '삼국 경합기'라는 혹독한 국제 정세를 정면으로 돌파해 나간 군주이기도 합니다. 영화 〈벽루천〉은 용족에 맞서 신라를 구한 용감한 여왕 선덕을 통해 그녀의 리더십을 재조명한 것이지요.

선덕, 한국 역사상 첫 여왕의 등장

선덕여왕은 632년에 즉위하여 647년까지 신라를 다스린 우리나라 최초의 여성 임금입니다. 우리나라뿐 아니라 다른 나라에서도 여왕의 즉위는 흔하지 않아요. 중국만 봐도 역사상 수많은 왕조가 생겨났다 멸망했지만, 선덕여왕 이전에는 여왕이 없어요. 중국의 그 유명한 측천무후가 무주의 황제로 즉위한 것이 690년임을 생각하면, 선덕여왕의 즉위가 얼마나 독특한 사건이었는지 짐작할 수 있을 거예요.

선덕여왕은 등장 시점이 7세기 전반이라는 점에서 시기적으로 이르고, 고구려·백제·신라 삼국의 대립과 갈등이 심해지던 민감한 시기에 즉위했다는 점에서 특별합니다. 또한 재위 중 불교의 위신력에 힘입어 신라를 보호한다는 호국불교 사상을 바탕으로 황룡사구층목탑을 세우는 업적을 남기기도 했어요. 삼국 간 경쟁의 후발주자 신라에서 우리나라 첫 여성 왕이 등극하여 당시 동아시아 최대 규모의 탑을 만든 것이지요.

여성도 왕이 되는 나라, 신라

신라는 선덕여왕 외에도 두 명의 여왕을 더 배출하여 모두 세 명의 여왕을 둔 이례적인 왕조예요. 중국의 측천무후는 새 왕조를 열었다가 정변으로 결국 폐위되었지만, 신라의 여왕들은 정치적으로 정당하게 즉위한 뒤 신라를 다스렸어요. 선덕여왕의 뒤를 이어 사촌 동생 승만이 진덕여왕으로 즉위하여 두 번째 여왕이 되었고, 9세기 후반에 진성여왕이 즉위해 세 번째 여왕이자 마지막 여왕이 되었어요. 이후 우리 역사에서는 두 번 다시 여왕이 등장하지 않았지요. 곧, 신라는 우리나라 역사상 최초로 여성을 왕으로 등극시킨 나라이자, 우리 역사상 단 세 명뿐인 여왕을 모두 배출한 나라랍니다.

전례를 깬다는 것은 힘들고도 고단한 일입니다. 선덕여왕은 어떻게 남자만 왕위에 오르던 전례를 깨고 즉위할 수 있었을까요?

여왕의 이름, 덕만과 선덕

신라 제27대 왕이었던 선덕여왕은 《삼국사기》 같은 역사서에서 여성을 뜻하는 '여女' 자를 따로 붙이지 않고, 다른 남성 왕과 같은 형태로 '선덕왕善德王'이라고 기록되어 있어요. 중국의 역사가들이 측천무후를 '여주女主' 등으로 표현해 왕으로 인정하지 않는 모습을 보이는 것과 대조적이지요.

선덕여왕의 원래 이름은 '덕만'인데, 즉위 후에 '선덕'을 정식 이름으로 사용한 것으로 보여요. 어떤 사람은 '선덕'이 시호였다고도 하는

데, 연구에 의하면 죽은 후 왕에게 **존호***를 올리는 시호제는 제29대 무열왕 이후 도입되었다고 합니다. 따라서 '선덕'은 중국식 시호제를 따른 것이 아니라 살아 있을 때 사용한 덕만의 또 다른 이름으로 보아야 해요. 다만 공교롭게 신라 제37대 왕 선덕왕宣德王과 발음이 같은 관계로, 지금은 구분의 편의를 위해 '선덕여왕'이라는 칭호가 널리 사용되고 있지요. 그런데 덕만과 선덕이라는 이름도 그냥 주어진 것은 아닙니다. 뒤에서 다시 설명할 예정이니, '덕만'과 '선덕'이란 이름을 잘 기억해 두세요. 성스러운 왕이 될 수밖에 없는 의미심장한 이름이니까요.

덕만공주는 어떻게 왕이 되었을까?

선덕여왕의 즉위는 여성이 왕이 된 전례가 없는 당시의 현실에서 특별한 사례였어요. 그녀는 15년이나 재위한 어엿한 신라의 왕이었지만, 관행을 뒤엎고 여성의 몸으로 즉위해 왕좌를 유지하는 일이 쉽지만은 않았어요. 그렇다면 덕만공주는 어떻게 '최초'라는 명예를 얻으며 여왕이 될 수 있었을까요?

《삼국사기》에는 진평왕에게 아들이 없어 맏딸인 덕만을 세웠다고 나와 있지만, 이 설명이 유례없던 여왕의 즉위를 납득시키기에 충분하지는 않았어요. 신라는 반드시 아들에게 왕위를 물려줘야 하는 나라가 아니었거든요. 왕의 형제나 조카에게도 왕위를 물려줄 수 있었지요.

이에 대해 《삼국유사》는 다른 힌트를 주고 있어요. "성골聖骨인 남자

가 다하여 여왕을 세웠다"라고 기록한 것이죠. 당시 신라 왕실의 상황을 자세히 살펴봅시다. 진평왕에게는 '백반'과 '국반'이라는 두 명의 남동생이 있었지만 선덕여왕 즉위 전 둘 다 이미 죽고 없었어요. 더구나 백반에게는 자식이 없었고, 국반에게도 승만이라는 딸 하나밖에 없었지요. 즉 《삼국유사》의 기록은 성골인 남자가 하나도 남아 있지 않기에 성골 여자인 덕만을 왕으로 세웠다는 뜻입니다. 이는 여성인 덕만이 국왕으로 즉위할 수 있었던 가장 큰 명분이, 바로 '성골'이라는 혈통이었음을 의미하는 것이기도 합니다.

덕만이 왕이 된 후 나라 사람들이 '성조황고聖祖皇姑'라는 존호를 올렸는데 이는 '성스러운 조상을 둔 여왕'이라는 뜻이에요. 당시 신라인들이 '성골'이라는 선덕여왕의 혈통을 의식하고 강조했음을 잘 보여 주는 존호지요. 결국 선덕여왕 즉위의 가장 결정적인 요인은 혈통인 거예요. 그런데 여성이 신라의 왕위를 계승하기에 성골만으로는 충분하지 않았어요. 관례를 뒤엎은 여왕의 즉위에는 더욱 강력한 명분이 필요했지요.

성골, 왕을 내는 성스러운 혈통

신라에는 최상위 신분으로 왕위 계승권에 드는 '성골'과 최고 지배층인 '진골眞骨'이 있었어요. 예전에 한 강의에서 성골과 진골이 각각 무슨 의미일지 물었더니, 어떤 학생이 "성스러운 뼈와 진짜 뼈"라고 대답하더라고요. "그럼 성스러운 뼈가 높을까, 진짜 뼈가 높을까?" 하고 물었더니, 학생들 의견이 반반으로 갈려서 함께 웃은 적이 있습니다. 성골과 진골을 글자대로 직역하면 위와 같은 뜻으로 읽힐 수도 있겠지만, 사실 여기서 '골骨'은 혈통을 의미해요. 그렇다면 성골이란 어떤 신분이기에 최초의 여왕을 등극시킬 수 있었을까요?

'성골'이라는 개념의 실체는 오랫동안 학계의 논란거리였어요. 신라의 신분제를 '골품제'라고 하는데, 가장 높은 신분인 성골의 성격을 정확하게 설명하기가 쉽지 않기 때문이에요. 지금까지 골품제에 대해 수많은 연구가 이루어졌지만, 관련 기록 자료가 매우 한정적이어서 실체를 명확히 규명하기에는 어려움이 있어요. 그럼에도 오랜 연구로 현재 학계에서 널리 공감을 얻고 있는 설명은 존재합니다. 성골이란 불교 수용 이후 신라 왕실을 신성화하기 위한 신분이라는 거예요. 어느 왕부터 시작되었는가에 대해서는 여전히 논란이 분분하지만, 진평왕이 자신의 아버지 동륜태자의 직계 혈통을 특화한 것이라는 설명이 설득력 있게 받아들여집니다.

부처님을 믿으라, 불교식 왕명시대

성골이라는 신분이 만들어진 배경에는 당시 사회의 주도적 이념으로 자리 잡은 불교에 대한 이해가 필요합니다. 불교는 중국에 전해진 이후 동아시아 전역으로 빠르게 확산되면서 깊은 사상 체계와 교리로 사람들을 매료시켰어요. 중국은 물론 우리나라나 일본에서도 불교를 깊이 믿게 되었지요. 그런데 상대적으로 폐쇄적인 문화를 지니고 있던 신라는 고구려나 백제보다 150년이나 뒤인 6세기 전반 법흥왕 대에 불교를 공식적으로 인정했어요.

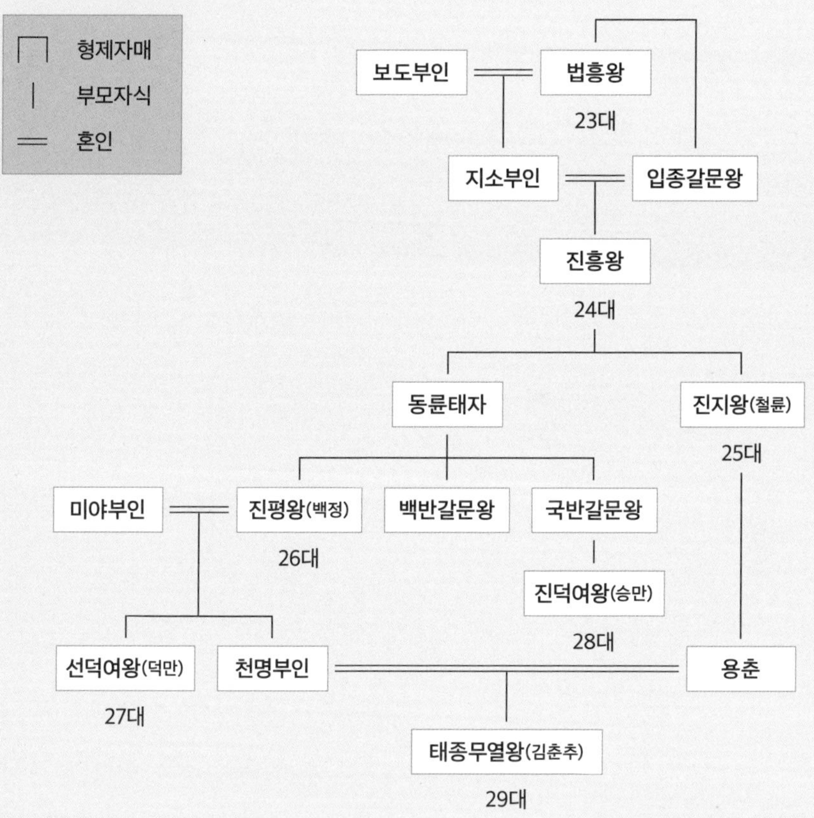

　출발이 늦었지만, 신라는 6세기에 들어 지배 체제를 개혁하고 각종 선진 제도와 함께 불교라는 새로운 사상을 적극적으로 받아들였어요. 《삼국유사》에서는 신라 전체 역사를 '상고기 – 중고기 – 하고기'라는 세 시기로 나누고, 그 한가운데인 중고기를 법흥왕부터 진덕여왕까지로 설정했어요. 중고기에 해당하는 왕들을 살펴보면 모두 불교와 관련한 왕명을 사용하고 있어요. 이 때문에 이 시기를 '불교식 왕명시대'라고 부른답니다.

법흥왕, 부처님의 법을 일으킨 성스러운 왕

법흥왕은 '불교를 흥하게 한 왕'이라는 뜻이에요. 울산 울주군 천전리에 가면 선사시대 암각화가 새겨진 커다란 바위가 있는데 '울주 천전리 명문과 암각화'라는 이름의 국보로 지정되어 있어요. 이 바위에는 신라시대에 새겨진 글자도 800자 넘게 남아 있어서 천전리 글씨 바위, 즉 '천전리 서석'이라고도 불리지요.

이 바위에 새겨진 내용 가운데 '성법흥대왕'이라는 표현도 나와요. 이를 통해 법흥왕이 살아서부터 이미 '불교를 일으킨 성스러운 대왕'으로 불렸다는 것을 알 수 있지요. 법흥왕은 왕위에 있는 동안 율령을 반포하고 백관의 공복을 제정하며 불교를 공인하는 등 신라 발전의 초석을 다졌어요. 말년에는 머리를 깎고 출가하여 불도를 닦았지요.

울주 천전리 명문과 암각화 전경과 명문 세부 (출처: 국가유산포털)

진흥왕, 불국토의 전륜성왕

법흥왕 다음 왕은 진흥왕입니다. 그는 스스로 '전륜성왕'임을 자부했어요. 전륜성왕이란 불교에서 말하는 이상적인 제왕이에요. 하늘에서 '보륜寶輪'이라는 신성한 보배를 받아 폭력을 쓰지 않고 바른 진리로 세상을 평화롭게 다스리는 성군이지요. 진흥왕은 한강 유역을 독차지하며 백제와 겨룰 정도로 힘을 키웠고, 북으로는 함경도까지 치고 올라가 강대국이던 고구려를 위협하며 신라의 영토를 크게 넓힌 뛰어난 군주였어요. 신라는 이 시기를 기점으로 고구려와 백제의 영향에서 벗어나 본격적인 세력 확장을 도모하게 됩니다. 이후 신라의 모든 왕은 진흥왕계라고 볼 수 있을 정도로 신라 역사의 기념비적인 존재가 바로 진흥왕이랍니다.

진흥왕의 영토 확장은 한강 유역의 점령으로 대표됩니다. 신라와 백제 두 나라는 연합하여 고구려로부터 한강을 빼앗았지요. 그러나 진흥왕의 야심은 이에 그치지 않고 다시 백제의 성들을 탈취하여 한강 유역 전체를 독식했어요. 문제는 백제에게 한강이 그저 그런 정복지가 아니라는 것이었어요. 고구려에게 수도를 빼앗기고 개로왕이 잡혀 죽어 도망치듯 공주로 쫓겨 내려간 기억이 생생한 백제에게 한성은 반드시 되찾아야 할 땅이었어요. 백제는 신라의 배신에 분노했고, 결국 두 나라는 치열하게 싸우기 시작했어요. 그러나 승리의 여신은 백제 편이 아니었고, 결국 한강 전체가 신라의 손아귀로 넘어갔어요. 사로잡힌 백제 성왕은 신라군의 손에 죽음을 맞이하게 되었지요.

이로써 신라와 백제의 관계는 파탄에 이르게 되었어요. 하지만 역사

진흥왕의 영토 확장을 보여 주는 순수비

의 승패란 동전의 양면 같은 것이죠. 이 사건은 백제 입장에서 보자면 연이은 전쟁에 얻은 것 없이 왕까지 잃고, 국력에 큰 타격을 입은 치욕적인 일이었어요. 그러나 신라 입장에서 보면 비석에 새겨 둘 정도의 역사적 사건으로, 정복군주 진흥왕의 영웅담 하나가 추가된 순간이었습니다.

부처님 나라와의 인연, 황룡사

전장에 나가 수많은 승전보를 울린 진흥왕은 수도 경주에 새 궁궐을 지으려던 계획을 바꿔 '황룡사'라는 절을 창건했어요. 용은 전통적으로 국왕을 의미하는 신령한 동물이에요. 궁궐 대신 지은 이곳은 '황룡'이라는 이름처럼 왕을 상징하는 신라 최대 사찰이었어요. 진흥왕은 황룡사의 중심 건물에 '장육존상丈六尊像'을 세웠지요. 장육존상이란 높이가 1장 6척이라는 의미로, 오늘날 길이로 환산하면 약 5미터에 달하는 큰 불상이에요. 이렇게 거대한 불상을 만들려면 막대한 비용과 재료가 필요했을 거예요.

《삼국유사》에는 이 상을 만들게 된 기이한 인연이 기록되어 있어요. 어느 날 신라 울주의 한 바닷가에 배가 떠내려왔어요. 배에는 무려 황

경주 황룡사지 장육존상 지대석 (출처: 국가유산포털)

철 5만 7천 근과 황금 3만 푼이 실려 있었지요. 이것은 인도의 아육왕이 석가삼존상을 만들려다 실패해 인연 있는 나라에서 만들어지기를 바라며 배에 실은 것이었지요. 부처님의 땅 인도에서 불상 제작에 필요한 어마어마한 비용과 재료를 신라로 보내 준 셈이에요. 진흥왕은 이를 가지고 장육존상을 만들도록 했고, 단번에 제작에 성공해 황룡사에 안치했어요.

아육왕은 고대 인도를 처음으로 통일한 왕이에요. 드넓은 인도 대륙을 하나로 통합하고 불교를 널리 확산시킨 전설적인 인물이기에, 불교의 성왕인 전륜성왕으로 여겨져요. 이런 아육왕도 이루지 못한 것을, 진흥왕은 신라에서 한 번에 이룬 거예요. 이는 곧 신라가 부처님과 깊은 인연이 있는 불국토요, 진흥왕이야말로 전륜성왕을 계승하는 위대한 불교적 제왕임을 표방하는 것입니다.

진흥왕은 아들들이 자신을 이은 뛰어난 성군이 되기를 바라며 이름을 '동륜'과 '철륜'이라고 지었어요. 이 역시 전륜성왕을 의미하는 거예요. 진흥왕은 말년에 법흥왕처럼 출가하여 스님이 되었답니다. 불교식 왕명시대로 불리는 신라 중고기의 사례들을 살펴보면 신라 왕실에서 불교를 얼마나 중요하게 여겼는지 짐작하고도 남을 거예요.

《삼국유사》가 전하는 진평왕의 쿠데타

동륜의 아들인 진평왕은 전륜성왕 이념에서 한 걸음 더 나아가 불교를 정치적으로 이용하려 했어요. 이러한 시도는 진평왕 즉위 당시의 혼란한 정치 상황과 맞물려 있어요. 사실 진평왕이 평탄하게 즉위했다고는 보기 어렵거든요. 61쪽에 있는 '신라 중고기 왕실 계보도'에서 보이듯, 진흥왕에게는 동륜과 철륜, 두 아들이 있었어요. 애초에 진흥왕이 지정한 태자는 진평왕의 아버지인 동륜이었어요. 그런데 진흥왕이 재위하고 있을 때 동륜태자가 요절해 버렸어요. 동륜태자에게 아들이 있긴 했지만 너무 어렸기에, 동륜의 동생인 철륜이 진흥왕의 뒤를 이어 진지왕으로 즉위하게 되었지요.

그러나 진지왕은 왕위에 오래 있지 못했어요. 얼마 가지 않아 죽거든요. 그런데 이 죽음에는 미심쩍은 면이 있어요. 《삼국사기》에는 진지왕이 4년 차에 죽었다는 한 줄만 기록되어 있지만, 《삼국유사》에서는 전혀 다른 기록을 전하고 있거든요. 정사가 어지럽고 왕이 술과 여자에 빠져, 재위 4년 만에 나라 사람들이 진지왕을 끌어내렸다는 거예요. 《삼국유사》의 기록대로라면 진지왕은 진평왕의 쿠데타로 폐위당한 것이죠. 신라에서 왜 이런 정치적 변란이 일어났는가에 대해서는 여러 설이 있지만, 진지왕의 실정에 동륜계와 철륜계의 정치적 대립이 복합적으로 작용했다는 설명이 유력해요.

진종, 부처님 집안과 같은 신성한 왕족

쿠데타로 즉위한 진평왕은 혼란스러운 정세를 안정시키고 왕권을 공고히 하기 위해, 자신을 포함한 동륜계 혈통을 성스럽게 만들려고 했어요. 부처님의 가계를 동륜의 직계 혈통에 덧씌워 이들을 다른 왕족과 차별화했던 것이죠. 이 특별한 왕실의 혈통이 바로 '성골'이에요. 61쪽 '신라 중고기 왕실 계보도'에서 진평왕의 가계를 잘 살펴보세요.

동륜의 아들인 진평왕은 이름이 백정白淨이고, 그 부인은 마야부인이며, 진평왕의 두 동생은 백반과 국반이었어요. 혹시 이 이름들을 들어 본 적 있을까요?

백정과 마야부인은 부처님의 아버지, 어머니 이름이에요. 백반과 국반은 부처님의 삼촌들 이름이죠. 부처님은 인도에 있던 한 나라의 왕자로 원래 이름은 고타마 싯다르타였어요. 그 아버지는 샤카족의 왕 슛도다나Suddhodana이고, 어머니는 마야부인이에요. '슛도다나'라는 인도식 이름은 '깨끗하다, 하얗다'라는 뜻의 'suddha'와 '쌀밥'이라는 뜻의 'odana'가 합쳐진 말이랍니다. 희고 깨끗한 쌀밥 왕이라니 재미있지요?

부처님이 태어난 지역은 토지가 비옥해서 쌀이 많이 나는 곳이었어요. 불교가 중국으로 전해지면서 인도 말은 발음 그대로 옮겨지기도 하고, 말의 뜻을 살려 번역되기도 했어요. '슛도다나'는 발음대로 수도타나首圖馱那, 수두단나輸頭檀那, 수두단輸頭檀 등으로 옮겨지기도 하고, '희고 깨끗한 쌀밥'이라는 의미를 살려 정반淨飯, 백정白淨 등으로 번역되기도 했지요. 결국 진평왕의 이름 백정은 부처님의 아버지 이름을 딴 것이었어요. 마야부인이나 백반, 국반도 마찬가지예요. 부처님의 어머니와 삼촌들 이름을 그대로 빌려 온 것이랍니다.

이처럼 부처님의 가계를 신라 왕족 가계에 그대로 덧씌워 왕실의 권위를 꾸미려는 것을 진종眞種 의식이라고 해요. 진종은 '크샤트리아'를 의미하는데, 크샤트리아는 '브라만 - 크샤트리아 - 바이샤 - 수드라'로 구성된 인도의 네 계급 중 왕족과 전사 계급을 가리켜요. 부처님이 속

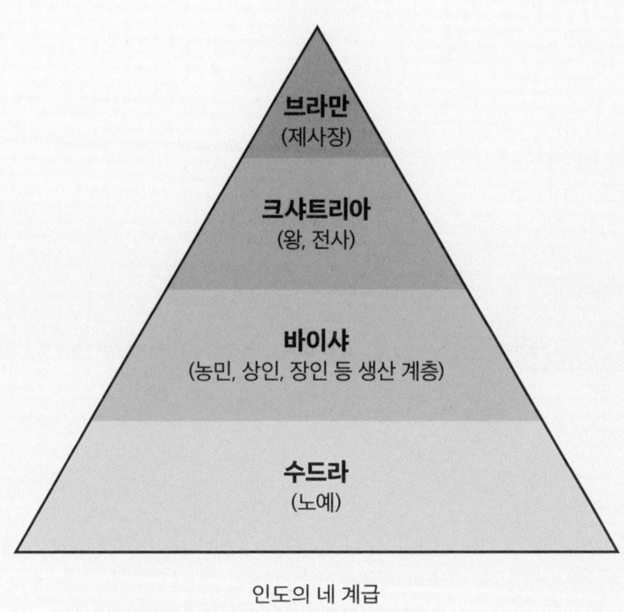

인도의 네 계급

한 샤카족은 왕족이었으므로 계급상 크샤트리아였어요. 신라 왕실은 이런 관념을 그대로 가져와 계보에 적용하고 스스로를 진종으로 표방한 것이지요.

요컨대 삼촌인 진지왕을 폐위시키고 즉위한 진평왕은 동륜의 직계 혈통을 '성골'로 특권화했어요. 참고로 진평왕은 신라 왕 가운데 이례적으로 오래 살아 무려 54년이나 나라를 다스렸어요. 이렇게 긴 시간 동안 권력을 쥐고 있었기에 가능한 일이었지요.

성골 여왕의 탄생

만약 백정인 진평왕과 마야부인 사이에서 아들이 나왔다면 이름을 무엇으로 지었을까요? 아마 십중팔구 고타마 싯다르타의 번역인 '구담'이나 '실달다'라고 했을 거예요. 백정왕과 마야부인 사이의 아들이니 장차 부처님처럼 위대한 인물이 될 것을 기대했을 테지요. 그러나 진평왕은 바람과 달리 아들을 보지 못하고 딸만 두었어요. 진평왕의 동생인 백반과 국반도 아들을 남기지 못하고 진평왕보다 먼저 사망한 것으로 보이고요. 진평왕은 먼 친척들 중에서 아들을 데려오는 대신, 자신의 친딸 덕만에게 왕위를 물려주는 대담한 선택을 했어요. 이를 가능하게 만든 것이 바로 성골 의식입니다. 동륜 직계에서 진평왕이 아들을 보지 못했고 백반과 국반도 아들 없이 죽어 성골 남자가 없는 상황이 되면서, 왕위 계승이 가능한 성골 1순위가 바로 덕만공주였던 것이죠.

여성 왕이 즉위하는 과정은 결코 순탄하지 않았어요. 덕만공주가 진평왕의 유력한 후계자임은 부인할 수 없는 사실이지만, 여왕의 탄생 가능성이 높아지자 정치권의 반발도 표면화되었지요. 급기야 631년 5월에 이찬 칠숙과 아찬 석품의 난이 일어났어요. 난은 곧바로 진압되었고 덕만공주는 632년 1월, 진평왕의 죽음 이후 바로 선덕여왕으로 즉위하게 됩니다. 즉위하자마자 '성조황고'라는 존호를 받고 그 혈통을 강조한 것은 즉위의 정당성을 재차 강조한 것이었지요.

덕만과 선덕, 왕도 부처도 될 수 있는 여성

'덕만'과 '선덕'은 매우 특별한 이름입니다. 부처님의 부모인 백반왕과 마야부인 슬하에 태어난 공주가 예사 인물일 수는 없을 테지요. 더구나 성골 남성이 없는 상황에서 성골 여왕의 즉위 정당성을 강력하게 내세울 필요가 있었어요. 남성 중심의 정치 풍토 속에서 여성도 위대한 왕이 될 수 있다는 명분은 불교로부터 주어진 것이었어요.

진평왕은 공주의 이름을 불교 경전인 《열반경》에 등장하는 여성의 이름을 따서 '덕만'이라 지었어요. 《열반경》은 부처님의 열반에 대해 설명하고 있는 불교의 중요한 경전이에요. 이 경전에서 덕만은 수많은 중생을 구제하기 위해 일부러 여인의 몸으로 나타난 보살이지요. 즉위 후 이름인 '선덕'은 《대방등무상경》에 등장하는 '선덕바라문'에서 따온 것으로 보고 있어요. 경전 속 선덕바라문은 부처님으로부터 전륜성왕이 되리라는 예언을 받은 인물이랍니다.

여성성불론, 대승불교의 평등사상

이 시기 동아시아에는 대승불교의 교리가 크게 유행했어요. 《열반경》과 《대방등무상경》은 누구나 부처가 될 수 있다는 사상을 설파한 대표적인 대승경전이에요. 대승불교는 기존 불교계에서 **출가자***와 남성만을 깨달을 수 있는 존재로 설명하던 것을 강력하게 비판하고, 성별이나 나이, 신분, 학식 등과 상관없이 모든 이가 깨달음을 얻은 부처가 될 수 있다고 가르쳤어요. 특히 여성도 부처가 될 수 있다는 교리를 '여성성불론'이라고 해요. 신분과 성별에 따른 차별이 심하던 고대 사회에서 대승불교의 이러한 교리는 깊은 **감화력****을 갖고 사람들에게

★ **출가자**: 집을 떠나 머리를 깎고 수행자가 된 사람. 승려.

★★ **감화력**: 좋은 영향을 주어 생각이나 감정이 바람직하게 변화하도록 하는 힘.

대표적인 대승경전 《법화경》에서 용왕의 어린 딸 용녀(오른쪽 아래)가 부처가 되기 전,
빛나는 보배 구슬을 부처님께 바치는 장면

퍼져 나갔어요.

신라 왕실에서는 당시 유행하던 대승경전의 가르침을 정치적으로
빌려와 왕실 신성화의 명분으로 삼았어요. 여성도 전륜성왕이나 부처
처럼 위대한 존재가 될 수 있다는 주장은, 전통적 정치 문화나 유교 같
은 사상에서 찾아볼 수 없는 놀랍고도 혁신적인 내용이었어요. 선덕여
왕의 즉위는 당시 정치와 사회를 주도하던 불교적 교리를 통해 더욱

정당화되었던 것이죠.

선덕여왕의 비범한 지혜와 대담함

여왕은 신성한 혈통을 강조하는 것에 그치지 않고, 자신의 비범함을 증명할 필요가 있었습니다. 《삼국유사》에는 선덕여왕에게 뛰어난 지혜가 있었다고 기록되어 있어요.

당 태종이 모란꽃 그림과 그 씨앗을 보냈는데, 선덕여왕은 그림에 꽃과 벌이 없는 것을 보고 이 꽃에 향기가 없을 것임을 예견했다고 해요. 씨앗을 심어 틔운 꽃에는 실제로 향기가 없었는데, 당 태종이 짝 없이 홀로 지내는 자신을 조롱한 것임을 바로 간파한 것이었죠. 이 사건을 생각하면 선덕여왕이 지은 자신의 절이 '분황사'였다는 것이 의미심장하게 다가옵니다. '분황芬皇'이란 '향기로운 왕'이라는 뜻이에요. 여성 왕에 대한 조롱에 주눅 들지 않고 자신은 누구보다 향기롭고 뛰어난 임금임을 대놓고 과시한 셈이죠. 그리고 선대 진흥왕이 세운 황

경주 분황사 탑

룡사를 대대적으로 정비하고, 훗날 신라 최고의 보물이 될 황룡사 구층목탑을 세웠어요.

여왕의 위기와 성골의 한계

신성한 혈통과 불교적 명분에도, 왕실 내부의 권력 투쟁과 여왕에 대한 반발은 지속되었어요. 이 무렵 신라의 정세는 총체적 난국이었어요. 백제에게 40여 곳의 성을 빼앗긴 데다, 당나라에 지원군을 요청했더니 지원 조건으로 선덕여왕의 퇴진을 요구받았죠. 신라 내부에서는 이를 빌미로 여왕의 왕위 포기를 요구하는 '비담의 난'이라는 반란이 일어났어요.

반란이 일어나고 며칠 만에 선덕여왕은 궁에서 갑작스러운 죽음을 맞이해요. 그리고 난이 완전히 진압되지 않은 채 김유신의 보호 아래 진덕여왕이 즉위했어요. 석연치 않은 죽음과 즉위였기에 이에 대한 학

경주 선덕여왕릉 (출처: 문화유산포털)

계의 해석이 분분하죠.

선덕여왕은 '성골'이라는 신성한 신분을 바탕으로 최초의 여왕으로 등극할 수 있었어요. 그러나 애초에 이 신분은 오래갈 수 있는 성격의 것이 아니었어요. '동륜계'라는 매우 한정된 가계에서 근친혼으로 자식을 계속 낳기는 어려웠으니까요. 선덕여왕에게도 자식이 없었고, 남은 유일한 성골은 사촌동생 승만, 즉 진덕여왕뿐이었어요. 결국 선덕과 진덕여왕을 끝으로 성골은 사라지고, 진골 남성인 김춘추가 무열왕으로 즉위합니다. 이후 제51대 진성여왕의 즉위까지 200년이 넘게 신라에는 여왕이 등장하지 않았지요.

여왕 등극의 이례성

인류 역사상 여성이 역사의 전면에 등장한 경우는 많지 않아요. 이 때문에 여성의 모습과 활동이 역사서에 긍정적으로 서술되기란 쉽지 않지요. 훗날 고려의 유학자 김부식도《삼국사기》에 선덕여왕의 즉위를 "새벽에 암탉이 우는 비상식적인 일"이라고 깎아내렸어요. 그렇기에 선덕여왕의 즉위는 더욱 특별해요. 부정할 수 없는 신성한 혈통을 바탕으로 즉위하고 대승불교의 교리까지 적극적으로 활용해 가며 고군분투했을 선덕여왕의 모습이 역사책에 고스란히 담겨 있으니까요. 선덕여왕은 남성 중심의 정치 문화 앞에서도 당당했고, 당이라는 큰 나라의 조롱에도 굴하지 않는 모습을 보여 주었죠. 영화 〈벽루천〉은 영화적 상상력을 십분 발휘하여 백성을 지켜 내려는 우리나라 첫 여왕의 강인함을 표현했다고 볼 수도 있겠네요.

　여담이지만, 선덕여왕보다 반세기 이상 뒤에 등장한 중국의 측천무후도 신라와 유사하게 대승불교의 여성 성불 관념과《대방등무상경》을 적극적으로 활용했어요. 앞서 선덕여왕을 여자라는 이유로 노골적으로 무시한 당 태종의 이야기를 했는데요. 그는 자신의 후궁에 불과했던 무미랑이 훗날 새 왕조를 열어 중국 최초의 여황제 측천무후가 되리라고는, 아마 꿈에도 생각하지 못했을 거예요.

04

황산벌

백제의 마지막 불꽃, 의자왕과 계백

당나라와 신라 군사가 이미 백강과 탄현을 지났다는 말을 듣고 계백 장군을 보내 결사대 5000명을 거느리고 황산벌로 나가 신라 군사와 싸우게 하였다. 네 번 싸워서 모두 이겼으나 군사가 적고 힘이 모자라서 마침내 패하고 계백이 전사하였다.

《삼국사기》〈백제본기〉 의자왕

- **감독:** 이준익
- **개봉연도:** 2003년
- **관람등급:** 15세 이상 관람가
- **장르:** 코미디, 전쟁
- **등장인물(배우):** 계백(박중훈), 김유신(정진영), 거시기(이문식) 등

영화 〈황산벌〉은 2003년 개봉한 코미디 사극입니다. 고구려, 백제, 신라 삼국 간의 갈등이 극에 달하고 신라가 백제를 무너뜨리기 위해 당과 연합한 660년을 주요 배경으로 삼고 있어요. 더 좁혀 보면 백제가 당의 대군이 밀려온다는 압박 속에서 신라군과 치른 황산벌 전투 며칠에 초점을 맞추고 있지요. 백제 멸망 직전의 마지막 결전을 코미디와 풍자로 재해석한 것이 인상적이에요.

영화 속에서 고구려를 대표하는 인물로 연개소문, 신라는 김춘추와 김유신, 백제는 의자왕과 계백 등이 등장합니다. 고구려인은 이북 사투리를, 백제인은 전라도나 충청도 사투리를, 신라인은 경상도 사투리를 쓰며 웃음을 자아내지만, 대사에 반영된 역사적 사실은 꽤 구체적입니다. 백제의 공격으로 위기에 처한 신라는 당나라에 지원병을 요청했고, 당 고종은 한반도를 장악하겠다는 야욕을 숨긴 채 장군 소정방과 군대를 보냈지요.

신라 측에서는 김춘추와 김유신이 등장해 당과 협상하고 백제 침공

전략을 세워요. 백제는 위기감으로 가득하지만 의자왕은 우유부단한 모습을 보이고, 신하들은 몸을 사리며 적극적으로 나서지 않아요. 결국 의자왕은 마지막 충신인 계백에게 황산벌 방어를 맡기기로 결정했어요.

나당연합군*이 쳐들어오는 국가적 위기 앞에서 백제를 지키라는 의자왕의 명을 받은 계백은 가족을 제 손으로 죽이고 전장으로 나서는 비장함을 보여 줘요. 자신이 전장에서 죽을 경우 남은 가족이 적군에게 붙잡혀 능욕당할 것을 우려하여 눈물을 머금고 직접 베어 버린 것이죠. 계백의 이런 행동은 그의 각오와 충절을 보여 주기도 하지만 동시에 자신의 죽음과 패배를 예상한 것이기에, 백제가 처한 절망적인 상황을 짐작하게 합니다.

전쟁에 임하는 각오는 신라의 김유신도 만만치 않았어요. 황산벌 전장에서 백제군의 사기가 하늘을 찌르자, 김유신은 분위기를 반전시키기 위해 귀족 자제인 화랑들을 돌격대로 내세워요. 어린 화랑들의 잇따른 죽음을 본 신라군도 목숨을 걸고 나서면서 전투는 걷잡을 수 없이 치열해지죠. 계백 장군이 이끄는 5000명의 결사대는 김유신 장군의 5만 대군에 맞서 황산벌에서 처절하게 싸우지만 수적 열세를 이겨 낼 수 없었어요. 결국 백제군은 전멸하고 계백도 전사하게 됩니다.

이 영화는 얼핏 삼국통일기 역사를 익살스럽게 그려 낸 정도로 치부되기도 합니다. 그러나 자세히 들여다보면 잘못된 선입견을 걷어 내거

★ **나당연합군**: 신라와 당나라가 연합해 백제와 고구려를 멸망시킨 군사 동맹.

나 당시 정황을 이해하고 절묘하게 대사로 풀어낸 부분들이 여럿 보입니다. 백제군과 신라군이 서로 다른 사투리를 쓰니 의사소통이 잘 되지 않고, 전투 중에도 욕설과 농담이 오가며 긴장과 웃음이 교차하죠. 전쟁과 왕조의 멸망, 결사대의 전멸이라는 비극적인 역사를 독특한 유머로 무겁지 않게 다루고 있어요.

끝으로, 계백의 배려로 유일하게 살아남아 고향의 어머니 품으로 돌아간 백제군 거시기의 모습은 치열한 전장과 평화로운 일상의 괴리를 보여 줘요. 평범한 백성을 전쟁터로 끌어내고 어린 소년들을 분노의 불쏘시개로 삼는 무모한 전쟁의 실상을 비틀어 풍자한 것이기도 해요. 가망 없는 전투에 동원된 백제의 결사대와 타지에서 목숨을 건 전투를 벌인 신라군을 내내 비춘 이 영화는, 통일 전쟁이라는 평계로 감춰진 전쟁의 참상을 드러내려 한 것일지도 모르겠습니다.

> **Q.** '의자왕과 삼천궁녀'라는 말이 있는데, 어쩌다 의자왕에게 이런 부정적 인식이 씌워진 건가요? 또 백제는 왜 멸망한 건가요?

백제사, 흩어진 패자의 역사

백제는 나당연합군에 의해 갑작스레 멸망했어요. 이 때문에 백제사를 상세히 전해 주는 기록이 많지 않아요. 따라서 백제사 연구를 위해서는 다양한 자료를 참조하고 고고학적 발굴을 병행할 필요가 있어요. 다행히 김부식의 《삼국사기》와 일연의 《삼국유사》에 백제 관련 기사가 실려 있어요.

중국의 고전 자료로는 《양서》와 《수서》, 《구당서》 등의 〈백제전〉이 있어요. 일본의 《일본서기》도 백제사 연구에 필수적입니다. 《일본서기》가 중요한 까닭은 패망한 백제의 지배층이 대규모로 일본으로 건너갔기 때문이에요. 이들은 일본 조정의 고위직에 진출하고 한자와 유교, 불교, 각종 기술을 전파하여 일본 고대국가 형성 과정에서 핵심적인 역할을 담당했어요. 이에 《일본서기》에는 일본에서 온 백제 왕자, 학자, 장인들에 대해 상세히 기록되어 있지요. 다만 이 기록은 어디까지나 일본의 입장에서 서술되었기에 비판적인 태도로 들여다봐야 합니다.

영화 〈황산벌〉은 이렇듯 자세히 알기 어려운 백제사를 주요 소재로 삼아 호평을 받았어요. 오늘날 '의자왕과 삼천궁녀'라는 치욕스러운 이름으로 사람들의 입에 오르내리는 백제의 마지막은, 사실 이 영화에서 표현되는 것처럼 치열하고 장렬했어요. 백제의 불꽃이 꺼지던 며칠을 함께 살펴봅시다.

백제의 마지막 임금, 의자왕

이 영화가 보여 주는 여러 역사적 인물 가운데 일반적 상상과 배치되는 인물은 의자왕입니다. '의자왕과 삼천궁녀'라는 말에서 보이듯, 백제의 마지막 왕인 의자왕에게는 희대의 난봉꾼 같은 이미지가 덧씌워져 있어요. 백제가 망한 까닭이 국가적 위기 앞에 실정을 거듭한 의자왕 때문이라는 것이지요. 그러나 이 영화에서 의자왕은 나이 지긋한 중견의 정치인으로, 주변에 삼천궁녀는커녕 여인 하나 없어요. 이는 영화에서 의자왕에 대한 저런 선입견을 배제하려 한 것이 아닐까 하는 생각이 들게 합니다.

실제로 역사서의 기록을 보면 이름부터 의롭고(의義) 어진(자慈) 의자왕은 자질이 뛰어난 왕이었다고 해요. 《삼국사기》와 《삼국유사》에서는 무왕의 맏아들인 의자왕이 씩씩하고 용감하며 대담하고 결단력이 있을 뿐 아니라, 부모를 효로써 섬기고 형제와 우애가 있어 '해동의 증자曾子'라고 불렸다며 칭송하고 있어요. 증자란 공자의 뛰어난 제자 '증삼'을 가리켜요. 증삼은 특히 효행으로 이름이 높았던 인물이지요. 공자의 제자에 버금간다는 평을 받았다는 것은, 의자왕이 유교적 정치

문화를 충분히 받아들였다는 의미입니다. 망한 나라의 왕임에도 이렇게 후한 평가를 받았다는 점이 눈에 띌 정도죠. 그러나 이런 훌륭한 자질에도 불구하고, 의자왕은 집권 후반기에 술과 여자에 빠져 나랏일을 뒷전으로 미루며 결국 백제를 위태롭게 만들었다고 합니다.

삼천궁녀, 의자왕의 오명

의자왕과 삼천궁녀가 적군에게 몰려 사비강에 몸을 던져 죽었다는 전설을 들어 본 적 있을 거예요. 타락한 임금이 적 앞에 무력하게 도망가다 수많은 궁녀까지 죽음으로 몰아넣은 듯한 비참한 최후를 묘사하고 있지요. 이 이야기를 들으면 절벽에서 꽃처럼 떨어져 '낙화암'이라는 지명의 유래가 된 아름다운 궁녀들의 애달픈 최후를 상상하게 돼요. 동시에 술과 여자에 빠져 나라를 멸망으로 이끈 의자왕에 대한 부정적 인식이 자동으로 따라옵니다.

그런데 사실 '낙화암'이라는 극적인 이름도, '삼천궁녀'라는 과장된 숫자도, 백제가 망하고 몇백 년 후에 만들어진 말들이에요. 백제의 왕성이 있던 부여 부소산성 모퉁이의 한 절벽은 '사비강' 혹은 '백마강'이라고도 불리는 금강을 끼고 있어요. 아름다운 풍경 덕에 많은 문인이 들리기도 했는데요, 고려시대만 해도 왕과 궁녀들이 '떨어져 죽은 바위'라는 의미의 '타사암'으로 불렸다고 해요. 그러나 의자왕은 당나라에 포로로 잡혀가 죽었기 때문에 타사암 역시 사실과 거리가 있는 이야기지요. 그러다 고려 말기를 지나면서 궁녀들의 죽음을 떨어지는 꽃잎에 비유하여 '낙화암'이라는 이름이 등장했어요. '삼천궁녀'라는 표현은 조선시대에 이르러 부여를 유람하던 문인의 시 속에서 나타난 것이고요.

'삼천궁녀'는 사실 당나라 때 유명한 시인인 백거이의 〈장한가〉라는 시에 나오는 말이에요. 〈장한가〉는 양귀비에게 반해 나랏일을 내팽개 친 당 현종을 비판한 시로 널리 알려져 있지요. 이 시에는 "후궁에 아름다운 삼천궁녀를 두었네"라는 구절이 나와요. 조선시대 한 시인이 이 시구를 인용하여 의자왕의 행적을 당 현종에 빗대어 읊었고, 이후 '의자왕과 삼천궁녀'라는 표현이 마치 역사적 사실인 것처럼 여겨지게 된 것이랍니다.

금강과 낙화암의 빼어난 경관에 얽힌 백제 멸망사는 후대 사람들에 게 의자왕에 대한 과장된 전설을 더욱 믿고 싶게 만든 듯해요. 시대가

부여 백마강과 낙화암 (출처: 공유마당)

흐를수록 점점 고조된 표현은 급기야 3000명의 궁녀라는, 한국사에 있을 수도 없는 후궁의 규모를 의자왕에 갖다 붙이게 되었죠. 아무리 역사는 승자의 것이라지만, 망국의 한을 품고 타지에서 죽은 의자왕이 이런 평가를 알게 된다면 화가 나서 관뚜껑을 열고 뛰어나올지도 모르겠네요.

백제와 신라, 원한 맺힌 관계

영화 〈황산벌〉은 나당연합군의 대규모 침공을 막으려던 백제의 이야기를 담고 있습니다. 신라와의 격렬한 전투 끝에 백제가 패하고 계백 장군이 죽는 것으로 영화는 끝이 나지요. 그러나 7세기 중반 당시, 가장 큰 위기에 직면한 나라는 백제가 아니라 신라였어요. 백제와의 관계는 진흥왕 이후 악화일로를 걷고 있었고, 여러모로 한반도 내에서 수세에 몰린 신라는 당나라에 도움을 구할 수밖에 없는 상황이었죠.

백제와 신라의 관계가 악화된 계기는 시간을 거슬러 올라가 6세기 중반 상황을 돌이켜 봐야 해요. 앞에서 선덕여왕에 대해 설명할 때 진흥왕의 업적을 소개하면서, 신라가 백제의 뒤통수를 치고 한강 유역을 독차지했다고 한 것 기억하나요? 이 상황을 좀 더 자세히 들여다보면 얽히고설킨 삼국의 관계와 치열한 경쟁이 고스란히 드러난답니다.

고구려의 남진으로 한강 하류를 빼앗긴 백제는 웅진(지금의 공주)으로 내려가 후일을 도모했어요. 무령왕의 아들로 웅진에서 즉위한 성왕은 살아 있을 때부터 '성왕(성스러운 왕)'이라고 불릴 만큼 뛰어난 임금이었지요. 성왕은 국가 체제를 대대적으로 정비하고 좀 더 넓은 땅을 찾아 사비(지금의 부여)로 도읍을 옮기고 국호도 ‘남부여’로 바꿨어요.
바야흐로 백제가 새로운 중흥기를 맞이하게 된 거예요.

나라의 힘을 키운 성왕이 고구려에게 빼앗긴 한강을 되찾으려 한 것
은 당연한 수순이었어요. 이에 성왕은 신라의 진흥왕과 동맹을 맺고
연합 전선을 펼치죠. 두 나라는 함께 고구려를 공격한 뒤 백제는 한강

백제의 천도 과정

하류의 6군을, 신라는 한강 상류의 10군을 차지했어요.

그러나 야심만만한 진흥왕은 애초에 백제의 뜻대로만 움직일 생각이 없었던 것 같아요. 그는 한강 상류에 만족하지 않았죠. 때마침 고구려가 신라에게 우호적인 손짓을 보냈어요. 당시 고구려는 내부적으로 정치가 혼란한 데다 북으로는 새로 일어난 돌궐*과도 대치하고 있었어요. 이런 상황에서 고구려 남쪽에 가해진 백제와 신라의 연합 공격은 매우 부담스러울 수밖에 없었지요. 고구려는 백제와 신라의 북진을 막고 두 나라의 연합 전선을 무너뜨릴 필요가 있었기에 신라에 접근한 거예요. 신라는 고구려의 암묵적인 지원하에 군사를 일으켜 백제로부터 한강 하류를 빼앗았어요.

신라의 배신에 백제는 분노했어요. 554년, 성왕의 맏아들 창은 대신들의 반대를 무릅쓰고 출병하여 관산성에 진을 치고 신라에 대대적인 공격을 감행했죠. 그러나 이 전쟁에서 백제는 3만의 군사를 잃으며 크게 패하고, 백제 성왕까지 신라군에게 목숨을 잃게 됩니다. 태자 창은 휘하의 장수 몇 명과 함께 겨우 전장을 탈출할 수 있었고요. 게다가 성왕의 목을 벤 신라는 백제에게 온전한 시신을 돌려주지 않았어요. 성왕의 목 잘린 몸만 백제에 보내고, 성왕의 머리는 신라 수도 경주의 북청 계단 아래 묻어 사람들이 밟고 다니게 했다고 해요. 백제가 느꼈을 치욕과, 신라 진흥왕의 자신감이 동시에 느껴지는 장면이에요.

애써 찾은 한강도 다시 빼앗기고 수많은 병사를 잃은 데다 성왕의

★ **돌궐**: 6세기부터 몽골 고원과 알타이 산맥을 중심으로 활동한 튀르크계 유목 민족.

시신마저 신라에게 조롱당한 백제의 상황은 참담함 그 자체였어요. 상
황이 이 지경인데 양국 관계가 좋다면 오히려 이상할 거예요. 이로써
백제와 신라의 사이는 험악하다는 말도 부족할 정도로 완전히 틀어지
고 말았습니다.

거침없는 진격, 백제의 신라 공략

친구 셋이 있을 때 서로서로 잘 지내면 가장 좋겠지만, 유감스럽게
도 두 명씩 붙었다 떨어졌다 하며 한 명이 소외되는 경우가 종종 있죠.
삼국의 관계도 이와 비슷했어요. 외교에서 영원한 적도 영원한 친구도
없다는 말을 증명하듯, 삼국 중 두 나라가 연합하면 한 나라는 수세에
몰리는 장면이 빈번하게 연출되었죠. 앞서 백제와 신라 연합이 고구려
를 공격해 한강을 차지한 뒤, 신라가 다시 고구려와 몰래 손잡고 백제
의 한강 하류까지 빼앗은 것이 대표적인 경우예요. 워낙에 민감한 한
강 유역을 독점한 신라가, 백제와 고구려 모두와 등지게 되는 것은 불
보듯 뻔한 일이었어요.

성왕의 맏아들, 태자 창은 신라에 대한 분노로 마음이 들끓었어요.
자신이 주도한 전쟁에서 참패한 책임과 부왕의 죽음에 대한 죄책감으
로 출가하여 승려가 되려고도 했지요. 그러나 바닥으로 떨어진 백제의
위상과 혼란스러워진 나라를 나 몰라라 할 수도 없기에, 창은 자신을
대신하여 100명을 출가시키고 위덕왕으로 즉위해 백제를 다시 일으켜
세우려고 노력했어요. 재위 기간 동안 아버지 성왕을 기리는 사업을
추진하는 한편, 적극적인 대외 교섭을 통해 중국 및 왜와의 외교를 강

사비시기 백제 왕릉과 능사가 조성된 부여 능산리 발굴지 전경 (출처: 국가유산포털)

부여 능산리사지 출토
백제금동대향로
(출처: 국가유산포털)

부여 능산리사지 출토
창왕명 석조사리감
(출처: 국가유산포털)

화했어요. 이는 보복을 위해 신라를 공격하고 고구려를 견제하기 위한 발판을 마련하려는 것이었지요.

위덕왕이 백제의 대내외 정세를 안정시키는데 바빴다면, 그다음 왕인 무왕 대부터는 신라에 대한 본격적인 공세를 펴부었어요. 당시 백제는 한강 유역을 되찾고 옛 가야 지역으로 진출하려는 목적을 갖고 있었어요. 문제는 한강 유역이 고구려도 집착하던 지역이라는 점이었죠. 당시 고구려는 수나라의 100만 대군에게 승리할 정도로 압도적인 군사력을 가지고 있었기에 대놓고 적대하기 어려운 상대였어요. 이 때문에 백제는 북으로 한강을 공략해 고구려와 충돌하기보다, 신라 서남부의 옛 가야 영토를 확보하고 신라가 중국으로 가는 길목을 끊는 것에 주력했어요.

무왕은 신라를 강하게 밀어붙였어요. 그가 왕위에 있던 600년부터 641년까지, 백제는 무려 13번에 걸쳐 신라와 전쟁을 치렀어요. 공격의 신호탄처럼 무왕은 즉위 3년 차인 602년 4만 대군을 이끌고 신라를 공격했죠. 안타깝게도 이 야심찬 선공은 패배로 끝났으나, 이에 그치지 않고 이후에도 계속해서 신라를 침공했어요. 결국 무왕 집권 후반 백제는 일방적으로 공격을 퍼부으며 소백산맥 너머의 신라 땅을 잠식해 나갔습니다.

무왕의 큰아들 의자왕은 아버지의 뒤를 이어 641년 3월에 즉위했어요. 왕위에 오르자마자 국정을 완전히 장악한 의자왕은 이듬해부터 군사를 직접 이끌고 나가 신라를 공격하기 시작했지요. 의자왕은 집권 기간 내내 신라를 몰아쳐 대야성을 비롯한 신라의 40여 성을 함락시키

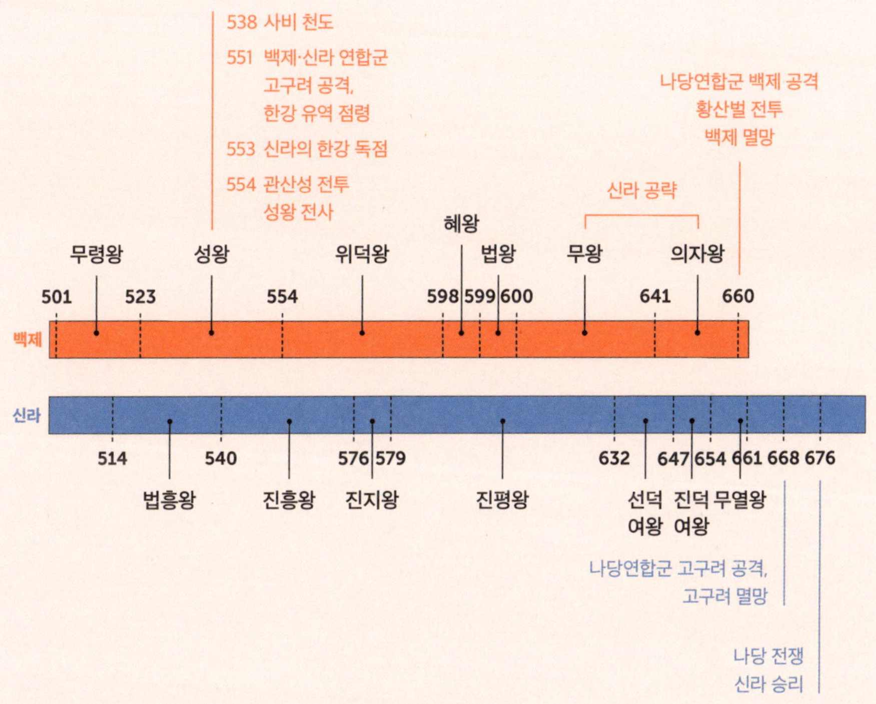

고 낙동강 서쪽의 경남 지역 대부분을 장악하기에 이릅니다. 또한 고구려와 손잡고 신라가 당으로 가는 길목인 당항성도 공격했지요. 무왕부터 의자왕까지 2대에 걸친 신라 공략은 이 시기에 정점에 달했어요.

나당동맹, 신라의 고육지책

의자왕의 전방위적인 공격에 신라는 궁지에 몰렸어요. 한강을 두고 고구려와도 번번이 전쟁을 치른 데다, 바다 건너 일본도 백제의 동맹이었지요. 신라는 백제가 잇따라 공격해 오면서 급속도로 영토를 잃어

가는 데다, 주변국 모두와 대치 상태였기에 나라의 운명이 바람 앞의 촛불같이 위태로웠어요. 어떻게든 돌파구를 찾아야 했기에, 훗날 태종 무열왕이 되는 김춘추가 목숨을 걸고 고구려에 가 지원병을 청했지요. 그러나 김춘추는 아무 소득 없이 포로로 붙잡혀 고생만 하다 돌아왔어요. 일본에도 지원을 요청했지만 거절당했고요. 심각해진 신라는 중국과 더욱 적극적인 관계를 모색할 수밖에 없었지요.

당시 중국 대륙은 당나라가 거대한 통일 왕조를 꾸린 상태였어요. 그러나 당은 강대국인 고구려와의 전쟁으로 골머리를 앓고 있었어요. 역사적으로 보면 당 이전의 수나라도 고구려를 네 차례나 침략했지만 전부 격퇴당했죠. 당나라 역시 645년 이후 무려 세 번에 걸친 고구려 원정에 모두 실패하는 바람에 대내외적으로 어려운 처지에 놓이게 되었어요. 당나라는 고구려를 칠 때 후방의 신라나 백제가 동시에 고구려를 공격해 주기를 바랐는데, 백제는 이에 응하지 않았어요. 이 때문에 당과 백제의 관계는 틀어져 버리고 말았죠.

반면 신라는, 고구려와 백제에 대한 견제와 공격이라는 이해관계가 맞아떨어져 당과 동맹을 맺었어요. 당은 고구려를 공격하는 데 항상 실패했기에, 비협조적인 백제 대신 신라를 끌어들여 협공할 필요가 있었지요. 신라는 백제를 막아 내기도 힘든 마당에 고구려까지 신경 쓸 여력이 없었기에, 각자의 적을 상대하기 위해 신라와 당의 연합은 필연적이었어요. 즉, 신라가 당에 지원병을 요청할 때 이루어진 약속은 단순한 군사적 도움이 아니었어요. 고구려와 백제가 망하면 대동강 이북은 당나라가, 그 이남은 신라가 갖는 것으로 상호 합의한 영토 분할 약정이었지요. 이것이 바로 648년 김춘추가 당 태종을 직접 만나 성사시킨 '나당동맹'이에요.

18만 대군, 미증유의 백제 침공

660년 늦여름, 백제는 700년 역사 동안 한 차례도 겪지 못한 18만 대군의 침공을 마주했습니다. 신라군과, 신라의 지원 요청에 응한 당나라 군대가 백제를 향한 것이죠. 영화 〈황산벌〉의 시간적 배경이 바로 당군의 한반도 상륙에서 황산벌 전투까지의 기간입니다. 파죽지세로 신라를 공략하며 새로운 중흥기를 일궈 가던 백제가 한 달의 시간, 8일의 전투 만에 멸망에 이르게 된 기막힌 이야기를 자세히 들여다봅시다.

13만 대군을 이끌고 산둥반도를 출발한 소정방은 6월 20일 서해안 덕물도에 도착했어요. 이 무렵 신라의 태종무열왕은 김유신과 군대를 거느리고 북상하여 남천정에 미리 가 있다가, 당군이 도착하자 태자 김법민을 보내어 소정방을 맞이하게 했어요. 덕물도는 오늘날의 인천 덕적도를 가리키며, 남천정은 현재 경기도 이천 지역이에요. 신라군이 경주에서 남천정으로 이동한 뒤 덕물도에서 당군과 만난 것은 백제가 방어 전략을 세우는 데 큰 혼란을 준 것으로 보여요. 백제의 수도 사비(부여)는 인천과 이천보다 훨씬 남쪽이니까요. 영화 〈황산벌〉에서 의자왕과 신하들이 '고구려와 백제 중 어느 곳이 저들의 목표인가'를 두고 설전을 벌이는 까닭이 바로 그것이지요.

　　나당연합군이 선택한 전략은 **수륙 양공 작전***과 사비성 남쪽에서의 합군이었어요. 신라군과 당군은 당항성(화성) 일대에서 만날 것처럼 보였으나, 실제로는 각각 더 우회하여 백제의 수도인 사비로 바로 공격해 들어갔지요. 당군이 바닷길을 통해 금강 하구로 들어오고, 신라군은 육로로 탄현을 넘어 접근해 7월 10일 사비성 남쪽에서 만나 함께

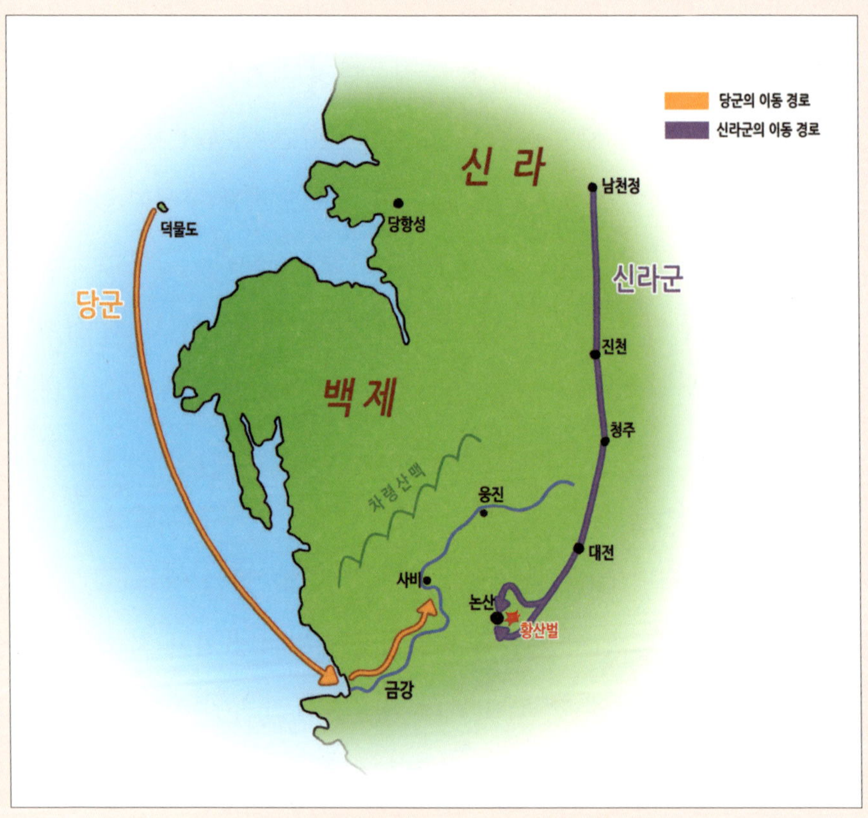

황산벌 전투 당시 신라군과 당군의 이동 경로

★ **수륙 양공 작전**: 바다와 육지 양쪽에서 동시에 공격하는 작전.

공격하기로 한 거예요. 바다와 육지 양쪽에서 공격하는 작전은 백제의 방어선을 흐트러뜨려 나당연합군의 병력 손실을 최소화하고 최대한 빠르게 전쟁을 끝내려는 전략이었어요. 효율적인 작전이었지만 배를 타고 바다로 이동하는 당군과 달리, 육로로 백제의 국경을 돌파해야 하는 신라군에게는 상당히 부담스러운 전략이었지요.

이례적인 대군의 진격 소식에 백제의 조정은 혼란에 빠졌어요. 이들을 어떻게 막을지를 두고 격렬한 토론이 벌어졌죠. 외적이 육로로는 탄현을 넘지 못하게 하고 수군은 기벌포(현재 금강 하구)에 들지 못하게 해야 한다는 의견이 나왔어요. 탄현과 기벌포는 사비로 들어가는 길목이에요. 그러나 이에 대한 갑론을박이 오가면서 방어 작전은 결론이 나지 못하고 정치 세력 간의 갈등만 깊어졌어요. 빠른 결단과 집중적인 군사력 운용이 필요한 골든타임은, 대신들 사이의 의견이 충돌하는 동안 지나가 버렸죠.

피로 물든 황산벌, 계백과 오천결사대의 죽음

백제가 갈팡질팡하던 사이, 김유신이 이끄는 5만의 신라군은 7월 9일에 이미 탄현을 넘어 황산벌에 도착했어요. 황산벌은 오늘날 논산의 연산면 일대예요. 이때 백제 장군 계백은 5000명의 결사대를 이끌고 출정했어요. 어떻게든 신라군의 진격을 늦춰 당군과 제시간에 합류하지 못하도록 사비성에 시간을 벌어 주어야 했어요. 계백은 황산벌 전투에서 살아 돌아오기 어렵다는 것을 직감하고, 목숨을 내던질 각오로 나섰어요. 가족까지 죽이고 나온 계백의 결의를 본 백제군 역시 죽기를 각오하고 5만의 신라군을 맞아 치열하게 싸웠지요.

계백의 결사대는 김유신의 병력과 대적하여 무려 네 번의 전투에서 승리했어요. 10배에 달하는 적군을 상대로 네 차례나 이겼다는 것은 계백과 그 병사들이 얼마나 결연한 뜻으로 전투에 임했는지를 보여 줍니다. 5000명에 불과한 백제군에 5만의 신라군이 얼마나 고전했는지, 신라 군사들이 모두 지쳐 버렸다는 기록도 전해지지요.

신라에게는 백제의 압도적인 사기를 꺾을 묘수가 필요했어요. 이때 김유신의 동생 흠순과 진골 귀족 출신의 장군 품일이 화랑인 아들들을 독려하여 전투에 나서게 했지요. 어린 소년에 불과한 흠순의 아들 반굴과 품일의 아들 관창이 홀로 나가 싸우다 시신으로 돌아오자, 이에 자극받은 신라군이 있는 힘을 다해 싸워 결국 승리했다고 합니다. "모두 미쳐야 전쟁을 할 수 있다"라는 영화 속 김유신의 대사처럼, 묵은 원한이 켜켜이 쌓인 백제와 신라 간의 전투는 치열하고도 처절했어요. 결국 수적 열세를 극복하지 못한 백제군이 신라에 전멸하고 계백도 장렬히 전사하고 말았지요.

백제와 신라의 운명을 건 싸움은, 이 전투를 고비로 신라 쪽에 유리하게 기울었어요. 그렇다고 죽음으로 맞선 계백 결사대의 항전이 아무런 보람도 없었던 것은 아니랍니다. 황산벌에서의 난전이 신라군의 진군을 하루 지연시켰거든요. 즉, 신라는 계백군과 싸우느라 7월 10일에 사비성 남쪽에서 당군과 만나기로 한 약속을 지키지 못하고 7월 11일에야 도착한 거예요. 당나라 장수 소정방은 제시간에 도착했기에, 약속 날짜를 지키지 못한 책임을 물어 신라의 장수 김문영의 목을 베려

했어요. 김유신은 이런 소정방의 태도에 격분했어요. 황산벌에서의 전투도 보지 못했으면서 기일 넘긴 것을 죄주려 한다며, 이런 모욕을 당할 바에야 백제를 치기 전 당군과 먼저 싸우겠다고 반발했죠. 신라와 당 사이 일촉즉발의 긴장된 분위기는 소정방이 김문영을 처벌하지 않기로 하면서 겨우 진정되었어요.

8일의 전투로 무너진 700년 백제

계백 결사대의 필사적인 저항에도 불구하고 13만 당군과 5만 신라군은 백제에게 감당하기 어려운 병력이었어요. 신라군에 맞서 황산벌 전투가 벌어지던 7월 9일에 당군도 기벌포에 다다랐어요. 백제로서는 기벌포와 탄현 양쪽에 모두 적군이 쳐들어온 꼴이었어요. 백제는 어쩔 수 없이 병력을 나눠 양쪽 모두를 방어해야 했죠. 이에 주력 부대는 당군의 상륙을 막도록 하고, 계백의 오천결사대는 군수 보급을 담당한 신라군이 제때 도착하지 못하게끔 지연 작전을 펼쳤어요. 당군은 저항하는 백제군을 크게 이기고 금강을 거슬러 올라가 약속된 7월 10일 사비성 근처에 도착했어요. 신라군은 계백 결사대에 막혀 이틀이나 황산벌에 묶여 있었으나, 결국 7월 11일 사비성 남쪽에서 당군과 합세하게 되었죠.

7월 12일, 나당연합군은 바로 사비성을 공격했어요. 이틀간의 치열한 전투 끝에 나당연합군은 사비를 둘러싼 나성으로 진입했고, 이때 백제군 1만 명이 전사하며 백제는 큰 타격을 입게 되었어요. 사비성 방어에 실패한 의자왕은 도저히 막을 수 없는 대군 앞에 자존심을 접고 당군에게 읍소했어요. 여섯 명의 좌평*과 함께 왕자들을 보내 당군에게 죄를 빌고 군대를 철수해 달라고 요청한 것이죠. 승리가 코앞인 소정방은 이를 받아들이지 않았어요. 결국 7월 13일 밤, 의자왕은 후일을 도모하기로 하고 태자와 신하들을 이끌고 사비성을 빠져나와 웅진(공주)으로 피신했어요.

의자왕이 사비를 떠나자 둘째 아들 태는 스스로 왕이 되어 성을 굳게 지켰어요. 그러나 둘째인 태가 왕이 된 것에 불만을 품은 태자의 아들과 다른 왕자들이 측근을 거느리고 성 밖으로 나가 나당연합군에 투항하는 일이 벌어졌어요. 이 소식을 들은 백성들까지 그 뒤를 따라 줄줄이 투항했지요. 태는 어쩔 수 없이 성문을 열고 항복했어요. 백제의 수도 사비는 이렇게 나당연합군에게 점령되고 말았습니다.

밤을 틈타 웅진으로 몸을 피한 의자왕은 어떻게 되었을까요? 사비성을 함락한 나당연합군이 웅진으로 진격하려는 찰나, 웅진을 근거지로 왕실을 재건할 줄 알았던 의자왕은 7월 18일 갑작스레 사비성으로 돌아와 항복했어요. 얼핏 보면, 달아났다가 백제의 패색이 짙어지자 제 발로 무리를 이끌고 나와 나당연합군에 투항한 것처럼 보이기도 합니다. 해동의 증자로 칭송받던 의자왕이 절망에 빠져 나라를 저버린 것인지 궁금해집니다.

★ **좌평**: 백제 최고위 벼슬.

배신, 백제 멸망의 마지막 장면

기존 문헌에는 백제의 패전과 멸망에 대해 660년 7월 18일에 "백제 의자왕이 태자와 웅진방령의 군사 등을 거느리고 스스로 웅진성에서 나와 항복했다"라는 한 줄만이 짧게 실려 있어요. 이를 읽다 보면 '패기와 기세가 넘치던 의자왕이 불과 열흘도 되지 않는 전쟁에서의 패배를 순순히 인정하고 백제를 버리고 투항했을까? 이렇게 쉽게?'라는 생각이 절로 들어요. 하지만 패자에게는 입이 없는 법. 남은 기록으로는 백제 투항에 관한 자세한 내용을 알 수 없었지요.

그런데 최근 백제 멸망의 마지막 장면을 생생하게 복원할 수 있는 자료가 중국에서 나왔어요. 2006년 중국 낙양시의 한 골동품 가게에서 백제 유민 예식진이라는 사람의 묘지墓誌가 발견된 거예요. 묘지란 돌이나 도자기 등에 고인의 생애와 관련한 정보를 적어 무덤 안에 넣은 것을 가리켜요. 예식진은 의자왕이 몸을 피했던 웅진성의 방어 책임자였어요. 이에 그치지 않고 2010년 중국 시안에서 예식진의 아들 예소사와 손자 예인수의 묘지가 발견되었고, 2011년에는 예식진의 친형 예군의 묘지도 공개되었어요. 최근 몇 년 사이 중국으로 건너간 백제 유민 예씨 3대의 묘지가 연이어 발견된 거예요. 이 묘지에 기록된 내용들은 의자왕이 투항하게 된 내막을 전해 줍니다.

웅진에 터를 잡고 성장한 예씨 일족은 대대로 백제의 좌평을 배출한 막강한 집안이었어요. 웅진성의 수장이었던 예식진은 의자왕 일행이 어둠을 틈타 웅진성으로 도망 오자 마음이 복잡했어요. 그가 보기에는 이미 사비성이 함락되었고 나당연합군도 워낙 막강하다 보니 백제가 도저히 이길 수 없을 것 같았거든요. 결국 예식진의 형 예군의 주도로 웅진성에서 반란이 일어났어요. 예군·예식진 형제는 군사 반란을 통해 의자왕과 그 일행을 사로잡고, 7월 18일 사비성으로 가 이들을 당나라에 바치고 귀순*한 거예요.

예씨 형제의 반역은 백제의 멸망에 쐐기를 박았어요. 의자왕이 자의로 투항한 것이 아니라 예씨 형제에 의해 당군에 넘겨지면서 백제 700년 역사가 끝장난 것이죠. 예씨 일족의 묘지 내용을 토대로 문헌 기록을 되짚어 보면, 의자왕과 함께 왔다는 '웅진방령군熊津方領軍'은 '웅진방령의 군사'가 아니라 웅진성 반란을 주도한 '웅진방령 (예)군'이었던 셈이죠. 18만 대군이 몰아친 8일간의 전쟁과 내부의 배신으로, 백제는 의자왕이 손쓸 틈도 없이 너무도 빠르고 허무하게 멸망에 이르렀어요.

망국의 치욕과 의자왕의 최후

예군·예식진 형제의 반란군에게 잡혀 사비성으로 끌려온 의자왕과 왕자들은 당나라와 신라로부터 온갖 수모를 당했어요. 7월 13일 사비성이 함락되었을 때, 신라의 김법민(훗날 문무왕)은 항복한 백제의 왕자 부여융을 말 앞에 꿇어앉히고 얼굴에 침을 뱉었다고 하죠. 8월 2일에는 당과 신라군의 전승 기념 잔치가 열렸는데 신라의 무열왕과 소정방을 비롯한 연합군의 여러 장수는 대청마루 위에 앉아 잔치를 즐기고, 의자왕은 마루 아래 앉혀 두고 술을 따르게 했대요. 이를 본 백제의 신

★ **귀순:** 적이었던 사람이 반항심을 버리고 복종하거나 순종함.

부여 정림사지 오층석탑 (출처: 국가유산포털)

하 중 통곡하지 않은 사람이 없었
다고 합니다.

　치욕은 여기서 끝나지 않았어
요. 전쟁이 끝난 후 소정방은 백제
의 수도 사비 한복판에 있던 왕실
사찰 정림사에 들러 그 중심 건축
물인 오층석탑에 당나라가 백제
를 평정한 것을 기념하는 글을 새
겨 두었어요. 이 때문에 과거에는
정림사지 오층석탑을 '평제탑' 혹

탑신 대당평백제국비명문
(출처: 국가유산포털)

은 '당평제비'라고 부르기도 했지요.

당군은 의자왕과 왕비, 왕자들, 백제의 중신들을 포함하여 1만 3000명에 달하는 백제 포로를 당나라로 잡아갔어요. 이들은 당과 신라의 중신들과 장수들, 외국의 사절 및 유수의 관리들이 참관한 전승 기념식에서 당 고종에게 전승 기념물로 바쳐졌지요. 나라를 잃고 온갖 치욕과 수모를 겪은 의자왕은 울분과 좌절의 나날을 보내다 얼마 후 병으로 세상을 등졌어요. 당은 의자왕을 북망산의 손호와 진숙보 묘 옆에 장사 지내도록 했어요. 손호와 진숙보는 오나라와 진나라의 마지막 황제들로, 어리석고 흉포한 임금의 대표격으로 꼽히는 인물들이에요. 그들과 나란히 묻은 것은 나라를 멸망에 이르게 한 어리석은 임금이라는 의미이니, 의자왕은 죽어서까지 조롱을 당한 셈입니다. 해동의 증자로 칭송받으며 신라를 전방위적으로 압박해 백제의 확장을 이끌던 의자왕이, 한순간에 나당연합군에게 무릎을 꿇고 백제의 마지막 왕이 되리라고 그 누가 상상이나 했을까요?

예씨 형제의 귀화와 영달, 그리고 역사의 평가

아, 반역을 일으켜 신라와 당에 의자왕을 갖다 바친 예씨 형제는 어떻게 되었냐고요? 그들은 당으로 건너가 백제 토벌의 공로를 인정받고 후한 대접을 받았어요. 이후 그들은 당나라 사람이 되어 당을 위해 일하며 대대로 영화를 누렸다고 해요. 이러한 사실은 중국에서 발견된 예씨 일족의 묘지에 상세히 기록되어 있어요.

예씨가 백제의 유력 가문이라는 것, 또 예군·예식진 형제가 군사 반란을 일으켜 백제의 명줄을 끊는 마지막 일격을 가했다는 것은 그들의 묘지가 나오기 전까지는 전혀 알려지지 않은 사실이었어요. 수년 전 중국 골동품 가게에서의 우연한 발견이 꼬리에 꼬리를 물고 백제 멸망의 마지막 장면을 되살린 것이니까요. 좌병을 내리 배출할 정도로 백제에서 세력 있는 집안이었으면서도, 백제의 상징인 의자왕을 붙잡아 나당연합군에 넘기고 당나라에서 잘 먹고 잘 살던 그들은 알았을까요? 역사에서 지워졌던 자신들의 행적이 무려 1300여 년이 지난 후 드러나고, 결국 백제의 반역자로 지목당하리라는 것을요.

계백은 신라인 일색인 《삼국사기》〈열전〉에 유일한 백제인으로 빛나는 이름을 남겼어요. 오천결사대와 황산벌 전투는 뛰어난 군인들이 죽음으로 이루어 낸 장렬한 전투로 길이길이 기려지고 있고요. 의자왕은 망국의 임금이 되었어도 '해동의 증자'라는 평가가 지워지지 않은 데다, 현대 역사학계에서 재조명되는 뛰어난 백제 임금 중 한 명이에요. 반면 예군·예식진 형제는 백제의 배신자로 기억되고 있지요. 역사의 평가가 준엄하다는 것을 다시 한번 깨닫게 되는 순간입니다.

05

신과 함께: 인과 연
거란과 여진, 고려의 외침 극복기

거란은 금수 같은 나라다. 우리와 풍속이 같지 않고 말 또한 다르니 복식과 제도를 본받지 말라.

〈훈요십조〉, 태조 왕건

얼굴은 사람이나 마음은 짐승 같아서 굶주리면 찾아왔다가 배부르면 가 버리며 이익을 보면 수치도 잊는다.

《고려사》〈세가〉 권2

- ◆ **감독:** 김용화
- ◆ **개봉연도:** 2018년
- ◆ **관람등급:** 12세
- ◆ **장르:** 판타지, 드라마
- ◆ **등장인물(배우):** 강림(하정우), 해원맥(주지훈), 덕춘(김향기), 성주신(마동석), 김수홍(김동욱) 등

〈신과 함께: 인과 연〉은 2018년에 개봉한 판타지 영화예요. 앞서 크게 흥행한 〈신과 함께: 죄와 벌〉의 후속작으로, 두 영화 모두 웹툰 〈신과 함께〉를 원작으로 하여 영화화했어요. 판타지와 액션, 드라마적 성격이 골고루 가미되어 관객에게 재미와 긴장감, 감동을 선사하며 전편에 이어 흥행에 성공했지요. 이 영화는 판타지적 성격이 강하여 정통 역사 영화의 범주에 넣을 수는 없지만, 우리 역사를 알면 영화 속 시대 배경을 더욱 잘 이해할 수 있답니다.

영화 〈신과 함께: 인과 연〉은 강림과 해원맥, 덕춘이라는 세 명의 저승사자, 즉 저승 삼차사가 주인공으로 등장해요. 이들은 천 년 동안 49명의 귀인을 환생시키면 새로운 삶의 기회를 얻을 수 있어요. 마지막 귀인 한 명만 더 천도하면 자신들 또한 환생할 자격을 갖게 되지요. 그 49번째 귀인은 김수홍이라는 원귀로, 저승 삼차사는 그의 재판을 맡게 됩니다.

원래 원귀는 소멸시켜야 하는데 강림의 주장으로 환생을 위한 재판을 받게 하는 대신, 염라대왕은 허춘삼이라는 노인을 저승으로 데려오라고 요구해요. 이에 강림이 저승에서 김수홍을 변호하는 동안, 해원맥과 덕춘은 이승으로 가 성주신*이 보호하고 있는 허춘삼을 데려오기로 하죠. 그런데 알고 보니 그 성주신은 천 년 전 삼차사를 저승으로 데려갔던 저승사자였어요. 김수홍의 재판과 허춘삼을 저승으로 데려오는 과정에서, 삼차사의 천 년 전 전생도 밝혀지게 됩니다.

저승 삼차사의 전생은 고려시대를 배경으로 하고 있어요. 영화에서는 고려가 거란 및 여진과 대립하며 국경 지역에서 벌어지는 처참한 전쟁들이 묘사되고 있어요. 주인공들은 전쟁의 가해자이거나 피해자였지요. 거란족 고아였던 해원맥은 별무반 대장군 강문직의 양자로 들어가, 그의 가르침 아래 자라며 고려 무인시대 최고 무장으로 성장했어요. 강문직의 친아들 강림은 갑자기 동생으로 들어온 해원맥을 오랑캐라 경멸하고, 그를 살뜰히 보살피는 아버지를 원망했어요. 덕춘은 여진족 전쟁고아로, 부모를 잃은 동족 아이들을 모아 돌보는 이타적인 소녀였지요. 영화에서는 김수홍의 재판이 진행되면서 이 셋의 관계가 차차 드러나게 됩니다.

사실 강림은 다른 두 차사와 달리 자신의 전생을 기억하고 있었어요. 죄책감 때문에 일부러 과거를 말하지 않았으나 김수홍의 재판을 통해 결국 모든 진실이 드러나지요. 이들 사이 얽히고설킨 인연이 무엇인지, 왜 저승사자가 되어 천 년 동안 49명의 망자를 환생시켜야 하

★ **성주신**: 집에 깃들어 집 건물을 지켜 주는 신. 집을 지키는 신들 가운데 가장 높다.

는지, 염라대왕이 누구인지 밝혀지는 과정이 아주 흥미진진합니다. 강
림은 아버지의 죽음을 외면하고 해원맥을 죽였으며, 해원맥은 덕춘의
부모를 죽였고, 덕춘은 강림을 죽였죠. 단순한 살해라기보다 복잡한
인과 관계가 얽힌 죽음들이었어요.

영화의 부제인 '인과 연'은 불교적 개념으로, 어떤 결과가 나타나기
위한 '원인과 조건'이라는 뜻이에요. 이 부제처럼 저승 삼차사는 서로
가 서로의 원인이자 발생 조건으로 얽혀 있죠. 영화는 이들이 자신들
사이의 인연을 차차 이해하며 풀어내는 이야기라고 할 수 있어요. 저
승 삼차사는 단순히 죽은 자를 인도하는 심부름꾼이 아니라, 천 년간
스스로의 죄와 억울함을 씻어 내며 성장해 온 존재인 것이죠.

> **Q.** 영화에서 거란, 여진, 별무반, 동북 9성 같은 역사적
> 배경이 등장하는데, 이를 통해 무엇을 보여 주려 한 것
> 일까요?

영화 속 고려시대 사건들

영화 〈신과 함께: 인과 연〉에는 고려시대와 관련한 다양한 사건과 배경이 담겨 있어요. 일단 해원맥은 '거란'족, 덕춘은 '여진'족 고아라는 설정이 눈에 띕니다. 또 해원맥이 고려 '무인시대' 최고의 장군이라거나, 강문직이 '별무반' 대장군이었다거나, 강문직이 '동북 9성'을 두고 싸우던 여진과의 '공험진' 전투에서 전사했다는 내용들도 등장하지요. 이 역사적 사건들에 대해 살펴볼까요?

거란과 여진은 고려시대 변경을 어지럽히던 대표적인 세력들이었어요. 10세기 말부터 11세기 초까지, 고려는 거란의 잦은 침입으로 큰 어려움을 겪었어요. 이를 '거란의 침입'이라고 하며 그중 특히 심한 전쟁을 세 차례로 꼽아 1차, 2차, 3차 침입이라 부릅니다. 이후 거란은 쇠퇴했으나 동북 변방에서 강성해진 여진과의 갈등으로 고려는 다시 수차례 전쟁을 치렀어요. 고려는 여진 정벌을 위해 장군 윤관을 보냈으나 대패하고 말았지요. 윤관은 여진족에 대항하기 위해 '별무반'이라는 군대를 만들었어요. 별무반을 이끌고 1107년 여진 정벌에 성공한

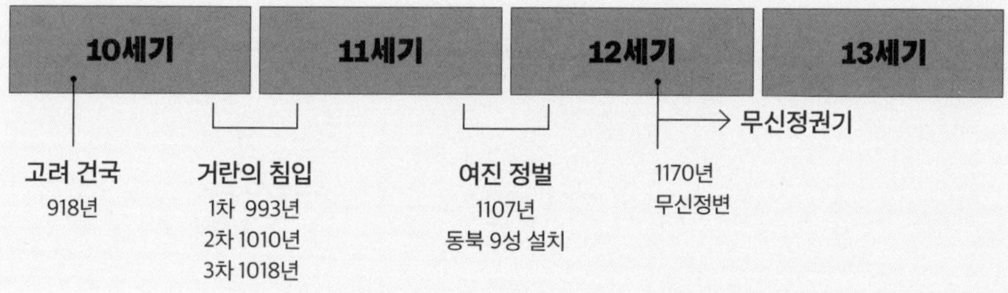

윤관은 동북 변경의 거점 아홉 곳에 '동북 9성'을 설치했어요. 공험진은 그 9성 중 하나지요. 더불어 고려의 무인시대란 이른바 무신정권기로, 1170년 무신정변을 계기로 시작된 약 100년간의 정치적 혼란기를 의미합니다.

혹시 여기까지 읽으면서 무언가 이상함을 느꼈나요? 시간 순서가 뭔가 이상하다고요? 그렇습니다. 위 사건들은 모두 영화 〈신과 함께: 인과 연〉의 배경으로 활용되고 있지만, 영화의 극적 장치일 뿐 한 시기에 일어난 일들이 아닙니다. 위 연표에서 보이듯, 고려시대 전반에 걸쳐 일어난 다양한 사건을 끌어온 것이지요. 이것이 이 영화의 문제점인 동시에 묘미이기도 해요. 만약 이 영화를 보면서 앞서 나열한 사건들을 떠올리며 시간 순서에 문제가 있다고 생각했다면, 여러분은 고려시대사에 매우 해박한 사람입니다!

이 영화는 역사적 사건 자체를 시간순으로 그려 내지 않았어요. 다만 역사 속 사건들을 끌어와 저승 삼차사의 과거 배경으로 사용했지요. 거란족 전쟁고아인 해원맥과 여진족 전쟁고아인 덕춘을 통해 고려시대 거란과 여진이라는 북방 민족과의 전쟁이 얼마나 치열하고 처절했는지 드러납니다. 또 별무반 대장군 강문직이 전쟁 중 죽었다는 사실을 통해, 고려가 이들을 물리치기 위해 얼마나 골머리를 앓으며 애썼는지도 보여 줍니다. 삼면이 바다인 고려가 유일하게 육지로 맞댄 북쪽 변경의 이민족 거란과 여진. 고려가 이들의 침입을 극복하는 과정은 녹록지 않았습니다.

고려 북방의 이민족들

고려시대는 한국사의 그 어느 시대보다 북방과의 관계가 많은 시대였어요. 동아시아의 국제 질서는 일반적으로 중국을 통일한 왕조를 중심으로 짜여지는데, 이 시기는 '왕조의 명멸기'라 할 만큼 많은 나라가 생겼다가 사라져 고려의 이웃나라가 계속 바뀌었거든요. 10세기 초반 중국은 300년간 통일 왕조로 군림하던 당나라가 멸망하고 오대십국*의 분열기를 맞았어요. 10세기 후반 송이 중국을 통일했지만, 기존의 당만큼 압도적인 영향력을 발휘하지 못했고요. 심지어 북쪽으로는 거란과 여진이 번갈아 일어났어요. 거란은 북방 민족에 의한 최초의 정복국가 '요'를 세웠어요. 요의 멸망 후에는 여진이 크게 성장하여 금을 건국했지요. 이처럼 국경에 여러 왕조가 등장하면서 고려와 관계를 맺었어요.

★ **오대십국:** 당 멸망(907년) 후부터 송의 통일(979년)까지의 혼란기. 다섯 왕조와 10개의 나라들이 생겼다가 사라져 '오대십국시대'라고 부른다.

고려는 918년 건국된 이래 1392년 왕조가 끝날 때까지 다양한 세력과 북쪽 변경을 맞대고 교류하거나 대적해야 했어요. 10세기부터 14세기까지 북쪽의 변경 세력은 거란과 여진, 몽골, 홍건적, 명나라에 이르기까지 다양하게 바뀌었지요. 이들은 고려와 육지로 이어져 여러모로 갈등 요소가 많았어요. 이에 우호적일 때보다 대립 관계일 때가 더 잦았지요.

금수 같은 나라, 거란

비슷한 시기에 건국된 고려와 거란은 국경을 마주하고 있었어요. 거란족이 916년 세운 나라는 '요' 혹은 '거란'이라고 부르는데, 강력한 무력을 바탕으로 동아시아 북방 초원 지역에서 급속하게 세력을 확장했어요. 이 때문에 거란과의 관계는 고려의 외교 가운데 중요하고도 날카로운 사안 중 하나였지요. 이웃 나라였기에 외교적 협력이 필요했으나 끊임없이 군사적 충돌이 반복되는 복잡한 관계였거든요.

고려 초 거란은 낙타와 말 등을 보내오며 고려와 우호적 관계를 맺었어요. 그러나 926년 거란이 발해를 멸망시키면서 양국의 관계가 급격하게 나빠지더니, 이른바 '만부교 사건'이 일어났어요. 고려의 태조 왕건은 거란이 오랜 약속을 위반하고 발해를 멸망시킨 것에 분노하며 무도한 거란을 이웃으로 인정할 수 없다고 선언했어요. 이 같은 반응은 고려가 발해를 같은 계통의 나라로 여겼기 때문이기도 하지만, 더 본질적인 이유는 거란의 행위가 고려에게 직접적인 위협이 되었다는 것이었어요. 발해도 거란도 고려와 국경을 맞댄 마당에, 거란이 발해를 멸망시켰다는 것은 고려에게 "다음 차례는 너"라고 말하는 듯했죠. 이에 고려는 거란이 파견한 사신을 섬으로 유배 보내고, 그들이 선물한 낙타를 '만부교'라는 다리 아래 묶어 굶어 죽게 만든 거예요.

급기야 태조 왕건은 거란에 대한 부정적 인식을 공공연하게 표방했어요. 그는 자신을 이을 후대 왕들에게 교훈으로 남긴 〈훈요십조〉에서 "거란은 금수 같은 나라"라며 가까이 하지 말라고 했어요. 또한 힘세고 못된 나라가 이웃에 있으니 항상 경계하라고도 당부했어요. 금수란 날짐승과 길짐승이라는 말이니, 고려 건국조의 권위로 거란은 짐승 같은 못된 나라라고 선언한 셈이죠. 이후 반세기 동안 고려와 거란의 관계는 단절되었어요.

거란 80만 대군의 침입

거란 입장에서는 고려와의 단교*가 군사적으로나 외교적으로 부담이었어요. 특히 거란과 대치 중이던 송이 고려와 친하게 지내자 지리적으로 두 나라 사이에 끼어 있던 거란은 불안해졌지요. 거란이 송을 공격할 때 후방에서 고려가 쳐들어오기라도 하면 꼼짝없이 당할 테니까요. 고려가 거란을 적대하면서도 중국의 왕조들과 우호적인 관계를 유지한 것도 이런 외교적 지형을 잘 인지한 결과였죠.

이에 거란은 10세기 말부터 11세기 초에 걸쳐 고려에 빈번하게 침입해 왔어요. 그중 세 번의 큰 침입을 가리켜 '거란의 침입'이라고 해요.

★ 단교: 외교 관계를 끊음.

거란의 1차 침입은 993년에 일어났어요. 거란 장수 소손녕은 80만 대군을 이끌고, '신라를 계승한 고려가 고구려 땅을 침탈했다'며 고려에 쳐들어왔어요.

전쟁의 참화를 피해 간 서희의 외교 담판

사실 거란이 원하는 것은 송과의 교류를 끊고 자신들과 우호 관계를 맺겠다는 고려의 약속이었어요. 고려의 서희 장군은 거란이 내세운 전쟁 명분에 협상의 여지가 있음을 간파하고 뛰어난 외교적 역량을 발휘하여 큰 피해 없이 거란군을 물러나게 하는 성과를 냈어요. 그 유명한 '서희의 외교 담판'이 바로 이것이죠.

서희는 직접 거란군의 진지로 들어가 소손녕과 협상을 벌였어요. 그는 "고려는 이름부터 고구려를 계승한 나라로, 거란이 차지한 고구려 땅을 오히려 돌려받아야 한다"라고 주장했지요. 또한 고려가 거란과 교류하지 못하는 것은 압록강 부근에 여진족이 살면서 길을 막고 있기 때문이므로, 이 지역을 고려가 다스린다면 거란과 교류할 수 있을 것이라고 설득했죠. 그러자 거란은 고려가 송과의 교류를 끊고 거란에 사대*한다는 조건을 내세우되, 압록강 안팎의 지역을 넘겨주기로 하고 군대를 철수했어요. 이렇게 획득한 지역이 바로 '강동 6주'예요. 강동 6주는 고려와 거란, 여진, 송이 교역하는 경제적 거점으로, 지정학적 가치가 큰 지역이에요. 고려 입장에서는 여진과 거란을 동시에 경계할

★ **사대:** 전근대 동아시아에서 약소국이 강대국을 섬기는 외교 정책.

10~11세기 국제 정세와 강동 6주

수 있는 군사적 요충지이기도 했죠. 이에 고려는 이 지역을 요새화하여 중요한 북방 방어진으로 만들었어요.

전쟁에서 최고의 승리는 전쟁을 하지 않는 것이라는 말이 있죠. 고려가 거란의 대군과 전면전을 치렀다면 얼마나 처참한 상황을 맞이했을지 상상도 되지 않아요. 서희는 기꺼이 적진에 들어가 협상으로 전쟁을 피하고 강동 6주까지 얻었어요. 고려를 위해 몸을 사리지 않는 대범한 성품에, 국제 정세에 대한 뛰어난 통찰력으로 유능한 외교가 무엇인지 보여 주었다고 할 수 있습니다.

관계의 전환, 책봉국으로서의 거란

993년 거란의 침입은 서희의 외교 담판으로 일단락되고, 이때의 협상으로 고려와 거란의 관계는 크게 달라졌어요. 양국 평화 유지의 조건으로 고려가 송과의 관계를 끊고 거란과 조공-책봉의 사대 관계를 맺은 것이죠. 이제 고려는 태조의 반거란 정책을 유지하기 어려웠어요. 고려는 거란과 조공-책봉 관계를 맺은 후로 거란을 야만시하는 용어를 사용하지 않았어요. 1011~1021년 사이 거란의 2차, 3차 침입 때는 예외이지만요.

사실 거란은 오랑캐라 매도되기는 했으나 문화적 수준이 높은 나라였어요. 공예가 발달했고, 고려와 같은 대장경 간행국 중 하나였죠. 이는 학문 수준도 높았음을 의미해요. 여러 기록과 유물에 보이는 거란의 풍속은 매우 정교하고 화려했어요. 이 사실은 고려도 잘 알고 있었어요. 태조 왕건이 반거란 정책을 표방하고 거란의 의관 제도를 본받지 말라고 한 것은, 오히려 고려 사회에 거란 문화가 널리 퍼져 있던 사정을 반영한 것으로 보기도 해요.

거란의 두 번째 침입과 퇴각

한동안 잠잠하기는 했으나 고려와 거란 사이의 국경 분쟁과 소소한 전쟁은 계속 이어졌어요. 그러다 1009년 양국은 정치적으로 커다란 변화를 맞이하게 돼요. 고려에서는 아들이 없던 왕 목종이 신하에게 살해당하고 현종이 즉위하는 변란이 일어났고, 거란에서는 정치적 실세였던 승천태후가 사망한 것이죠. 거란 왕은 현종의 즉위를 빌미로

40만 대군을 직접 이끌고 고려를 침략해 왔어요. 1010년 거란의 2차 침입이었죠.

안 그래도 정치적으로 혼란스러운 상황에서 이제 막 즉위한 현종은 물밀듯 들어오는 거란의 공격을 제대로 방어하지 못했어요. 급기야 개경을 빼앗기고 남으로 피란길에 오르는 모진 고초를 겪었지요. 결국 현종이 거란에 친조*할 것을 약속하면서 강화**가 이루어졌어요. 그러나 거란의 퇴각길도 순조롭지는 못했어요. 국토를 짓밟힌 고려의 악에 받친 공격이 거세게 뒤따른 탓에 거란군은 큰 피해를 안고 돌아갈 수밖에 없었지요.

거란의 야욕, 굴복하지 않는 고려

이후에도 고려와 거란의 관계는 안정을 찾지 못했어요. 고려는 거란의 적의를 누그러뜨리기 위해 외교적으로 노력했지만, 끝내 현종이 거란에 친조하는 일은 없었지요. 이런저런 핑계로 계속 미루다가 현종이 병에 걸렸다며 친조를 거부했거든요. 거란 입장에서는 왕이 직접 나선 전쟁이건만 별다른 소득 없이 강화의 조건조차 사수하지 못한 채 전쟁의 막대한 피해만 떠안은 꼴이었죠. 분노한 거란은 고려에게 강동 6주를 돌려달라고 요구했지만 고려가 이를 순순히 받아들일 리 없었겠죠? 거란은 이를 무력으로 제압하고자 국경 지대에 계속해서 쳐들

★ **친조:** 제후가 황제를 직접 뵈러 감.

★★ **강화:** 싸움을 그치고 평화로운 상태가 됨.

어왔으나 고려의 방어로 별다른 성과를 얻지 못했어요. 고려와 거란의 관계는 걷잡을 수 없이 험악해지기만 했어요.

결국 거란의 3차 침입이 일어났어요. 통상 3차 침입이라고는 하지만 1014년부터 1018년까지 무려 네 차례에 걸쳐 대대적인 침략이 있었고, 이 가운데 마지막 침입을 3차 침입이라고 해요. 2차 침입 이후 1018년의 마지막 침입까지를 묶어 '고려와 거란의 30년 전쟁'이라 부르기도 하지요.

강력한 무력으로 중원의 통일 왕조 송까지 압도한 거란은, 강동 6주를 되찾고 고려를 굴복시키겠다는 야욕을 포기할 줄 몰랐죠. 1018년, 거란은 10만 대군을 이끌고 고려를 침공했어요. 이때 거란의 사령관은 소손녕의 형 소배압이었는데, 이들 소씨 형제는 거란의 여러 전쟁을 진두지휘한 노련한 명장들이었어요. 그러나 수도를 점령당한 뼈아픈 전력이 있는 고려도 호락호락 당하고 있지만은 않았죠. 강감찬을 총지휘관으로 삼은 고려군은 20만 8000명의 병력을 소집하여 전쟁 태세를 갖추고 나라의 운명을 건 대전을 준비했어요. 국경 지역의 군대와 합하면 고려의 병력은 총 30만에 달했는데, 이 정도로 병력의 우위를 갖추었다는 사실은 고려가 얼마나 충실히 전쟁에 대비했는가를 보여 주지요.

이때 거란군은 개경까지 빠르게 습격해 내려가는 전략을 선택했어요. 강감찬은 그 길목인 흥화진 근처에 군대를 매복시키고 소가죽을 엮어 강물을 막았다가, 거란군이 지날 때 일시에 터뜨리는 기습 작전으로 큰 승리를 거두었어요. 그럼에도 거란군은 머뭇거리지 않고 개경으로 진격했는데, 이는 수도를 함락하고 현종을 잡아 가급적 빨리 전쟁을 마무리하려는 의도였어요. 그러나 고려군은 거란군을 추격하여 1만 이상의 적군을 베고, 개경 근처에 방어력을 집중시켜 장기전에 대비했어요. 결국 거란군은 개경 함락을 포기하고 군대를 돌릴 수밖에 없었지요.

이번에도 고려는 거란군을 곱게 보내 주지 않았어요. 강감찬은 회군하는 거란을 뒤쫓아 귀주 일대의 평야에서 전면전을 벌였어요. 밀고 밀리는 치열한 전투 끝에 거란군은 겨우 수천의 군사만 수습하여 압록강 너머로 달아나는 최악의 참패를 당하게 되었죠. 이것이 1019년 2월, 고려가 거란군을 물리치고 승리를 거머쥔 '귀주대첩'입니다. 처절한 패배로 대부분의 군사를 잃은 거란의 장수 소배압은 거란으로 돌아간 후 좌천되어 귀양길에 오르게 됩니다.

귀주대첩 (출처: 위키백과)

'인면수심'의 여진

여진은 한반도 북부와 만주 일대에 부족별로 흩어져 살았어요. 부족마다 처한 상황에 따라 거란 혹은 고려와 관계를 맺기도 하고 싸우기도 했죠. 고려의 여진에 대한 인식은 초기 거란에 대한 것과 마찬가지로 썩 좋지 못했어요. 《고려사》 기록에서처럼 "얼굴은 사람이나 마음은 짐승 같아서 굶주리면 왔다가 배부르면 가 버리며 이익을 보면 수치도 잊는다. 지금은 비록 우리에게 복종하여 받든다고 하여도 따르거나 배반함이 일정하지 않을 것"이라고 생각했어요.

이와 같은 고려의 여진관은 그들의 낮은 문화 수준도 요인이겠지만, 경제적으로 궁핍한 여진에 대한 고려의 우월감에서 비롯된 것이기도 해요. 더구나 고려 전기 여진은 고려와 거란 사이에 위치하여 때로는 토벌 대상이 되기도 하고, 때로는 이용되기도 하는 존재였어요. 여진은 고려를 높은 나라로 받들었으며, 고려는 회유책과 강경책을 번갈아 쓰며 이들을 대했지요.

여진을 정벌하는 신성한 군대, 별무반

만주 지역에서 주로 유목 생활을 하던 일부 여진족은 고려 천리장성 이북까지 들어와 정착하는 경우가 꽤 있었어요. 이들은 고려와 우호적인 관계를 유지하며 조공을 바치기도 하고, 아예 고려로 귀화를 바라기도 했지요. 11세기 들어 문종은 이들이 고려 변경에 정착하도록 허락했어요. 그러나 11세기 후반, 여진 부족의 하나인 완안부 세력이 점차 영향력을 키우더니 고려 동북방에 군사적 위협이 될 정도로 성장해

잦은 충돌을 일으켰어요. 동북면 여진의 위협이 현실화되자 1080년, 문종은 이들에 대한 대규모 정벌을 단행했어요.

문종의 정벌로 한동안은 잠잠했지만, 완안부가 세력을 확장하면서 1102년 다시 고려 동북방 변경에서 충돌이 발생했어요. 이때 윤관이 숙종의 명을 받들어 나아가 싸웠지만 패배하고 말았어요. 거란과의 장기전도 승리한 고려인데 복속 세력에 불과한 여진에게 패하다니, 이는 고려에게도 윤관에게도 치욕적인 사건이었지요. 윤관은 패배의 원인이 기병의 열세에 있다고 보고 기병의 수와 전력을 강화해 달라고 건의했어요. 고려는 여진족에 대적하기 위해 강력한 기병을 보강하여 기병 중심의 신기군, 보병 중심의 신보군, 승려 중심의 항마군으로 편성된 특수부대 '별무반'을 창설했어요.

윤관의 여진 정벌과 동북 9성

1107년 여진의 동태가 심상치 않자, 고려는 윤관을 사령관으로 삼아 여진 정벌을 감행해요. 무려 17만 병력이 동원된 대대적 원정으로, 한국사에서 손에 꼽히는 출병 규모였어요. 오랜 시간 노력한 만큼 출정부터 자신감을 보이던 윤관은 여진 부족들을 격파하며 빠르게 전진했어요. 불과 서너 달의 전쟁 기간 동안 고려군은 135개의 여진족 촌락을 함락하고 5000여 명의 포로를 사로잡았으며, 영주·웅주·복주·길주·함주·공험진·의주·통태진·평융진에 성을 쌓았지요. 이 중 최북방인 공험진에 비를 세워 이곳이 고려의 경계임을 밝혔어요. 이것이 이른바 '윤관의 동북 9성'이에요. "그 지방이 300리로, 동으로는 바다에 이르고 서북쪽은 개마산에 닿으며 남쪽은 장주와 정주까지 이른다"라고 할 만큼 대단한 성과였지요.

그러나 승전의 영광은 오래가지 못했어요. 9성의 설치는 여진족의 생활 터전을 빼앗은 것이기에 저항이 만만치 않은 데다, 지역적으로 너무 넓어 관리가 쉽지 않았거든요. 또 완안부는 집요하게 충돌을 일으키고 약탈을 이어 가면서도, 9성만 돌려주면 자손 대대로 공물을 바치고 기와 조각 하나도 고려 국경에 던지지 않겠다며 애걸했지요. 끊이지 않는 전란으로 고려의 국력이 계속해서 소모되자 전쟁을 멈추자는 여론이 힘을 얻었어요. 결국 고려는 여진의 화의* 요청을 받아 주고, 획득한 지 2년 만에 여진에게 9성을 돌려주었어요.

여진 정벌은 고려 숙종과 예종이 강력한 의지를 가지고 추진한 숙원 사업이었어요. 윤관은 국왕의 믿음직스러운 측근으로, 이를 현실화한 인물이었죠. 그러나 동북 9성을 돌려준 후 아무 이익 없는 전쟁을 벌였다고 비난받으며 공신호**까지 박탈당해요. 예종의 비호도 소용없었죠. 결국 그는 관직에서 물러난 채 1111년 쓸쓸히 생을 마감했어요. 그나마 다행이라면 금의 건국을 보지 못하고 죽었다는 점일 거예요.

★ **화의**: 화해하려고 협의함.

★★ **공신호**: 공이 있는 신하들에게 주는 명칭.

거란을 무너뜨린 새로운 강자, 여진

슬픈 예감은 틀리지 않는다고 하죠. 여진족 완안부의 약속은 지켜지지 않았어요. 완안부는 고려에게 돌려받은 9성을 기반으로 빠르게 성장하여 거란을 멸망시킨 후 1115년 여진족 왕조 '금'을 개창했어요. 새로운 왕조 금과 고려의 관계는 이제 변화할 수밖에 없었어요. 금은 고려에게 자신들을 대국으로 섬길 것을 요구했지요.

여진에게 사대하는 것은 거란에 사대하던 것과는 전혀 다른 문제였어요. 고려가 이제껏 업신여기던 여진이었기에 사대를 맞는 것을 불편해하는 사람도 많았고요. 그러나 외교란 국가의 안위를 결정하는 냉혹한 현실 문제예요. 앞서 거란이 몰락해 갈 때 송이 고려에게 사대 관계를 맺을 것을 제안한 적이 있어요. 고려는 한족 왕조인 송을 매우 존중했음에도 이 제안을 정중하게 거절했어요. 당시 송의 국제적 위상이 고려의 책봉국이 될 정도는 아니라는 냉철한 현실 인식에서 나온 결정이었죠. 결국 고려가 거란 다음으로 선택한 사대국은 북쪽 경계를 접하고 있는 신흥 강대국, 금이었어요.

고려를 뒤흔든 전쟁들

영화 〈신과 함께: 인과 연〉에 등장하는 '거란', '여진', '별무반', '동북 9성' 같은 개념들은 모두 고려시대를 뒤흔든 전쟁들과 연결되어 있어요. 무려 30년간 이어지며 전 국토를 초토화한 거란의 침입, 한국 역사상 거의 보기 힘든 대규모 병력으로 출정한 여진 정벌, 여진 정벌을 위해 창설하고 훈련시킨 별무반, 윤관 장군이 획득한 동북 9성. 이 개넘들이 영화 뒤로 깔리면서 대장군 강문직을 보면 여진 정벌의 사령관 윤관이 떠오르고, 무위가 출중한 강림과 해원맥이 이해되기도 해요. 거란족과 여진족 전쟁고아라는 설정은 해원맥과 덕춘의 천 년 전 삶이 더욱 가엾게 느껴지는 장치가 되기도 하고요.

오랜 역사를 지닌 우리지만, 한동안 역사를 입시를 위한 암기 과목처럼 대해 온 것도 사실이에요. 그러나 이 영화를 보면서 영화의 배경을 더욱 개연성 있게 만드는 장치로 역사를 활용하고 있다는 생각이 들었어요. 요즘에는 과거보다 더욱 대중적으로, 또 가볍게, 폭넓게, 때에 따라 무겁게, 열린 마음으로 역사를 대하는 것 같아요. 이는 풍부한 역사적 자산을 지닌 나라만이 할 수 있는 역사 소비 방식이 아닐까 해요. 이런 것이 쉽게 따라 할 수 없는 우리의 문화적 역량이라는 생각이 듭니다.

CINEMA
조선시대

해적: 바다로 간 산적
찬탈인가 혁명인가, 이성계의 조선 건국

지금 군사를 내는 데 네 가지 안 되는 점이 있으니, 작은 나라로서 큰 나라를 거스르는 것이 첫 번째 안 되는 점이요, 여름에 군사를 내는 것이 두 번째 안 되는 점이요, 온 나라가 멀리 정벌 가면 왜구가 그 빈틈을 타서 침입할 것이니 세 번째 안 되는 점이요, 때가 장마철이라 활에 아교가 녹아 풀어지고 대군이 전염병에 걸리니 네 번째 안 되는 점입니다.

《고려사절요》 권33

◆ **감독:** 이석훈

◆ **개봉연도:** 2014년

◆ **관람등급:** 12세

◆ **장르:** 모험, 액션

◆ **등장인물(배우):** 장사정(김남길), 여월(손예진), 철봉(유해진), 소마(이경영), 한상질(오달수), 모흥갑(김태우) 등

〈해적: 바다로 간 산적〉은 2014년 개봉한 코믹 액션 어드벤쳐 영화예요. 조선 태조 이성계가 새 왕조를 개창하던 시기를 배경으로 빌려 오되 대부분의 등장인물과 줄거리는 허구인 픽션 영화죠.

영화는 이성계가 휘하의 장수들을 모아 위화도 회군의 정당성을 설명하는 장면으로 시작합니다. 그러나 왕명을 받고 요동 정벌에 나선 장수가 마음대로 군대를 돌이키는 것은 고려에 대한 반역이에요. 다른 사람들과 달리 회군에 찬성할 수 없었던 장사정은, 자신의 상관 모흥갑과 칼부림까지 한 끝에 자신을 따르는 무리와 군영을 뛰쳐나와 산적이 되었어요.

한편, 바다를 누비는 해적선에서는 수장 자리를 놓고 갈등이 벌어졌어요. 잔혹하고 탐욕스러운 해적 두목 소마는 부하들을 무자비하게 다루고 약탈에만 몰두했죠. 반면 소마의 부하이자 해적선의 2인자 여월은 바다와 동료를 소중히 여기며 정의로운 면모가 있었지요. 여월은 소마의 잔혹한 방식에 불만을 품고 반기를 들어 소마를 몰아내고 해적단의 새 두목이 돼요.

그러던 중 조선이 개창되었고, 명으로부터 받은 국새가 사라져 버리며 조정은 혼란에 빠졌어요. 국새는 임금의 인장으로 국가의 정통성을 상징하는 중요한 보물이에요. 그런데 국새를 실은 배가 조선 앞바다에 들어오던 중 거대한 고래의 공격을 받아 침몰하고, 국새는 고래가 삼켜 버리고 말아요. 조정에서는 당장 국새를 찾아오라는 명을 내리고, 이를 계기로 해적과 산적, 관군까지 얽히는 대소동이 시작돼요.

사라진 국새를 찾으려는 관군, 출세에 대한 열망과 장사정에 대한 복수심에 불타는 모흥갑, 해적단을 되찾으려는 소마와 이에 맞서는 여월의 세력이 각자의 욕망을 품은 채 바다로 몰려가지요. 장사정이 이끄는 산적들도 포상금을 노리고 국새 찾기에 뛰어들어요. 고래는커녕 바다에 대해서도 전혀 모르지만 무작정 바다로 떠난 장사정의 산적단은 여월의 해적단과 만나게 되고, 결국 공통의 목표인 국새를 삼킨 고래를 찾기 위해 힘을 합치죠.

국새를 차지하기 위해 위 모든 세력이 바다에서 맞부딪쳤어요. 격렬한 전투 끝에 소마에게 밀린 여월과 장사정은 바다에 빠지지만, 여월이 어릴 때 목숨을 구해 준 고래의 도움으로 죽음의 위기에서 벗어나요. 심지어 그 고래의 뱃속에서 국새도 발견하죠. 여월과 장사정이 국새를 되찾는 데 성공한 거예요.

국새와 함께 조선이라는 새로운 시대가 열리는 가운데, 장사정과 여월은 서로에 대한 믿음을 보여 주며 각자의 자리로 돌아가요. 이들의 승리는 권력과 탐욕 대신 의리와 정의를 선택한 자들의 해피엔딩을 의미하죠.

영화 〈해적: 바다로 간 산적〉은 배경으로 위화도 회군과 조선 개창을 활용했지만 그 외의 줄거리는 창작으로 가볍게 볼 수 있어요. 민감한 역사적 사실들을 코믹하게 그려 내며 허구라는 속성을 강하게 부각시켜 역사 왜곡의 논쟁에서 완전히 비껴나 있죠. 그러나 이성계의 조선 건국에 대해 다시 한번 생각해 보게 만드는 흥미로운 영화예요.

> **Q. 이성계의 위화도 회군과 조선 건국은 반역일까요, 혁명일까요?**

변방의 무장에서 왕조의 창업주로

이성계는 함경도 영흥 출신의 무장이었어요. 본관은 전주지만 4대 조인 이안사가 원나라의 지방관이 되면서 변방에 자리를 잡았고, 부친인 이자춘은 쌍성총관부*의 천호**였어요. 그러다 1356년 공민왕의 반원 정책으로 쌍성총관부를 되찾았을 때, 이자춘은 아들 이성계와 함께 고려에 귀순했죠. 이후 이성계 집안은 한반도 동북면의 실력자가 되었어요.

이성계는 활을 잘 쏜 것으로 유명했고, 무장의 자질이 뛰어난 인물이었어요. 고려 말 홍건적과 왜구의 침입으로 전국이 쑥대밭이 되었을 때 여러 차례 이들을 물리치며 명장으로 이름을 떨쳤지요. 1380년에는 500여 척의 배를 거느린 왜구가 대규모로 충남 진포에 상륙하여 민가를 약탈했어요. 경상도와 지리산 일대에 왜구로 인한 피해가 극심해

★ **쌍성총관부**: 고려 후기에 원이 고려의 화주(지금의 함경남도 영흥) 이북을 직접 통치하기 위해 설치했던 관청.

★★ **천호**: 천 명의 군사를 통솔하는 군사 지휘관.

태조 이성계 어진(국보) (출처: 국가유산청)

지자, 고려는 이들을 토벌하기 위해 이성계를 장수로 삼아 군대를 파견했어요. 고려군의 수가 적었음에도 이성계는 전라도 지리산 부근의 황산에서 왜구를 무찌르고 큰 승리를 거두었어요. 이때 죽은 왜구의 피가 강으로 흘러들어 인근에서는 6~7일 동안이나 물을 마실 수 없을 지경이었다고 해요. 왜구 퇴치의 한 획을 그은 이 전투가, 그 유명한 '황산대첩'이랍니다. 황산대첩은 고려 말 전국 곳곳에서 날뛰던 왜

원래의 황산대첩비. 왜구 토벌의 기록이라
일제강점기에 일본인들이 깨 버렸어요.
(출처: 국가유산청)

1957년 다시 만들어 세운 황산대첩비
(출처: 국가유산청)

구의 기세를 단번에 꺾어 버린 상징적인 사건이에요. 이 전투를 기점으로 이성계는 고려 최고의 장수 최영과 쌍벽을 이루는 전쟁 영웅으로 거듭나게 되지요.

과거 급제자도, 중앙의 귀족도 아닌 일개 변방의 장수일 뿐이었던 이성계는 위화도 회군을 기점으로 정권을 장악하고 급기야 조선을 세운 입지전적인 인물입니다. 영화 〈해적: 바다로 간 산적〉이 흥미로운 점은, 이성계의 조선 개창을 '역적질'이라고 평한다는 것입니다. 작은 나라가 큰 나라를 치는 것은 예의가 아니므로 요동을 정벌해서는 안 된다고 설명하는 이성계에게, 하급 무관 장사정이 역적질은 예의냐며 받아치면서 말이죠. 흔히 조선 왕조 개창에 대해 사회적 폐단과 모순이 극에 달한 고려를 극복한 것으로 평가하기에, 이 장면은 신선하게 다가옵니다.

실제로 이성계는 요동 정벌을 위해 출정한 군대를 수도 개경으로 돌려 임금인 우왕과 우왕을 보좌하던 최영을 공격했어요. 이는 고려 왕조의 입장에서 보면 분명한 반역이죠. 그러나 성공한 쿠데타는 쿠데타가 아니라고 했던가요? 이성계는 역사의 승자로서 조선시대 내내 칭송받는 조선의 창업주가 되었습니다.

홍건적과 왜구, 혼돈의 국제 정세

고려 말인 14세기 동아시아의 국제 정세는 요동치고 있었어요. 이 같은 변화의 파도는 그대로 고려로 밀려들었죠. 14세기 중반 중국에서는 대규모 농민 반란인 '홍건적의 난'이 일어났어요. 머리에 붉은 두건을 두르고 다녀 '붉을 홍[紅]'에 '수건 건[巾]' 자를 써서 홍건적이라고 불렀는데, 몽골의 지배에 반대하는 한족 반란군이었어요. 이들은 원나라 군대에 쫓겨 고려를 침범했는데 그 규모가 커서 피해가 심각했어요. 1361년에는 10만의 홍건적이 쳐들어와 수도인 개경을 함락시킨 탓에, 공민왕이 안동까지 피난 가는 사태가 벌어졌지요. 고려는 전국에서 대규모로 군대를 모아 개경을 되찾고 홍건적을 물리쳤어요. 이는 이성계 등의 신흥 무장 세력이 등장하는 계기가 되었고요.

중국에서는 원이 쇠퇴하고 홍건적 출신의 주원장에 의해 1368년 '명'이라는 새로운 왕조가 기지개를 켰어요. 원은 명에게 수도를 잃고 북쪽으로 밀려났죠. 이 시기의 원을 '북원'이라고 불러요. 바야흐로 원·명 교체기로, 특히 1368~1388년 사이는 중원의 지배자가 확실하게 정해지지 않아 앞날을 예측하기 어려운 혼란의 시기였어요.

한편, 왜구도 기승을 부렸어요. 왜구는 우리나라나 중국 해안을 약탈하던 일본 해적을 뜻해요. 역사상 고려 말부터 조선 초에 왜구의 피해가 가장 심했는데, 홍건적에 왜구까지 쳐들어오면서 고려는 몸살을 앓았어요. 이러한 외침은 결국 고려의 멸망을 재촉한 주요한 원인이 되었지요.

원과 명 사이, 고려의 줄타기

원의 **부마국**[*]이었던 고려의 입장에서는 원과 명이 교체되는 국제 정세를 예의주시하며 긴박하게 반응할 수밖에 없었어요. 이 시기의 고려 왕은 공민왕과 우왕이었어요. 공민왕은 원과 명이 다투는 동안, 원으로부터 벗어나 고려의 자주성을 강화하려는 정책을 펼쳤지요. 그러나 국제 정세의 불안은 생각보다 오래 지속되었어요. 홍건적의 침입이 거세지자 고려는 원과 협력할 수밖에 없게 되었죠.

결국 명이 건국된 이듬해에 공민왕은 원과 거리를 두고 명과 사대 관계를 맺었어요. 고려는 원의 압력에서 벗어나기 위해 명의 도움이 필요했고, 명 또한 원을 완전히 제압하기 위해 고려의 협력이 필요했죠. 이때부터 고려는 공식적으로 '북원'이라는 칭호를 사용하기 시작

★ **부마국**: 사위의 나라.

14세기 후반 동북아 정세

했어요. 이는 동아시아에 원이라는 일원적 지배 체제가 무너지고 다원적 구도가 성립했음을 알리는 신호탄 같은 것이었어요.

하지만 현실적으로 고려는 원과의 관계를 완전히 끊을 수는 없었어요. 고려가 북방의 국경을 접한 나라는 아직까지 강한 군사력을 지닌 원이었기 때문이죠. 공민왕은 명에 사대의 뜻을 표하되 원과의 교류도 완전히 놓지 않은 이중적 외교 관계를 유지하면서 상황을 관망했던 것으로 보여요.

내부의 변란과 흔들리는 외교 관계

이 시기 고려에서는 심각한 정치적 변란이 일어났어요. 1374년 9월, 공민왕이 환관 최만생과 자제위* 소속 관리들에게 살해당하는 충격적인 사건이 발생한 것이죠. 곧 우왕이 즉위했으나 혼란은 쉽게 사그라지지 않았어요. 엎친 데 덮친 격으로 명나라 사신 살해 사건이 연이어 일어났어요. 말을 징발**하러 고려에 왔다가 돌아가던 명나라 사신이 심한 행패를 부리자, 참다 못한 고려 관리가 이들을 살해하고 원으로 도망가 버린 것이죠. 이때 고려는 공민왕 시해 사건과 명 사신 살해 사건을 명에 제대로 해명하지 못했어요. 명은 고려에 책임을 물어 우왕 책봉을 거부했고, 고려와 명의 관계는 단절되기에 이르렀어요.

공민왕은 원 대신 명을 선택해 친명의 외교 노선을 취해 왔어요. 그러나 그의 사후 고려에서는 친명 정책에 대한 회의가 일었어요. 공민왕은 원이 곧 몰락하고 명이 득세한다고 판단하고, 명과 처음으로 사대 관계를 맺으면 고려에 이익이 될 것이라 여겼어요. 그러나 원은 금방 몰락하지 않았고, 명과의 사대 관계로 고려가 얻은 것도 별로 없었어요. 오히려 명은 고려를 이용하여 원을 압박하고 고려에게 위압적인 태도를 보였죠. 그런 상황에서 명 사신 살해 사건까지 터지자, 고려는 명과의 관계를 다시 고민하게 되었어요. 결국 고려는 북원에 다시 사대하기로 하고 우왕은 북원의 책봉을 받았지요. 그러나 고려는 명과의

★ **자제위:** 고려 공민왕 대에 왕권 강화와 인재 양성을 위해 궁중에 두었던 관청.

★★ **징발:** 물자나 인력을 강제로 모으거나 거둠.

관계 회복에도 노력했어요. 1385년에 명으로부터도 공민왕의 시호를 받고 우왕 책봉도 받게 되죠.

14세기 후반, 우리나라와 중국은 동시에 정권이 교체되는 일대 변혁기를 지나고 있었어요. 혼란한 국내외 정세 속에서 기민하게 반응하는 고려의 외교 방식은 강대국 사이에서 국익을 도모해야 하는 오늘날과 다를 바가 없답니다.

사대 외교란 무엇인가

이쯤에서 사대 외교의 의미에 대해 살펴보고 넘어가야 할 것 같아요. 고려가 대체 왜 명과 북원 사이에서 갈팡질팡하며 왕의 책봉을 기다렸는지 말이죠. 우리에게 사대는 매우 굴욕적인 관계처럼 보이기도 합니다. 영화 〈해적: 바다로 간 산적〉에서도 명에 사대하는 조선을 삐딱한 시선으로 바라보며 좀 더 자주적인 외교 관계를 맺고, 더욱 백성을 위하는 정치를 하라고 주문하지요. 그런데 이 시기는 불안정한 국제 관계 속에서 고려 내부에서도 친원파와 친명파가 치열하게 대립하고 있었어요. 이성계를 비롯한 조선의 개국 세력은 친명 노선을 선택했죠.

한반도를 비롯한 동아시아의 여러 나라는 역사상 수많은 왕조가 생기고 사라지면서 다양한 외교 관계를 수립해 왔어요. 그 외교 관계의 한 유형이 사대 외교였지요. 사대에서 '사事'는 섬긴다는 의미예요. 사대란 작은 나라가 큰 나라를 섬긴다는 의미이니, 평등한 관계가 아닌 수직적 관계를 뜻하는 것이죠. 사대 관계는 책봉과 조공으로 유지돼요. 큰 나라가 작은 나라의 수장을 왕으로 임명하여 보살피고, 작은 나라는 큰 나라에 조공을 바쳐 군신 관계를 맺는 방식이에요. 이를 통해 국제 관계에 있어 힘의 균형과 평화를 유지하고, 작은 나라들은 선진 국인 큰 나라의 문물과 제도를 수입하고 필요한 물자를 조달했던 것이죠.

우리나라가 중국과 전형적인 의미에서 책봉-조공의 사대 관계를 맺게 되는 것은 14세기 후반 이후예요. 고려 후기부터 조선까지, 명과 청과의 관계에 한정되지요. 고려에 이어 조선은 중원의 초강대국으로 등극한 명과 사대 관계를 수립했어요. 현실적으로 명과 맞서기도 어려웠거니와, 사대국인 명과의 관계를 충실히 다져 국제 관계에 있어 안전을 보장받고자 했던 거예요.

명의 철령위 설치 통보와 고려의 강경 대응

애초에 고려는 중원의 역대 왕조들과 맺었던 형식적인 관계를 생각하고 명과 사대 관계를 맺은 거였어요. 그러나 명은 고려의 기대에서 한참 벗어나 있었지요. 고압적인 자세로 무리한 요구들을 해 왔을 뿐 아니라, 북원이 무너지자 요동으로 세력을 확장해 왔어요. 고려는 공민왕 때 세 차례에 걸친 요동 정벌로 군사력을 과시하고 이 일대를 장악한 바 있어요. 그 결과 요동에 거주하던 고려인을 중심으로 고려로 이주해 오는 인구가 늘고 여진족의 귀부도 이어진 상황이었지요.

그러나 명이 요동으로 진출하자, 고려와 명의 관계는 새로운 국면으로 접어들었어요. 명이 요동을 차지한다는 것은, 명과 고려가 국경을

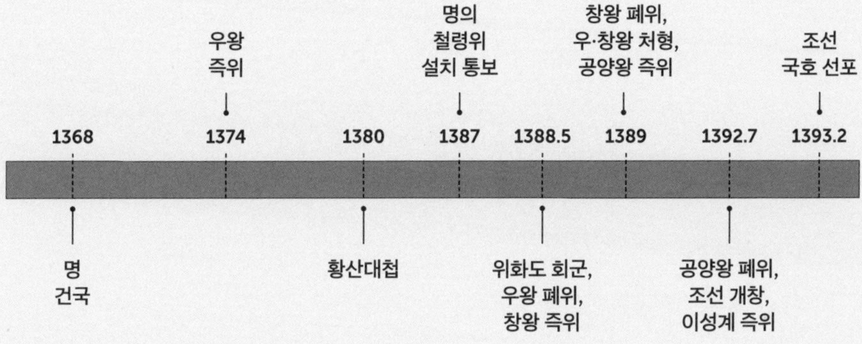

맞대게 된다는 의미이기 때문이죠. 급기야 명은 1388년 고려 땅인 철령 북쪽까지 요동에 귀속시키고 철령위*를 설치하겠다고 일방적으로 통보했어요. 함경도 일대인 철령 이북은 원래 고려 땅이었는데 원나라가 쌍성총관부를 설치해 직접 통치한 지역이에요. 명과의 다툼으로 원의 세력이 주춤할 때 공민왕이 병력을 동원하여 되찾았지요. 여기에 철령위를 설치하겠다는 것은 원으로부터 되찾은 고려 땅을 명이 다시 빼앗아 가겠다는 선언이나 마찬가지였어요.

사실 고려의 노력에도 불구하고 당시 명과의 관계는 파도에 흔들리는 조각배 같았어요. 명은 고려 사신의 요동 입국을 허락하지 않거나 무리한 공물을 요구하는 등 고압적인 자세로 일관했죠. 이런 상태에서 고려가 장악한 요동을 넘본 것도 모자라 철령위를 설치한다니, 고려로서 참을 수 있는 선을 넘어 버린 셈이에요.

★ **철령위**: 명나라가 철령 이북에 설치하려던 직할지.

영토 문제가 걸리자 고려도 가만있지 않았어요. 우왕은 명에 사신을 보내 해당 지역이 고려의 영토임을 주장하는 동시에, 요동 정벌이라는 초강수를 두었어요. 우왕은 재상이자 고려 최고의 명장이었던 최영을 대동하고 전국에서 군사를 징집하는 등 직접 평양에 머물며 요동 정벌을 준비했어요.

역사의 물줄기를 튼 위화도 회군

우왕이 요동 정벌의 뜻을 밝히자 이성계는 사불가론四不可論을 들어 반대했어요. 사불가론은 요동 정벌을 할 수 없는 네 가지 이유예요. 이성계는 작은 나라가 큰 나라를 거슬러서는 안 된다는 사대의 명분에 농사일이 바쁜 여름이라는 점, 왜구가 쳐들어올 위험이 있다는 점, 전염병 위험이 있는 무더운 장마철이라는 점을 이유로 들었어요. 꼭 출병을 해야 한다면 추수가 끝난 가을에 해야 한다고 주장했죠.

그러나 우왕과 최영의 입장은 단호했어요. 이성계의 의견은 받아들여지지 않았지요. 우왕은 최영을 총사령관인 팔도 도통사로, 이성계는 우군 도통사로, 조민수는 좌군 도통사로 임명하고 요동 정벌을 위한 4만 대군의 출병을 단행했어요. 이때 최영은 개경에 남고 이성계와 조민수가 대군을 이끌고 출정하여 압록강 가운데 위치한 섬, 위화도에 다다랐어요. 강만 건너면 요동이었지만 장마로 인해 강물이 불고 군 내부의 분위기도 여의치 않자, 이성계는 조민수를 설득하여 군사를 돌렸어요. 영화 〈해적: 바다로 간 산적〉의 도입부 내용이 바로 이 사건, 위화도 회군이랍니다.

장수가 국왕의 명을 받들어 대군을 이끌고 출병했다가 군대를 돌린다는 것은 왕명을 거스르는 심각한 일이었어요. 이성계는 그 길로 군사를 이끌고 개경으로 치달아 최영을 제거하고 우왕을 폐위시킨 후 정권을 장악했어요. 이렇게 요동 정벌은 허무하게 막을 내렸지만, 위화도 회군은 500년 고려사가 끝장나고 조선 개창의 시발점이 된 역사적인 사건이었지요. 또 대외적으로는 명에게 큰 경고가 되었어요. 철령위 설치에 전쟁도 불사하는 고려의 강경함을 본 명은 이후 다시는 고려 땅을 요구하지 않았답니다.

고려에 대한 반역, 위화도 회군과 조선 개창

영화 〈해적: 바다로 간 산적〉의 주인공인 장사정과 그 부하들은 위화도에서 군사를 돌려 고려를 배반한 이성계 일파에 환멸을 느끼고 병영을 이탈하여 산적이 된 자들이에요. 이 때문에 그들은 이성계의 조선에 비판적 시선을 지니고 있어요. 우리에게 이성계는 조선 왕조를 세운 영웅이지만, 당시 고려인들에게는 오히려 영화 속 장사정 무리의 생각이 더 보편적이었을지도 몰라요.

고려시대에는 왕위 계승의 분명한 조건이 있었어요. '용손龍孫'이라고 부르는, 고려 건국조 왕건의 혈통만이 왕위를 이을 수 있다는 것이었죠. 더구나 고려는 문신이 우대받는 나라였어요. 이렇다 보니 함경도 변방의 무장에 불과했던 이성계의 건국과 즉위는 당시의 관념에서 자연스러운 일이 아니었어요. 이성계는 혈통도, 출신도, 정치적 기반도 중앙의 권력이나 왕실과는 전혀 무관했으니까요.

이성계는 강력한 병권을 바탕으로 정권을 거머쥐었어요. 하지만 문제가 모두 해결된 것은 아니었지요. 고려 왕조가 건재한 상황에서 왕명을 거역하고 요동 정벌을 위해 출정한 군사로 개경에 돌아와 우왕을 폐위시킨 것은 명백한 반역 행위였어요. 조선 건국 세력은 위화도 회군이 가진 반역의 성격을 희석하고, 이 일이 백성과 나라를 위한 일이었음을 강변해야 할 필요가 있었어요. 이제 이들은 고려 왕조가 이미 망가진 상태였음을 강조하고 이성계가 새로운 왕조를 열 수밖에 없었음을, 여기에 이성계가 더없는 적임자임을 모두에게 설득해야 했어요.

용손은 이미 끊겼다, 우창비왕설

이성계 일파는 위화도 회군이 지닌 반역의 성격과 고려 왕조를 뒤엎고 새 왕조를 개창한 행위를 정당화하고자 다방면의 노력을 기울였어요. 특히 용손이 아닌 이성계의 즉위를 정당화하기 위해서는 고려의 정통성을 부정할 필요가 있었지요. 그 대표적인 논리가 바로 우창비왕설禑昌非王說로, 이는 우왕과 창왕이 왕씨가 아니라는 주장입니다.

이성계 일파는 우왕이 공민왕의 아들이 아닌 신돈의 아들이라고 주장했어요. 이들의 주장이 수록된 《고려사》나 《고려사절요》에는 공민왕과 이후의 왕위 계승에 대해 충격적인 이야기가 담겨 있어요. 아들이 없던 공민왕이 용모가 아름다운 귀족 자제 출신의 측근들을 이용해 후사를 보려 했다는 거예요. 실제로 익비가 임신하자 공민왕은 기뻐하며 이 사실을 알고 있는 환관과 측근들을 죽여 입을 막으려고 했대요. 그러나 도리어 그들에게 참혹하게 살해당하고 말았죠.

공민왕의 죽음 이후 곧 우왕이 즉위했어요. 그러나 《고려사》에서는 우왕이 공민왕의 아들이 아닌 신돈과 여종 사이의 자식이었으며, 심지어 출신이 불분명한 존재일 가능성까지 시사하고 있어요. 신돈은 승려 출신으로 어머니는 절의 노비였죠. 그는 공민왕에게 발탁되어 개혁 정치를 추진했으나 훗날 정치적 소용돌이 속에서 공민왕에게 버림받고 처형당한 인물이에요. 강력한 개혁을 실행한 여파로 신돈은 죽어서도 많은 문벌과 유생들에게 배척받았어요. 그런데 우왕이 그 신돈의 자식이라니, 이 논리는 고려 왕실의 정통성을 뿌리째 뒤흔드는 것이었어요. 이게 사실이라면 공민왕을 끝으로 고려 왕통은 끊긴 셈이에요. 우왕이 공민왕의 아들이 아니라면 그 아들인 창왕도 용손이 아니니까요. 결국 이성계 일파는 창왕마저 폐위시키고 방계 왕족인 공양왕을 즉위시켰어요. 가짜를 폐하고 진짜를 세운다는 명분을 앞세워서 말이죠.

권력을 동원한 기록의 윤색, 《고려사》와 《고려사절요》

조선 건국 세력은 무엇보다 후대에 길이 남을 역사 기록에 공을 들였어요. 조선은 개국 후 고려시대의 국정 기록인 《고려사》를 철저하게 조선의 입장에서 새로 썼어요. 따라서 현재 남아 있는 《고려사》와 《고려사절요》는 조선 개국 세력이 고쳐 쓴 고려의 역사예요. 특히 이성계 일파가 활동한 고려 후기의 기록, 그중에서도 왕위 계승과 관련한 기록의 진위 여부가 크게 의심받고 있어요. 앞서 살펴본 우창비왕설 같은 기록 말이에요.

우창비왕설은 이성계 즉위의 정당성에 쐐기를 박는 주장이었어요.

동시에 조선 건국에 참여한 유생들에게 면죄부를 주는 논리이기도 했어요. 이 유생들은 대부분 우왕 대에 관료로 활동한 사람들이었어요. 충과 효를 근간으로 한 유학을 익힌 이들은, 고려를 무너뜨린 자신들의 행위가 충을 어긴 것이 아니라고 강변할 필요가 있었지요.

이에 조선시대에 새로 쓰인 《고려사》와 《고려사절요》에서는 우창비왕설을 사실로 못 박았어요. 《고려사》에서는 우왕과 창왕이 신돈의 자손임을 명시하고 '왕우, 왕창'이 아닌 '신우, 신창'으로 기록했지요. 뿐만 아니라 이들은 왕씨가 아닌 가짜 왕이므로 그 역사를 왕대별 기록인 〈세가〉가 아닌 〈열전〉의 반역전에 수록했어요. 우왕과 창왕은 용손이 아니면서 왕좌를 도둑질한 고려의 반역자라는 것이죠.

이성계 일파는 우왕을 폐위하고, 뒤이어 즉위한 창왕도 1년 여 만에 폐위하여 모두 살해했어요. 이후 방계 왕족인 왕요를 제34대 공양왕으로 즉위시켰어요. 공양왕은 제20대 왕 신종의 7대손으로, 왕족이기는 하나 정치적 기반이 전혀 없는 인물이었지요. 결국 허수아비 왕 노릇을 하다 재위 4년 만에 어리석고 덕이 없다는 구실로 폐위되었고, 몇 년 후 유배지에서 살해되었어요. 희미해지는 고려를 상징하는 듯한, 마지막 왕의 비참한 죽음이었죠.

이씨가 왕이 될 것이라는 예언, 목자득국

이성계 일파는 쿠데타의 정당성을 강변하기 위해 '도참'을 활용했어요. 도참이란 어떤 징조나 암시를 통해 미래에 일어날 일을 예언하는 거예요. 개인의 운명보다는 왕조나 공동체의 앞날에 대한 예언을 의미하지요. 이성과 과학이 지배하는 현대 사회에서는 예언을 한낱 가십 정도로 여기지만, 고려 사회에서는 도참이 상당한 사회적 파급력을 지니고 있었어요. 특히 왕조 교체기나 전쟁, 변란 등으로 불안정한 시기에 집중적으로 나타났기에 정치적 색채가 강하다는 특징이 있어요.

도참을 표현하는 방식은 여러 가지가 있는데, 특히 한자를 해체하여 암호처럼 배열한 '파자破字' 도참이 유행했어요. 왕조의 흥망을 예언하는 경우 성씨를 파자한 표현이 많았지요. 그 가운데 고려 중기에 유행한 파자 도참 중 하나가 바로 '십팔자+八子' 도참이에요. '십팔자+八子'를 세로로 쓰면 '이李' 자가 되니 십팔자란 '이' 자를 파자한 거예요. 가로쓰기에서는 잘 드러나지 않지만, 옛날 붓글씨처럼 세로쓰기를 하면 잘 보이죠. 이 도참의 내용은 고려 왕족인 왕씨가 망하고 새로이 이씨가 왕이 될 것이라 예언하는 것이었어요. 고려에서는 이 도참을 믿고 이 자겸이 1126년 반역을 시도하기도 하고, 이의민이 1196년 왕좌를 꿈꾸기도 했지요.

이 십팔자 도참은 십팔+八을 목木으로 써서 '나무[木]의 아들[子]', 즉 '목자木子'로도 풀이할 수 있어요. '목자木子' 역시 '이李'를 파자한 형태죠. 이 목자 도참은 '목자득국木子得國'의 형태로 이성계의 위화도 회군 무렵부터 기록에 등장해요. 목자득국이란 목자, 즉 이씨가 나라를 얻는다는 뜻이에요. 이성계를 비롯한 조선 건국 세력은 이 목자득국 도참을 활용하여 조선 개국의 정당성을 보여 주려 한 것이죠.

반역이 아닌 혁명, 찬탈이 아닌 천명

도참이 왕씨의 멸망과 이씨의 부흥을 예언한다 해도, 백성들의 지지가 없으면 파괴력을 얻기 힘들었을 거예요. 고려 중기의 이자겸이나 이의민이 강력한 실권에도 왕위에 오를 수 없었던 이유는 결국 민심을 얻지 못했기 때문이기도 해요. 이성계 역시 왕통과 무관한 혈통이었기에, 고려 왕들을 줄줄이 폐위시키고 왕위에 오른 자신의 행위를 정당화해야 한다는 정치적 부담이 있었어요. 병권을 쥔 상태에서 위화도 회군을 단행하여 조선 건국을 위한 결정적 계기는 마련했지만, 국내의 정치 상황은 그리 녹록하지 않았거든요. 고려를 뒤엎고 이씨가 왕좌에 앉은 것이 반역과 찬탈이 아닌 민심과 천명을 받든 혁명이라 주장하려면 백성의 지지가 중요한 변수였어요.

옛날부터 동아시아에서는 유교의 가르침이 중요한 정치적 명분이 되었어요. 유교에서는 왕권이 천명, 즉 하늘의 명령과 연관된 것이며, 천명은 민심이 모이는 곳에 따른다고 했어요. 민심을 얻지 못한 도참은 그저 반역일 뿐이지만, 백성들의 지지를 얻은 도참은 민심을 대변한다는 면에서 천명과 연결될 수 있는 것이죠.

고전 자료에 의하면 위화도 회군 당시 백성들이 모두 '목자득국'을 노래했다고 해요. 이는 결국 이성계 일파가 민심을 얻었음을 의미하며, 이어진 권력 장악과 새 왕조 개창은 이러한 논리 속에서 용인될 수 있었지요. 조선 건국 세력은 개국 정당성을 확보하기 위해 목자득국 등의 도참을 빌어 오되, 여기에 유교적 천명과 민심의 옷을 입혔어요. 즉, 조선의 개국은 정치적 명분을 논리적으로 확보함으로써 찬탈이 아닌 혁명으로 전환될 수 있었어요.

왕조의 성씨를 바꿔 새 왕조를 세우는 것을 '역성혁명'이라고 해요. 유교 사상가 맹자는 이를 하늘이 덕을 잃은 군주에게서 천명을 거두고 덕이 있는 새로운 군주에게 주는 것이라고 설명했죠. 이성계의 조선은 천명의 이름에 기대어 화려한 막을 올렸어요. 고려 말 조선 초의 정치 상황은 혼란스럽기 짝이 없지만, 조선 개국 세력의 행보는 사뭇 주목할 만합니다. 그들은 역사상 그 어느 조정보다 열심히 일했어요. 기존 정치의 문제점을 바로잡고, 제도 개혁을 통해 사회적 모순을 해소하려 했으며, 통치 체제의 기틀을 세우기 위해 심혈을 기울였어요. 그 과정에서 세종의 한글 창제, 세조~성종 대의《경국대전》편찬 등과 같이 15세기의 위대한 업적들이 속속 모습을 드러냈지요. 태조 이성계가 출범시킨 조선 왕조는 475년간 지속된 고려를 멸망시킨 것이 무색하지 않게, 역사상 드물게 500년 이상 장수한 왕조가 되었답니다.

한산: 용의 출현

전술의 귀재, 구국의 명장 이순신

전라 수군절도사 이순신은 전쟁 전에 전투 장비를 크게 정비하고 거북선을 만들었다. 이 배는 위에 판목을 깔아 거북 등처럼 만들고 그 위에 군사가 겨우 통행할 수 있을 만큼 십자로 좁은 길을 내고 나머지는 모두 칼·송곳 같은 것을 줄지어 꽂았다. 앞에는 용머리를 만들어 입은 대포 구멍으로 활용했으며, 뒤에는 거북 꼬리를 만들어 꼬리 밑에 총 구멍을 설치했다. 좌우에도 총 구멍이 각각 여섯 개가 있었으며, 군사는 모두 그 밑에 숨어 있도록 했다. 사면으로 포를 쏠 수 있게 했고 전후좌우로 이동하는 것이 나는 듯이 빨랐다. (중략) 적선 속을 헤집고 다녀도 아군은 손상을 입지 않은 채 가는 곳마다 바람에 쓸리듯 적선을 격파했으므로 언제나 승리했다.

《선조수정실록》 1592년 5월

◆ **감독:** 김한민

◆ **개봉연도:** 2022년

◆ **관람등급:** 12세

◆ **장르:** 액션, 드라마

◆ **등장인물(배우):** 이순신(박해일), 와키자카 야스하루(변요한), 어영담(안성기), 원균(손현주) 등

2022년 개봉한 영화 〈한산: 용의 출현〉은 이순신 장군이 한산도대첩에서 학익진을 펼쳐 대승을 거둔 내용을 다루고 있어요. 이 영화의 감독인 김한민은 '이순신 덕후'로 유명한데, 처음부터 이순신을 기리는 영화 3부작을 기획했다고 해요. 첫 번째 작품은 무려 1700만 관객을 동원한 2014년 개봉작 〈명량〉이었지요. 후속작인 〈한산: 용의 출현〉은 두 번째 작품입니다. 마지막 작품은 이순신 장군의 죽음을 다룬 2023년도 개봉작 〈노량: 죽음의 바다〉예요.

임진왜란이 일어나고 왜군의 거센 공세에 조선군이 **연전연패**[*]를 거듭하는 가운데, 전라 좌수사 이순신은 이에 맞서 조선 수군을 재건하기 위해 노력했어요. 일본은 조선을 먼저 정복한 후 명으로 진출하려는 망상을 하고 있었죠. 이순신은 거북선 등으로 조선 수군의 전력을 강화하고 휘하 장수들과 함께 전략을 수립했어요. 원균과의 갈등 속에

★ **연전연패**: 싸울 때마다 계속하여 짐.

서도 조선 수군의 결속을 다지며 왜군에 맞설 준비를 했지요.

　왜장 와키자카 야스하루는 조선 수군을 공격하기 위한 대규모 함대를 구성하여 공격을 준비했어요. 그는 전설 속 바다 괴물 '복카이센'이란 이름으로 왜군을 공포에 떨게 만든 조선의 신비로운 전함에 대한 소문을 듣고, 이에 대비하는 한편 전라도를 장악하기 위한 전략을 세워요.

　이 과정에서 서로의 군사 정보를 캐내기 위한 긴장감 넘치는 첩보전도 펼쳐지죠. 일본 수군에서 귀순한 '준사'는 이순신의 인품과 리더십에 감동해, 자신이 이순신의 어깨에 큰 상처를 입힌 과거가 있음을 밝히며 조선에 귀화했어요. 기생 보름은 와키자카의 시중을 들면서 첩보를 수집하는데, 위기 상황에서 자신을 희생하며 이순신에게 중요한 정보를 전달하는 데 성공해요.

　마침내 한산도 앞바다에서 조선 수군과 왜군 간의 대대적인 해전이 벌어졌어요. 이순신은 왜군의 대규모 함대를 한산도 앞바다로 유인한 뒤 학익진을 펼쳐 그들을 포위했어요. 이어 조선 수군의 우수한 화포와, 전설의 바다 괴물이라는 위명에 걸맞는 거북선의 활약으로 적군을 크게 무찔렀어요. '용의 출현'이라는 영화의 부제처럼, 거북선은 선두에 달린 용머리를 비롯, 사방에 달린 화포에서 포격을 퍼부을 뿐만 아니라, 신속하게 기동하며 단단한 장갑으로 적선을 들이받아 파괴하는 가공할 위력을 보여 주지요. 실제로 거북선은 왜군 사이에 공포스럽고 위협적인 존재로 깊이 각인되었어요. 결국 한산 앞바다에서의 해전에서 조선 수군은 적은 피해로 왜군을 궤멸시키는 역사적 대승을 거두었어요. '용의 출현'이라는 부제는, 어쩌면 바다를 지키는 존재로서 이순신과 거북선을 중의적으로 지칭하는지도 모르겠네요.

이 영화 속 이순신은 걸걸한 무장으로서의 모습보다 차분하고 치밀한 전략가의 면모가 부각되었어요. 특히 어려운 상황 속에서도 묵묵히 조선 수군을 이끄는 이순신의 뛰어난 지략과 군대는 운용하는 전략, 침착한 결단력이 인상적으로 그려집니다. 당시 왜군은 손쉽게 조선에 상륙했기에 조선을 얕보고 **수륙 병진 작전***을 계획했어요. 저들은 육지에서 가볍게 이긴 만큼 바다에서도 자신감을 가지고 전투를 감행했지만, 이는 큰 오산이었어요. 이순신의 탁월한 지휘 아래 조선 수군은 압도적 역량으로 왜군을 물리쳤어요. 한산에서의 압도적 승리로 조선은 **제해권****을 확보하고 왜군의 보급로를 차단하는 데 성공했으며, 임진왜란의 전세를 뒤바꾸는 전환점을 마련하게 되었어요.

Q. 이순신 장군이 바다에서 승리를 거둔 일이 왜 그렇게 중요했나요?

★ **수륙 병진 작전**: 바다와 육지로 동시에 진격하는 작전.

★★ **제해권**: 바다를 지배할 수 있는 권력.

임진왜란의 발발

영화 〈한산: 용의 출현〉의 배경이 되는 임진왜란은 1592년(선조 25년) 일어난 일본의 조선 침입 전쟁으로, 한국사의 중요 전환점이 된 사건이에요. '임진'은 전쟁이 시작된 해인 1592년의 간지이며, '왜란'은 왜가 일으킨 난리를 뜻합니다. 왜는 당시 조선이 일본을 가리키는 용어였어요. 임진왜란은 일본의 도요토미 히데요시가 대군을 이끌고 조선을 침략하면서 시작되었으며, 1598년까지 약 7년 동안 이어졌어요.

도요토미 히데요시는 일본의 전국시대를 끝내고 통일을 이룬 인물이에요. 16세기의 일본은 장기간의 내전 상태였는데, 이 시기를 '전국시대'라고 불러요. 도요토미는 오랫동안 이어진 일본 내 전쟁에 종지부를 찍었지만, 통일 이후에도 일본에는 여전히 많은 무사가 남아 있었어요. 이들은 언제든 다시 싸움을 벌일 수 있는, 시한폭탄 같은 존재들이었지요. 이들의 불만을 해소하고 내부의 결속력을 다지기 위해 그들의 에너지를 외부로 돌릴 필요가 있었어요. 이에 도요토미는 조선을 굴복시킨 뒤 길잡이 삼아 명나라를 정복하겠다는 망상에 사로잡혀 전쟁을 일으켰던 거예요.

조선 방위 체제의 특징과 장단점

1592년 4월 13일, 왜선 수백 척이 부산포에 상륙했어요. 배에서 내린 수많은 왜군이 새까맣게 몰려드는 것은 실로 드문 광경이었어요. 사실, 조선은 개국 후 거의 200년 동안 큰 전쟁이 없는 평화로운 시기를 보냈어요. 조선으로서는 더없는 호시절이었지만, 역설적으로 장기간 이어진 평화는 국방력을 약화시켰어요. 갑작스레 닥친 임진왜란으로 당황한 조정에서는, 전쟁 초반에 효과적으로 대응하지 못했지요. 그러나 임진왜란 당시 조선의 군사력이 마냥 약했다고만은 볼 수 없어요.

조선 전기의 방위 체제는 원래 세조 대에 성립한 진관 체제였어요. 진관 체제는 행정 조직 단위인 '읍'을 군사 조직 단위인 '진'으로 편성하고, 각 읍의 수령이 군사 지휘권을 갖도록 규정한 제도예요. 전국 주요 지역에 주진을 두고 그 아래 거진을, 거진 아래 진관을 소속시켰어요. 진관 체제는 병력의 이동 없이 모든 지역을 일률적으로 군사화하는 방위 체제라는 장점이 있었으나, 많은 군사와 군비가 필요하다는 단점도 있었죠. 또한 해당 지역을 스스로 지키는 방식이어서, 상습적으로 침입당하는 군사적 요충지에 병력을 집중시키기 어렵고, 주요 골칫거리였던 북방의 여진과 남해안 왜구와의 소규모 전투 대처에 효율적이지 못했어요. 게다가 당시 군사를 이끄는 수령은 대개 문관이었기에 군사나 전술에 능통하지 못했으며 국방에 대해서도 무관심했어요.

이에 조정은 16세기 초 중종 대에 국방 체제를 제승방략制勝方略 체제

로 개편했어요. 제승방략이란 적을 제압하여 이기는 전략이라는 의미
예요. 유사시에 각 지방의 수령이 군사를 이끌고 본진을 떠나 미리 할
당된 방어진지에 가서 대기하면 중앙으로부터 임시로 파견된 군사 전
문 지휘관이 이를 통솔하여 전투를 수행하는 방식이지요. 이는 문관이
지휘하는 분산적 방위 체제를 군사 전문가가 지휘하는 집중적 방위 체
제로 전환한 것으로, 변방의 소규모 전투에 효율적으로 대처할 수 있
었어요. 대신 대규모 전면전에 취약하고, 방어진지의 1차 방어선이 무
너지면 후방 지역에 군사가 없어 2차 방어를 할 수 없다는 큰 단점이
있어요. 또한 적의 진격 속도보다 중앙의 지휘관 파견이 조금이라도
늦을 경우 전장에서 즉각적인 대처가 불가능하다는 위험 요소도 가지
고 있었죠.

제승방략의 실패와 전쟁 초의 혼란

조선은 건국 이래 지속적으로 동북방 방어에 집중해 왔어요. 고려
말 공민왕 때 쌍성총관부를 되찾은 다음 우왕이 명의 철령위 설치에
요동 정벌로 대응한 것처럼, 동북방의 함경도 일대는 전통적인 군사
요충지였어요. 또한 이 지역은 여진족과 육로로 이어져 있었기에 세종
대의 북방 개척에서 보이듯 조선도 동북방 방위에 큰 관심을 기울였지
요. 임진왜란에 앞서 1583년 여진족 니탕개가 3만에 달하는 대군을 이
끌고 조선을 침략한 적이 있어요. 이전에 없던 엄청난 침략 규모였기
에 이를 방어하면서 방위 체제를 재차 쇄신한 조선은 북방의 군사력
강화에 더욱 치중하게 되었죠.

조선은 바다로 막혔다고 생각했던 남쪽에서 난데없이 일본의 대규모 병력이 몰려올 줄 전혀 예상하지 못했어요. 당시 자료를 살펴보면, 4월 13일 왜적이 부산에 상륙하자 하루이틀 만에 경상도의 각 거점 방어진에 군대가 집결한 것을 확인할 수 있어요. 제승방략의 방위 체제가 신속하게 가동된 것이죠. 그러나 예상보다 왜군의 진격이 빨랐고 대군이 동원된 전면전이었지요. 부산첨사 정발과 동래부사 송상현이 죽음을 무릅쓰고 싸웠으나 패하며 1차 방어선이 무너졌어요. 부산진이 함락된 이후 한양에서 파견된 지휘관의 도착이 늦어지자 각지에 집결하여 대기하던 방어진에는 일대 혼란이 찾아왔어요. 제승방략 체제의 단점이 그대로 드러난 것이죠.

부산진을 뚫은 왜군은 세 길로 나누어 북으로 올라왔어요. 한양 입성에 18일, 평양성 함락까지 두 달이 채 걸리지 않았지요. 파죽지세로 진격해 오는 왜군의 기세에, 조정으로 날아드는 소식은 연전연패뿐이었죠. 왜구의 북상을 막기 위해 선조는 신립 장군과 조선 최정예 부대를 충주로 급히 보냈어요. 신립은 북쪽 최전방에서 여진족 토벌로 이름을 떨친 맹장이었어요. 그는 충주 탄금대에서 배수의 진을 치고 두 배가 넘는 일본군과 치열한 전투를 벌였으나 참패하고 전사했어요. 병력의 차이도 컸으나 정보의 부족으로 왜구의 조총과 기동성에 대해 과소평가한 전략적 실패도 한몫했죠. 200년 평화에서 비롯된 안일한 국방의 대가를 한 번에 몰아 치르게 된 거예요.

수도와 백성을 등진 선조의 파천

1592년 4월 28일, 충주 탄금대 전투에서 조선 정예군이 전멸했다는 보고가 전해지자 선조는 수도 한양을 버리기로 마음먹었어요. 위급한 상황에서 왕이 도성을 버리고 다른 곳으로 피난하는 것을 '파천播遷'이라고 해요. 선조가 파천할 결심을 이야기하자 모든 신하가 격렬하게 반대했어요. 백성과 함께 성을 굳게 지키며 목숨을 걸고 끝까지 싸워야 한다고, 왕은 종묘와 수도를 버리고 아무 데도 갈 수 없다며 목놓아 울었어요. 우승지 신잡은 자결할지언정 따르지 못하겠다는 강경한 뜻을 보이기도 했어요.

그럼에도 결국 파천이 결정되었다는 소문이 퍼지자, 종친 수십 명이 궁궐에 몰려와 통곡하며 반대했어요. 이에 선조는 피난 가지 않고 한양에 남아 종친 및 신하들과 함께 목숨을 바치겠다고 하여 그들을 물러가게 했어요. 그리고 위급 상황이라며 회의를 열더니 공빈 김씨 소생의 광해군을 세자로 결정하고 이튿날 이 사실을 선포했지요.

1592년 4월 30일은 하루 종일 장대비가 쏟아졌어요. 그럼에도 새벽같이 깨어난 대궐 뜰에는 사람과 말이 가득했어요. 모든 신하와 종친의 반대에도 불구하고 선조가 파천을 강행했던 거예요. 이 소식에 궁궐 호위군들은 모두 달아나고 궁 방비도 엉망이었어요. 전날 잠그지도 않아 열려 있는 대궐문을 나서는 선조의 피난 행렬은 따르는 궁인들의 흐느낌이 가득했어요. 어가*를 뒤따르는 종친과 신하들은 100명도 채

★ **어가**: 임금이 타던 수레.

선조 어가의 피난 행렬. 도요토미 히데요시의 일대기를 그린 일본 에도시대 소설 속 삽화예요.
세찬 비를 뚫고 가는 임금의 피난길이 우리에게는 치욕이요, 저들에게는 승리의 기억일 테지요.
(출처: 일본국문학연구자료관)

되지 못했고 임금이 떠난 도성에서는 불길이 치솟았어요. 왕이 수도와 백성을 버렸다는 사실에 성난 민심이 들끓었어요. 급한 채비에 식량도 제대로 챙기지 못해 반찬 없는 맨밥을 먹거나 굶으며 발길을 재촉했어요. 종묘사직을 등지고 북으로 향한 선조의 피난길은, 빗줄기를 뚫고 흙탕물을 밟고 가는 통곡의 행렬이었어요.

이날 밤, 임진나루에 겨우 도착하여 배를 타고 강을 건널 때는 주변이 칠흑같이 어두웠지만 등불 하나 없었어요. 왜군이 쫓아올 것을 염려한 선조는 강을 건넌 후 타고 온 배를 침몰시키고 나루의 시설과 주변 인가를 모두 철거시켜 버렸어요. 굶주리고 지친 채 주변 민가에 흩어진 백관들은 반도 강을 건너지 못했어요.

왜군의 한양 함락과 북상

선조가 수도를 뜬 지 사흘 만에 왜군이 한양을 함락했다는 소식이 전해졌어요. 왕이 대궐을 버리고 피난 가 버리자 도성의 군사와 백성도 모두 도망가 한성은 성문도 잠가 두지 않은 채였어요. 오죽하면 활짝 열린 성문을 보고 당황한 왜군이 유인 작전인 줄 알고 경계할 정도였어요. 쉬지 않고 달려온 왜군은 발바닥이 부르터 잘 걷지도 못하는 자도 있었지만, 아무런 저항 없이 한양에 입성했어요.

왜군은 텅 빈 조선의 수도를 마음껏 농락했어요. 신성한 성역이자 왕조의 상징인 종묘를 부수고 인근의 왕릉을 파괴했죠. 이때 왜군은 성종의 선릉과 중종의 정릉을 파헤쳐, 웬만해선 부수기도 어려운 회곽*을 깨뜨리고 기어이 관과 시신을 꺼내 불태워 버렸어요. 그리고 그 옆에서 조롱하듯 희희낙락 밥을 해 먹었지요. 훗날 한양으로 돌아와 현장을 목격한 왕과 대신들은 기가 차서 말문이 막힐 지경이었어요. 적군에게 수도를 내주면 어떤 화를 당하는지 절절히 알게 되었죠.

한편, 개성에 머물던 선조는 서울 함락 소식을 듣고 그날로 성을 나서 평양을 향해 이동했어요. 신하들은 선조가 평양성에 들어가기만 하면 굳건히 버틸 수 있을 것으로 기대했어요. 평양성에 도착하자 군민이 모두 나와 선조를 맞이하고, 임금과 함께 평양성을 지키며 목숨 바쳐 싸울 것을 다짐했어요. 그러나 왜군이 임진강을 건넜으며 선봉대가 대동강가에 도달했다는 소식이 전해지자, 선조는 평양도 버리고 한반

★ **회곽:** 석회로 만든 곽.

1592년 왜군 침입로

도 서북쪽 끝 의주로 도망을 갔어요. 여차하면 요동으로 건너가 명나라로 망명하려는 심산이었지요. 이를 알게 된 신하들은 경악했으나 선조의 뜻을 꺾지는 못했어요.

조선의 반격, 이순신이 가져온 해전 첫 승

조선으로서 불행 중 다행인 일은 임진왜란이 발생하기 직전에 남해안의 수군 병력을 정비하면서 이순신과 이억기를 전라 좌수사와 우수사로 임명했다는 점이에요. 이 둘 모두 뛰어난 장수였는데, 특히 이순신은 부임 후 전투 선박을 제조하고 군비를 확충하는 등 혹시 모를 왜의 침입에 대비했어요. 임진왜란 당시 군비가 제대로 갖추어지지 않은 지역에서는 경상 좌병사 이각, 경상 좌수사 박홍처럼 겁을 집어먹고 싸우지도 않고 도망가는 장수들도 있었어요. 이에 대해《선조실록》에는 200년간 전쟁을 모르고 지낸 탓에 각 군현이 소문만으로 놀라 무너졌다는 씁쓸한 기록이 담겨 있지요.

사실 일본은 애초에 해전에 적극적이지 않았어요. 섬나라 사람들이므로 해상 전투에 강할 것이라는 우려와 반대로, 오랜 내전으로 다져진 일본의 전력은 조총을 활용한 육상전에 강했지요. 다만 군량미나 군수품의 보급을 위해 해상로의 장악도 필수적이기에 수륙 병진을 계획했던 거예요. 게다가 전쟁 초반 조선군은 해전에서도 계속 패했어요. 4월 30일 원균이 경상 우수사로 있던 경상 우수영이 점령당하고 경상우도 진영 여러 곳의 장수와 병력이 도망갔다는 소식이 날아들었어요. 이순신은 왜군이 내륙으로 북상하는 동안 차분히 전황을 살피며 남해의 수군 병력을 집결시키고 강도 높은 군사 훈련을 진행하고 있었어요.

관군의 연이은 패전 소식에 남해의 제해권을 다시 가져오기 위해 5월 4일 새벽, 이순신은 드디어 출병을 감행했어요. 대형 전투함인 판옥선 24척, 판옥선의 부속선인 협선 15척, 포작선 46척, 총 85척이 동원된 대규모 출병이었어요. 전라 좌수영의 본영인 여수에서 출항해 한산도에 도착했을 때 원균을 비롯한 경상우도 장수들을 태운 배 6척과 만나 함께 이동했지요. 7일 거제도 옥포 앞바다에서 정박하여 민가를 약탈하던 일본 군선 30척이 발견되면서 임진왜란의 첫 해전인 옥포해전이 벌어졌어요. 이순신의 함대는 이 해전에서 적선 26척을 격파하며 압도적인 승리를 거두었어요. 옥포대첩으로 불리는 이 전투는 임진왜란에서 조선이 거둔 해전의 첫 승이었어요.

옥포대첩에서 승리한 당일, 곧바로 일본 전함 5척을 추가 발견하고 진해 합포 앞바다까지 추격하여 모두 불태웠어요. 이튿날인 5월 8일에는 진해 전진포에 정박한 일본 군선 13척을 불태워 격파했어요. 첫 출정에서 이틀간 벌어진 세 차례의 해전, 옥포대첩, 합포해전, 적진포해전에서 이순신의 함대는 모두 승리를 거두었어요. 순조로운 해전의 시작이었죠.

거북선의 등장, 사천해전

두 번째 출병은 5월 29일 이루어졌어요. 원균으로부터 왜선 10여 척이 사천, 곤양 등지로 진출했다는 보고를 받았거든요. 거북선을 포함한 23척의 전함을 거느리고 출항하여 노량 앞바다에서 원균의 전함 3척과 합세한 이순신의 함대는 왜선 12척이 정박해 있는 사천 앞바다로 향했어요. '사천해전'으로 불리는 이 전투에서 왜군은 조총을 쏘며 격렬하게 저항했으나, 이순신은 왜선을 바다 한가운데로 유인한 뒤 거북선으로 적선 12척을 모두 섬멸하고 수많은 왜병을 사살했어요. 사천해전은 거북선이 출동한 최초의 해전으로, 왜군에게 그 막강한 위력을 각인시키는 계기가 되었죠. 다만 이 전투에서 군관 나대용과 다수의 아군 병사가 부상당했고, 이순신도 왼쪽 어깨가 뚫리는 총상을 입었어요. 영화 〈한산: 용의 출현〉의 전반부에서 이순신이 어깨에 부상을 입은 채 나오는 까닭은 영화의 배경이 사천해전 직후이기 때문이에요.

이순신은 사천해전에서의 부상에도 아랑곳하지 않고 동쪽으로 전진하여 당포에 정박하고 있던 일본 군선 21척을 발견했어요. 충루가 있어 높이가 6~7미터에 달하는 일본 주력함 아타케를 포함해 대선 9척과 중소선 12척이 있었지요. 총성으로 시작된 당포해전은 이순신 함대의 거북선이 아타케를 들이받고 천자, 지자, 현자 총통을 쏘아 왜선을 격파하여 모두 불태웠어요. 왜장을 잡아 그 머리를 베자 남은 왜병이 모두 도주하면서 당포해전은 조선의 승리로 마무리되었어요.

6월 4일에는 전라 우수사 이억기가 25척의 전함을 이끌고 합류하여 전선의 규모는 총 51척으로 증강되었어요. 그다음 날 도주한 왜병을 쫓아 출격했고 고성 당항포에 정박한 일본 군선 13척을 발견했어요. 대선 9척, 중선 4척, 소선 13척의 규모였는데, 이순신의 함대는 이들을 포위하고 거북선을 동원하여 대장선을 중점적으로 타격하는 등 맹공을 퍼부었어요. 왜선을 남김없이 격파하고 왜장을 사살하여 승리를 거두었지요. 도주한 군선 한 척을 급습하여 남은 무리까지 제거했는데, 이때 목을 벤 왜장만 여덟 명이었다고 해요. 이 당항포해전까지 이순신이 이끄는 조선 수군은 연전연승으로, 일방적 토벌이라 해도 과언이 아닐 정도였어요.

공포의 바다 괴물, 거북선

사천해전에서 처음 등장한 거북선은 이순신이 개발한 조선 수군의 대표적인 전투선이에요. 위에서 제시한 《선조수정실록》의 기사에는 전장에 투입되면 '나는 듯이 빠르고' '언제나 승리하는' 거북선의 구조와 특징에 대해 상세히 묘사하고 있어요.

거북선의 가장 큰 특징은 배 위를 완전히 덮개로 씌워 적의 화살이나 조총 공격으로부터 병사들을 보호했다는 점이에요. 이 덮개에는 쇠못을 빽빽하게 박아 적이 함부로 배 위에 올라올 수 없게 했어요. 덮개의 작은 구멍을 통해서는 총이나 활을 쏠 수 있도록 했고요. 배의 앞부분에는 용머리 모양의 장식이 달려 있었는데, 이는 단순히 위엄을 나타내는 상징이 아니라 그 안에서 화포나 연막탄을 발사할 수도 있었지요.

거북선 내부에는 여러 개의 화포가 사방으로 배치되어 있어 전후좌우 어느 방향에서도 상대를 공격할 수 있었어요. 배를 움직이는 노는 모두 선체 안쪽에서 젓게 되어 있어 적의 공격에 노출되지 않았어요. 이러한 구조는 일본군이 주로 사용하던 백병전을 효과적으로 막아 낼 뿐 아니라 좁은 해협이나 복잡한 해상 지형에서도 민첩하게 움직일 수 있게 했어요.

거북선은 전투 능력뿐만 아니라 심리적인 효과도 컸어요. 덮개로 둘러싸인 배가 화포를 쏘며 돌진하는 모습은 왜군에게 강한 공포심을 안기는 동시에, 조선 수군에게는 큰 자신감을 불어넣어 주었어요. 거북선은 조선 수군의 독창적인 군사 기술과 이순신 장군의 전략적 지혜가 담긴 상징적인 전투선이라고 할 수 있지요.

사천해전에서 부상을 입은 나대용은 이순신 휘하의 군관으로 배를 만드는 데 탁월한 재능이 있었어요. 이순신을 도와 거북선 제작에 참여했을 뿐 아니라, 전쟁 이후에도 지속적으로 군선을 고안하여 제작했

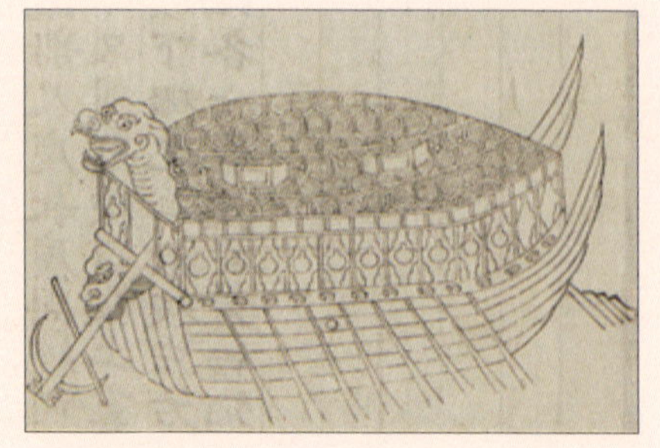

《충무공전서》에 수록된 전라 좌수영 거북선
(출처: 규장각)

어요. 1599년에는 임진왜란 후 강력한 수군을 재건하기 위해 고안한 특수 군선인 창선을 만들었지요. 적군이 배에 뛰어들지 못하도록 선체 사면에 방패판을 세우고 짧은 창검을 빈틈없이 꽂은 형태를 지니되, 거북선보다 규모가 작아 적은 인원으로 신속하게 움직일 수 있는 중형 군선이에요. 나대용은 1610년에도 해추선이라는 쾌속선을 만들기도 했어요.

기념비적인 승리, 한산도대첩

일본은 해전에서의 연이은 패배로 크게 당황했어요. 함선을 잃은 것도 낭패지만 군수품의 보급로가 차단된 것이 가장 큰 문제였죠. 이에 도요토미 히데요시는 육지전에 동원되어 있던 수군 장수 와키자카 야스하루 등을 남해로 급히 보내 조선 수군과 결전을 벌이라고 명령했어요. 와키자카는 병력을 크게 늘려 대선 36척, 중선 24척, 소선 13척 도합 73척의 대규모 정예 함대를 견내량에 정박하고 이순신이 이끄는 조선 수군과의 일전을 준비했어요.

가덕과 거제에 대규모 왜군이 출몰한다는 첩보를 입수한 이순신은 신중하게 적군의 움직임을 살폈어요. 저들과 치를 전투에 대비해 이억기의 함대와 연합하여 48척의 배로 합동 훈련도 실시했지요. 이어 원균의 전함 7척이 합류하여 총 55척으로 3차 출정을 준비했어요. 7월 6일, 드디어 이순신의 연합 함대가 푸른 바다로 나아갔어요. 다음 날 근처에서 가축을 치던 아이가 왜선 70여 척이 고성과 거제의 경계인 견내량에 머물고 있다고 제보했어요. 남해안의 지형을 잘 알고 있던 이순신은 견내량 부근이 좁고 수심이 얕은 데다 암초가 많아 대형 판옥선이 움직이기 쉽지 않다는 사실을 알고 있었어요. 여차하면 왜군이 육지로 올라올 가능성도 컸죠. 고심 끝에 일본의 함대를 한산도 앞의 넓은 바다 가운데로 유인해 내어 격파하는 작전을 구상했어요.

이순신은 전투선 대여섯 대를 내보내 일본 전함과 싸우다 일부러 진 다음 한산도로 달아나는 척하여 뒤따라오게 했어요. 아니나 다를까, 그간의 패배를 만회하려는 열망에 찬 왜군은 돛을 활짝 펴고 뒤쫓아 왔어요. 정신없이 쫓아오던 일본 함대가 한산도 앞바다에 다다른 순간, 조선의 전함들은 일제히 배를 돌려 학익진을 펼쳤어요. 조선 전함들은 학이 날개를 펼치듯 길게 일본 함대를 에워싼 채 그들을 향해 돌격하며 맹공을 퍼부었지요.

돌아선 조선의 모든 전함은 일제히 지자, 현자, 승자 총통을 발사하며 압도적 공세를 펼쳤어요. 이 시기 해전에서 종종 등장하는 총통들은 조선의 대표적 화기들이에요. 크기에 따라 천지현황天地玄黃과 같은 천자문 글자 순서로 이름 지어졌는데, '차대전'이라는 전용 화살을 넣

한산도 앞바다 전경

어 쏘았어요. 사실 화살이라 부르기도 민망할 만큼 큰 2미터 내외의 목재에 철촉을 끼워 화약으로 쏘아 날리는 화기예요. 맞은 곳은 모조리 파괴해 버리는 가공할 위력을 가지고 있었죠. 쉽게 말하면 적군의 시설을 타격하여 부숴 버리는 일종의 관통탄이었어요. 이를 처음 목격한 왜병들이 조선에서는 대들보를 뽑아 화살로 쏜다고 본국에 보고할 만큼 공포스러운 무기였지요. 이를 적함에 쏘면 갑판이 종잇장처럼 찢어지고 선체에 구멍이 뚫리면서 침몰하는 거죠.

일본군 주요 장수들이 탑승한 아타케를 비롯해, 크고 작은 전함들이 줄줄이 격침되고 일본은 제대로 된 반격도 해 보지 못한 채 수군 주력 부대를 잃었어요. 일이 잘못된 것을 깨달은 왜장 와키자카는 탈출을 시도했으나 학익진에 포위되어 실패하고 전멸에 가까운 패배를 당했어요. 와키자카는 부장들이 모두 전사한 가운데 겨우 도주하여 구사

일생으로 목숨만 건졌어요. 일본은 이 전투에서 대선 35척, 중선 17척, 소선 7척을 잃고 3000명 이상이 전사했어요. 반면 대승을 거둔 조선 수군은 사상자가 있었지만 전함의 손실은 전혀 없었죠. 이 전투가 바로 조선에 역사적 승리를 안겨 준 '한산도대첩'이에요.

일본 주력 부대의 괴멸, 안골포해전

한산도대첩의 이틀 후인 7월 9일, 이순신은 안골포에 대규모 왜선이 정박해 있다는 첩보를 입수했어요. 와키자카를 지원하기 위해 왜장 구키 요시타카와 가토 요시아키가 이끌고 온 일본의 제2 수군 주력 부대였어요. 이들은 대선 21척, 중선 15척, 소선 6척 등 모두 42척을 거느리고 안골포에 대기 중이었어요. 10일 새벽 공격을 시작한 이순신은 좁은 안골포에서 적함을 끌어내려 했으나 이틀 전 와키자가 함대가 그렇게 격파된 것을 알고 있던 그들은 조선군의 도발에 쉽사리 응하지 않았어요.

이순신은 작전을 바꾸어 여러 장수가 번갈아 안골포로 드나들며 총통과 불화살 등으로 공격하도록 했어요. 왜군이 맞서 싸우기 시작하자 이 전투는 하루 종일 이어졌어요. 왜군의 수급을 벤 것이 250여 급에, 헤아릴 수 없는 익사자가 발생했고 적선 20척을 격파했어요. 수세에 몰린 왜병이 배를 버리고 육지로 도망가자, 이순신은 버려진 적선을 몇 대만 남기고 모두 불태워 버렸어요. 적선을 남긴 이유는, 한산도처럼 수색이 불가능한 상황에서 육지에 고립된 왜적이 백성들을 해칠까 걱정하여 도망칠 길을 남겨 준 것이었어요.

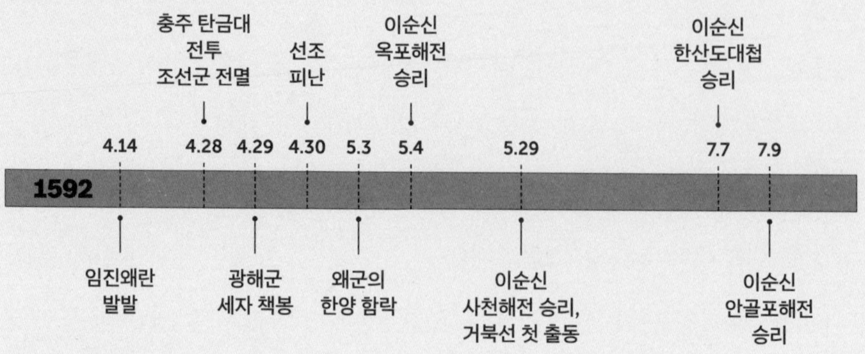

한산도대첩과 안골포해전에서의 승리는 이순신의 1, 2차 출격과 성격이 좀 달랐어요. 기존의 전투는 해안에 정박한 왜선에 대한 기습에 가까웠다면 이번의 두 전투는 왜군 함대와의 전면전 형태였거든요. 이순신의 냉철한 상황 판단과 뛰어난 전술, 다른 지휘관 및 병사들과의 협력과 단합은 위기 상황에서 빛을 발했어요. 기습에서도, 전면전에서도 확실한 우위를 점한 조선 수군의 기세는 이제 왜군 함대가 넘볼 수 없었죠.

일본의 수륙 병진을 좌절시킨 이순신

한산도대첩과 안골포해전에서의 연이은 승리로 조선 수군은 바다에 대한 통제권을 확실히 움켜쥐었어요. 이순신이 단숨에 전쟁의 흐름을 뒤엎은 거예요. 무엇보다 수군 주력 부대를 대부분 잃은 왜군은 남해와 서해를 장악하여 수륙 병진하려던 계획이 좌절되었어요. 이는 곧 육지로 북상하던 왜군의 군수품 보급로가 끊겼음을 의미하는 거예요. 승승장구하던 왜군의 진격에 브레이크가 걸린 것이죠. 평양까지 치고 올라갔던 왜군은 오도 가도 못하는 상황에 처해 당분간 평양성에 머물게 되었어요. 또한 연패의 충격으로 왜군이 호남 진출을 포기하고 물러난 덕에, 조선은 최대 곡창 지대인 전라도와 충청도를 보존할 수 있었어요. 전쟁이 터진 지 두세 달 쯤 되던 이 시기는 전국 각지에서 본격적인 대응이 시작되던 차였어요. 이때 연전연패의 굴레를 끊고 이순신의 승전보가 계속 울려 퍼지자 의병의 기치도 더욱 적극적으로 올랐어요. 바야흐로 임진왜란은 새로운 국면으로 접어들게 되었어요.

광해, 왕이 된 남자
잊힌 왕의 시대, 광해군

광해군이 전교하기를 "'우리나라는 평소 병사와 농민을 분리하지 않아 군대를 신속히 집결시키기 어렵습니다. 또한 우리 군대의 약함을 고려하지 않은 채 적진에 들여보냈다가 천조의 위엄을 손상시킬까 두렵습니다. 임진년에 나라를 다시 세워 준 황제의 은혜에 왕과 백성이 모두 감사하고 있는데, 어찌 털끝만큼이라도 다른 생각이 있겠습니까?' 등의 내용으로 문장을 잘 다듬어 파병하지 않는 것에 대한 허락을 얻어 내도록 쓰라" 하셨다.

《광해군일기》 1618년 5월 1일

- ◆ 감독: 추창민
- ◆ 개봉연도: 2012년
- ◆ 관람등급: 15세
- ◆ 장르: 드라마
- ◆ 등장인물(배우): 광해/하선(이병헌), 허균(류승룡), 중전(한효주) 등

〈광해, 왕이 된 남자〉는 2012년 개봉한 사극 영화입니다. '조선 제15대 왕 광해군 대'라는 흔치 않은 역사적 배경 위에 '왕의 대역'이 있다는 영화적 상상력을 더해, 한 명의 배우가 1인 2역을 맡아 흥미로운 이야기를 펼치는 작품이에요. 실존 인물과 허구의 설정을 절묘하게 결합해, 권력의 본질과 '좋은 통치자란 무엇인가'라는 질문을 계속해서 던지는 영화지요.

영화는 독살 위협 속에서 불안에 시달리는 광해군의 모습으로 시작해요. 임진왜란 이후 정세는 혼란스럽기 그지없었어요. 의심 많고 차가운 성격의 광해군은 명과 후금 사이에서 아슬아슬한 외교 줄타기를 해야 했고, 궁궐 안에서는 끊임없는 당파 싸움과 역모가 이어지고 있었지요.

왕은 늘 살해 위협을 느끼며 음식에 독이 들었을까 의심하고, 신하들조차 쉽게 믿지 못하며, 잠자리도 편히 들지 못할 만큼 극도로 예민해져 있어요. 결국 광해군은 혹시 모를 암살에 대비해 자신과 똑같이 생긴 사람을 찾아 대역으로 세우라는 명을 내리게 돼요.

왕을 가까이에서 보좌하던 허균은 저잣거리를 헤매다, 왕과 놀랄 만큼 닮은 만담꾼 하선을 발견해요. 하선은 가난하고 배운 것도 없지만, 눈치가 빠르고 재치 있는 인물이었어요. 허균은 그를 궁으로 데려와 왕의 말투와 걸음걸이, 예법, 정치적 상황 등을 혹독하게 교육하며 가짜 왕으로 훈련시켜요.

궁에 적응해 가던 어느 날, 광해군이 독극물에 중독되어 의식을 잃고 하선은 예상치 못하게 진짜 왕의 업무를 보게 돼요. 갑작스레 왕을 흉내 내야 하는 하선은 처음에는 실수투성이에 모든 것이 미흡했으나, 허균의 교육으로 점점 왕 같은 모습을 갖추어 나갔지요. 신하들 앞에서 말을 더듬고 예법을 몰라 허둥대던 하선은, 시간이 지남에 따라 왕의 자리에 대해 이해하게 되고 권력으로 백성의 생사를 좌지우지할 수 있음도 깨닫게 돼요.

하지만 저잣거리에서 자란 하선이 진짜 왕과 결정적으로 다른 점이 있으니, 그건 바로 명분을 앞세우거나 정치적 계산을 하지 못한다는 거예요. 그는 권력 유지나 당파의 이해관계보다 백성의 입장에서 백성에게 무엇이 이로운가를 먼저 생각해요.

대동법 시행 문제를 두고 대신들이 세금 부담을 우려하고 기득권을 옹호할 때, 그는 백성들의 고단한 삶을 떠올리며 단순하지만 명쾌한 판단을 내려요. 명과 후금 사이에 끼어 백성들이 피해를 볼 것이 뻔한데 군사를 파병해야 하는 난감한 상황에서도, 백성의 괜한 희생을 막고자 신중한 선택을 내리지요.

또한 궁녀와 내관, 하층민들의 삶에 관심을 두고 그들의 아픔에 공감하는 태도는 하선의 인간적인 면모를 잘 보여 줘요. 이런 모습들에 궁궐 사람들은 하선에게 진심 어린 신뢰와 호감을 느끼기 시작하죠. 중전은 그의 따뜻함에 마음을 열고, 신하들 또한 그의 결단력에 감탄해요. 역설적이게도, 신분도 낮고 무식한 가짜 왕이 궁궐에서 훌륭한 교육을 받으며 자란 진짜 왕보다 더 왕답게 행동하는 듯하죠. 하선이 보여 준 모습은 정략에 휘둘리지 않고 소신 있는 정책을 추진하는, 백성들이 바라는 진정한 왕의 모습이기도 했어요.

그러나 권력의 세계는 그리 단순하지 않아요. 대신들은 하선의 개혁적인 결정에 반발하고, 그의 정체를 의심하는 사람도 생겨나요. 심지어 진짜 광해군은 병으로 몸을 움직일 수조차 없죠. 조여 오는 위기 속에서 하선은 점점 자신의 한계를 깨닫지만, 당면하는 문제들을 포기할 수도, 도망갈 수도 없어요. 하선은 마지막 순간까지 자신이 할 수 있는 최대한을 발휘해 백성을 위한 선택을 하려 애써요. 결국 모든 진실이 드러나기 직전, 허균의 도움으로 궁을 떠날 수 있게 되고 진짜 광해군이 돌아오면서 이야기는 마무리돼요.

이 영화는 해학과 감동을 주지만, 못지않게 긴장감도 선사해요. 그리고 "과연 좋은 왕이란 무엇인가?"라는 묵직한 질문을 던지죠. 백성을 다스리는 왕에게 혈통과 권위가 중요할까요, 아니면 백성을 향한 마음이 중요할까요?

〈광해, 왕이 된 남자〉는 역사적 사실을 그대로 재현하기보다 '이상적인 군주상이란 무엇인가', '리더십이란 무엇인가'라는 물음을 통해

오늘날에도 유효한 메시지를 전해요. 권력보다 사람을 먼저 생각하는
지도자의 모습이 얼마나 중요한지 보여 주고 있죠.

Q. 폐위된 광해군은 정말 폭군이었을까요?

조선 제15대 왕, 광해군

광해군은 조선의 제15대 왕으로 1608년부터 1623년까지 15년간 재위했어요. 국내에서는 임진왜란 후 피해 복구 사업이 활발했으며 국외에서는 명·청 교체가 이루어지는 민감한 시기를 살다 갔지요. 영화 〈광해, 왕이 된 남자〉는 이 같은 역사적 배경을 끌어왔으나, 광해군의 대역이 있었다는 설정은 허구예요. 누차 강조하지만, 영화의 매력에 흠뻑 빠지더라도 수많은 허구가 섞여 있다는 점을 늘 유의해야 합니다. 다만 '이 영화는 대체 왜 1인 2역이라는 설정을 가져왔을까' 하고 생각해 본다면, 광해군이 신하들의 거센 반발을 무릅쓰고 추진한 정책들 때문이 아닐까 합니다. 영화 속에서도 표현되었듯, 대동법을 실시한다거나 명의 파병 요청에 소극적으로 임하는 모습은 광해군 대를 뒤흔든 큰 논란 중 하나였으니까요.

실제로 광해군은 영화 같은 삶을 살았던 인물이에요. 10명이 넘는 형제가 있었고, 적장자가 아님에도 왕위에 올랐죠. 성인이 될 무렵 국가적 위기인 임진왜란을 겪었으며 정치적 풍파를 수차례 극복하고

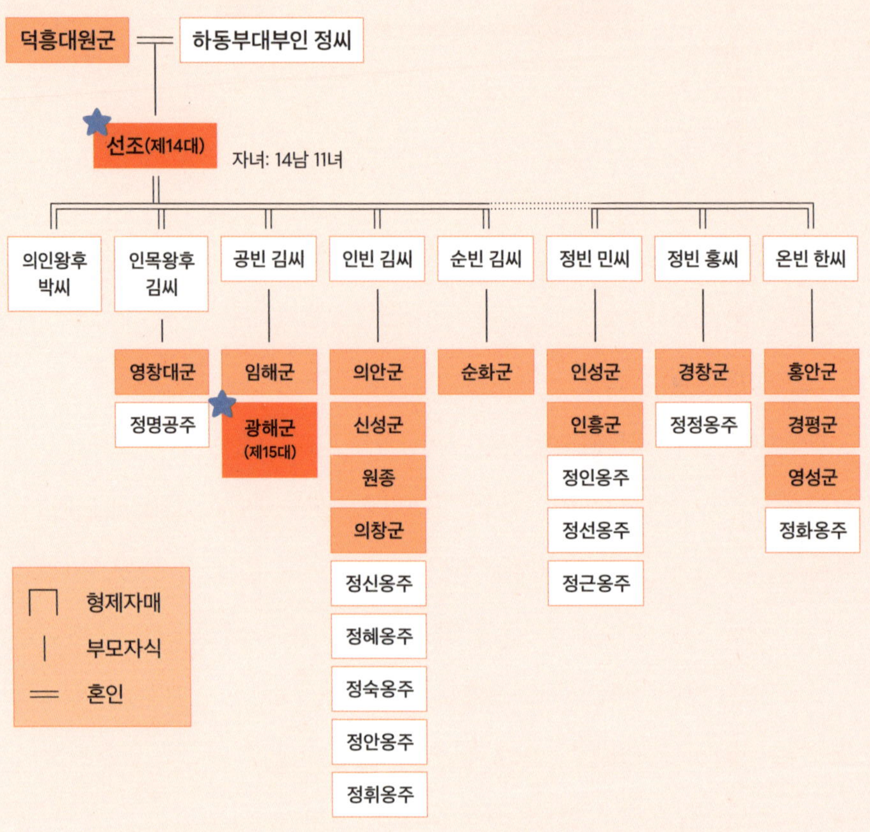

15년간 국왕으로 재위했어요. 그러나 광해'군'이라는 명칭으로 알 수 있듯이 왕으로 남지 못하고 쿠데타로 폐위되는 비운의 인물이 됩니다. 광해군을 몰아낸 쿠데타가 바로 '인조반정'입니다.

광해군, 명군과 혼군의 상반된 평가

광해군은 선조의 둘째 아들로, 이름은 '혼'이고 1575년에 태어났어요. 선조는 8명의 부인에게 14명의 아들을 보았으나 정작 왕비인 의인 왕후는 아이를 갖지 못했지요. 후궁인 공빈 김씨에게 먼저 두 아들을 보았는데 이들이 임해군과 광해군이에요. 선조의 큰아들인 임해군은 성정이 잔인하고 사나웠다고 해요. 이에 반해 광해군은 어려서부터 총명하고 학문이 뛰어나 주목을 받았어요. 이 때문에 광해군은 형을 제치고 세자가 되었다가 왕위에 올랐지요. 그런데 광해군의 정책들은 현재까지도 평가가 분분해요. 쿠데타로 폐위된 왕이기에 조선시대에는 어리석은 임금으로 비난받았지만, 현대에는 조선을 지키기 위해 중립 외교를 추진한 현명한 왕으로 평가되기도 하지요.

전쟁의 악운 속, 세자 책봉의 행운

광해군이 열여덟 살이 되던 1592년 4월, 임진왜란이 일어났어요. 200년 가까운 평화 속에서 전쟁을 모르던 조선은 초반에 속수무책으로 짓밟혔어요. 조선은 개국 이래 최대의 위기를 맞아 망국의 목전까지 떠밀렸지요. 왜군의 거침없는 북상으로 한양이 위험해지자 선조는 모든 대신들의 만류에도 불구하고 피난을 결정했어요. 임금이 수도 한양을 떠나게 된 위급한 현실 앞에, 요동치는 민심을 수습하고 후일을 대비해야 한다는 경각심으로 조정에서는 다급하게 세자를 책봉할 것을 요청했어요.

1592년 4월 28일, 세자 책봉을 위한 회의가 열렸어요. 그러나 밤늦도록 이어진 회의에도 쉽게 결정이 나지 않았어요. 적장자 왕위 계승 원칙 아래 적자가 없으니 장자인 임해군이 세자가 되어야 하나, 포악한 성정으로 민심을 잃었기에 신하들은 선뜻 입을 열지 못했던 것이죠. 이에 선조는 영민하고 학문을 좋아하는 광해군을 세자로 지목했어요. 피난을 앞둔 상황이었기에 세자에 대한 논의는 길게 이어지지 못했어요. 그 결과 광해군은 적자도 장자도 아니었지만, 신하들의 동의 하에 곧바로 세자로 결정되었지요. 밤늦은 회의 결과는 다음 날 바로 선포되어 광해군은 세자가 되었어요. 선조의 수많은 아들 가운데 한 명일 뿐이던 광해군이 전쟁이라는 악운 속에 세자 책봉의 행운을 거머쥐게 된 것이죠.

차남이자 서자인 광해군은 세자로 책봉되었으나 다음 날 새벽같이 피난길에 오르게 되면서 책봉식도 치르지 못했어요. 선조는 서울을 뒤로하고 세자를 대동하여 북으로 향했어요. 워낙에 긴박한 상황인지라 별 논란 없이 넘어갔지만, 세자 광해군은 적장자가 아니라는 사실이 그토록 끊임없이 자신을 괴롭힐 줄은 미처 생각하지 못했을 거예요.

분조, 총명한 세자의 눈부신 활약

한양을 버린 선조는 북으로 올라가 평양성에 머물렀어요. 왜군이 임진강까지 쫓아오자 죽기를 각오하고 싸우자고 외치는 신하들을 외면하고 선조는 다시 피난길에 올랐어요. 상황이 나빠지면 한반도 서북 끝단의 의주를 지나 압록강을 건너 요동까지 넘어갈 생각이었어요. 강을 건너면 종묘사직*의 주인이 없어진다는 신하들의 울부짖음도 소용없었죠.

파죽지세로 북상하는 왜군에 연이어 들려오는 패전 소식도 모자라, 국왕이 수도를 버리고 북으로 도망가는 모습을 보이자 험악해진 민심이 들끓었어요. 불안해하는 백성을 달래고 국정 공백을 최소화하기 위해서는 특단의 조치가 필요했어요. 이에 선조는 분조分朝를 단행했어요. 이는 조정을 둘로 나눠 세자인 광해군에게 정사를 분담시킨 조치였죠. 여차하면 자신은 요동으로 도망가고, 광해군은 조선에 남아 종사를 지키며 전쟁을 수행하게 만들려는 계산이었어요. 분조를 맡은 세자를 남겨 둔 채 선조는 의주로 떠나 버렸어요.

선조의 의주행 뒤로 형성된 국내 분위기는 그야말로 엉망진창이었어요. 임금도 떠났으니 이 나라는 망했다는 체념 섞인 소문이 파다했죠. 이런 상황에서 겨우 10여 명의 신하와 함께 막중한 책임감을 지고 길을 나선 광해군은 어떤 심정이었을까요? 광해군이 가는 길은 가시밭길의 연속이었어요. 평안도와 황해도, 강원도의 여러 고을을 전전하는 동안 민가에서 자거나 들판에서 노숙을 하기도 했지요.

고생길로 물든 생활은 온실 속 왕자를 정치가로 거듭나게 했어요. 광해군은 국왕을 대신하여 각지를 돌아다니며 사나워진 민심을 안정시키고 조정이 건재함을 보여 주는 등 뛰어난 역량을 발휘했어요. 지방관들의 상소나 각종 보고서를 처리하며 전쟁을 독려하고 공을 세운 백성을 치하하는 등 임시 정부의 노릇을 톡톡히 해냈죠. 왕이 어디 있는지조차 모르던 백성들은 세자 광해군의 분조를 보고 아직 조정이 기능하고 있음에 안도했어요. 분조를 맡은 세자가 노숙을 마다하지 않고

★ **종묘사직**: '종묘'는 왕실의 조상신을 모신 사당이고, '사직'은 땅신과 곡식신에게 제사지내는 제단이다. 유교 국가 조선에서 종묘사직은 국가 그 자체를 상징한다.

직접 지방을 돌아다니며 백성을 위로한다는 소식은 악화된 민심을 달래 주었죠.

적장자 아닌 세자 광해군의 설움

전시 상황에서 광해군의 활약은 단연 돋보였지만 그럼에도 즉위 과정은 순탄치 못했어요. 당장 세자 승인부터 쉽지 않았죠. 임진왜란 동안 수도를 버려 권위를 잃은 선조는, 분조를 성공적으로 이끌며 민심을 크게 얻은 광해군을 경계했어요. 명은 광해군이 장자가 아니라며 세자로 승인해 달라는 조선의 요청을 몇 번이나 거부한 데다, 광해군을 물리고 장자인 임해군을 세자로 책봉하라고 요구했죠. 심지어 1606년에는 선조가 계비로 들인 인목왕후와의 사이에서 영창대군을 보았어요.

헌법상 평등이 보장된 오늘날을 살아가는 우리 눈에는 강보에 싸인 아기에 불과한 영창대군이 무슨 위협이 될까 싶을지도 몰라요. 그러나 전근대를 바라볼 때는 신분이나 적서嫡庶와 같은 차별적 제도를 간과해서는 안 돼요. 신분제가 공고하고 적서 차별이 분명하던 조선시대에 적자가 갖는 정통성이 강력한 즉위의 명분이 되었으니까요.

적자란 본처에게서 태어난 아들을 의미해요. 일부일처제 사회인 조선에서 처의 지위는 오직 한 명의 여성만 가질 수 있기에, 남편이 다른 여인들을 여럿 들인다 해도 그들은 모두 첩이었어요. 처와 첩의 지위는 그 어떤 경우에도 바뀔 수 없었죠. 처와 첩의 지위가 다른 만큼 처에게서 태어난 적자와 첩에게서 태어난 서자의 지위도 다른 것이었어요. 새로운 처를 들이는 건 본처가 죽은 후에나 가능한 일이었죠.

영창대군, 강력한 경쟁자의 등장

선조는 정실부인인 의인왕후가 아이를 낳지 못하고 세상을 뜨자, 후처로 나이 열아홉의 인목왕후를 맞이했어요. 아들인 광해군보다도 어린 부인이었어요. 인목왕후는 왕비로 책봉된 이듬해에 정명공주를 낳고 1606년에 세 살 터울로 영창대군을 낳았죠. 선조가 오매불망 기다리던 적자의 탄생이었어요. 장성한 아들이 10명도 넘고 기량이 무르익은 세자 광해군이 있었지만 모두 적자가 아니었기에, 왕후의 몸에서 영창대군을 얻은 선조의 기쁨은 이루 말할 수 없었어요. 그러나 선조가 늘그막에 얻은 늦둥이 적자가 마냥 행운이라고는 할 수 없었어요.

광해군이 아무리 뛰어난 인재라고 한들 서자이기에, 적장자 왕위 계승이라는 원칙 앞에 적자의 명분은 막 태어난 영창대군이 가진 것이었죠. 어쩌면 선조 자신이 방계로서 왕이 된 조선 임금의 첫 사례였기 때문에 왕위 계승의 정통성에 더욱 집착했는지도 몰라요. 광해군 입장에서는, 10대에 세자로 책봉되고 전쟁과 정치의 소용돌이를 헤쳐 내며 장년의 30대로 접어들었건만 뜬금없이 신생아 경쟁자를 마주한 셈이었지요.

힘겨운 즉위와 폐모살제

남달리 귀여워하며 사랑하던 영창대군을 남겨 둔 채, 선조는 1608년에 숨을 거두었어요. 갑작스러운 선조의 죽음으로 광해군이 즉위하게 되었지요. 그러나 광해군이 헤쳐 나가야 할 정국은 만만치 않았어요. 즉위 초반부터 줄을 잇던 역모와 크고 작은 옥사는 취약한 즉위 기반의 후폭풍 같은 것이었지요. 여기에 더해 적장자가 아니라는 사실이 광해군의 마음을 불안하게 만들었어요. 왕이 되었지만 장자와 적자가 존재하는 이상 혼란의 씨앗은 남아 있는 것이니까요. 불안은 마음을 갉아먹는 법이죠. 광해군은 즉위하자마자 친형이자 장자인 임해군을 역모죄로 얽어 유배 보낸 후 제거했어요. 이어 영창대군을 임금으로 만들려는 움직임을 보인 전 영의정 유영경에게도 사약을 내렸지요.

아기였던 영창대군은 몇 년 더 목숨을 부지했지만 결국은 임해군과 유사한 방법으로 제거되었어요. 선조가 죽기 직전에 영창대군을 잘 보필하라는 선조의 유언이 오히려 광해군의 마음을 더욱 심란하게 만들었을지도 몰라요. 적자 영창대군이 자랄수록 신하들은 위협 요소를 제거해야 한다고 압박했어요. 끝내 계축옥사癸丑獄事가 일어나고 말았죠. 계축옥사란 1613년 계축년에 이이첨 등의 대북파가 영창대군과 그 지지 세력을 제거하기 위해 일으킨 옥사예요. 옥사란 정치적 탄압으로 숙청이 동반된 사건을 가리키죠.

계축옥사는 처음에 문경새재에서 일어난 강도 살인 사건이었어요. 그러나 대북파가 이 사건을 영창대군이 역모를 꾸민 것처럼 몰아갔어요. 이 역모에 영창대군은 물론이고 그 모후인 인목대비, 인목대비의 친정이 줄줄이 연루되어 화를 당했어요. 여덟 살이던 영창대군은 강화도로 귀양 갔다 참혹하게 살해되고 인목대비는 서인으로 강등되어 서궁에 유폐되었으며, 인목대비의 아버지 김제남과 세 오라비는 모두 죽

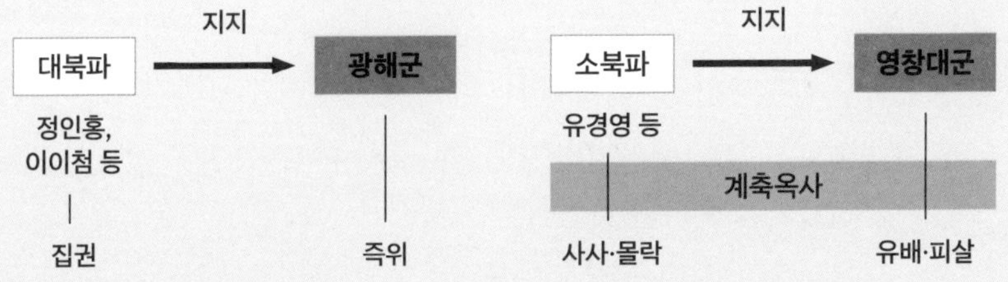

임당했어요. 옥사를 빌미로 영창대군의 비호 세력이 몇 년에 걸쳐 제거되고 정치적으로 대북파와 대립하던 서인과 남인 세력은 몰락하고 말았지요.

당시 아홉 살에 불과하던 영창대군은 유배지인 강화에서 강화 부사 정항에 의해 죽임을 당했는데, 굶겨 죽였다고도 하고, 온돌방을 아주 뜨겁게 하여 지져 죽였다고도 해요. 어떤 죽음이든 권력의 비정함을 보여 줄 뿐이죠. 사실 광해군은 영창대군 죽이기를 망설였던 것 같아요. 확실하게 죽이라고 하는 모습이 보이지 않거든요. 그러나 왕은 모든 것을 책임지는 자리이죠. 어머니 인목대비를 쫓아내고 죄 없는 어린 동생을 죽였다는 폐모살제廢母殺弟의 혐의는 고스란히 광해군의 몫이었어요. 그리고 이는 훗날 광해군을 폐위시킨 인조반정의 씨앗이 되었답니다.

현물로 납부하는 공물의 폐단

영화 〈광해, 왕이 된 남자〉에서는 대동법 시행에 반대하는 신하들과 이를 시행하려는 가짜 왕 하선의 입장이 대립하는 장면이 나와요. 대동법은 현물로 납부하던 공물을 쌀이나 베, 돈으로 납부하도록 한 법이에요. 조선시대의 쌀이나 베는 오늘날의 돈과 마찬가지인 교환 수단이었어요. 우리 생각에는 현물을 내나 그 값만큼 쌀이나 베를 내나 마찬가지일 것 같은데, 대체 이 법이 왜 그렇게 논란이 되었던 것일까요?

대동법을 이해하기 위해서는 조선시대의 수취 체제를 이해할 필요가 있어요. 국가의 수취 체제란, 쉽게 이야기하면 오늘날의 세금 같은 거예요. 국가를 운영하기 위해서는 여러 가지 물질적 자원과 비용이 필요한데, 이를 백성들에게 걷어 가는 것이죠. 조선의 경우 조租·용庸·조調 체계를 통해 그 물자를 확보했어요. '조租'는 토지에 부과한 세금이고, '용庸'은 노동력을 수취하는 거예요. '조調'가 바로 공물입니다. 공물은 지역 특산물을 현물로 국가에 납부하는 것이지요.

조선시대에 조정과 왕실에서 백성에게 부과한 공물은 수백 가지에 이르렀다고 해요. 영화 속 사월이 아버지가 부과받은 전복처럼, 바다나 육지에서 나는 제철 상품이나 지역 특산품이 대부분이었지요. 그런데 공물은 애초의 의도처럼 현물로 납부하는 원칙을 지키기가 어려웠어요. 특산품은 해마다 고르게 생산되지 않기에 그 질과 양을 보장할 수 없었기 때문이죠. 어떤 경우에는 그 지역에서 생산되지도 않는 특산물이 부과되기도 했어요. 이 같은 현물의 성격은 같은 양이라 해도 부과된 공물의 값이 매번 다를 수 있음을 의미해요. 오늘날도 시장에 가면 어느 때는 전복 한 마리에 1000원인데 어느 때는 2000원인 것처럼, 작황에 따라 가격이 들쭉날쭉하는 것이죠.

더구나 공물은 그 부과 기준이 명확하지 않았기 때문에 관리들의 부정이 개입하기 쉬웠어요. 지방관아의 필요에 따라 백성들은 영문도 모른 채 몇 번이나 공물을 내기도 하고, 구할 수 없는 비싼 공물을 부과받기도 했어요. 자기가 얼마를 내야 하는지 모르는 상태에서 관아에서 달라는 대로 내야 하는 이상한 체제였던 것이죠. 여기에 상인들이 공물을 대신 납부해 주고 값을 받는 방납이 성행하고, 수령과 서리들이 결탁하여 교묘하게 물건의 시세를 올린 후 지나치게 높은 값을 받아내는 농간이 더해졌어요. 오죽하면 방납가가 시가의 100배에 이른다는 기록이 있을 정도예요. 저항할 수도 없었던 백성들의 한숨 소리가 들리는 것 같지 않나요?

사월이에게 듣는 공물 폐단의 사례

영화 속 가짜 광해군 하선은 임금의 수라에 독이 들었는지 확인하는 기미 나인 사월이를 귀여워해요. 하선은 앳된 사월이가 어떤 사연으로 궁에까지 들어오게 되었는지 사연을 물어보죠. 그러자 사월이는 산골에 사는 자신의 아비가 공물로 배정받은 전복을 내지 못하자 탐관오리들에게 고리의 빚만 잔뜩 지게 되어 가정이 풍비박산 나고 자신도 노비로 팔려 왔노라고 설명해요. 가족들이 뿔뿔이 흩어졌기에 어미의 생사만 알아도 원이 없겠다는 사월이의 기구한 사연은 조선시대 공납의 폐단을 잘 보여 줍니다.

산골에 사는 사월이의 아비가 전복을 내야 하는 처지였고 이를 위해 많은 비용을 감당해야 했음은 공납 폐단의 핵심이라 할 수 있어요. 중앙에서 필요한 공물은 갈수록 늘어만 갔기에 토산물을 바쳐야 하는 지방민의 부담은 상당했는데, 실제 지역 토산물이 아닌 것을 공물로 배정받으면 사월이네와 같은 일이 벌어지게 되는 것이죠. 이 같은 문제를 해결하기 위해 시행한 법이 바로 대동법이에요. 대동법은 현물로 내야 할 공물을 쌀이나 베, 돈으로 내도록 하는 법이랍니다.

대동법의 시초, 선혜법

조정에서는 공물 수취 방식을 바꿀 필요성을 느끼게 되었어요. 현물로 걷는 한 저런 폐단은 없앨 수 없으므로 현물 대신 쌀로 걷어야 한다는 논의가 이미 16세기 초부터 등장했어요. 공물을 쌀로 걷는다는 것은 공물 부과 기준을 사람에서 토지로 바꾸겠다는 거예요. 토지도 돈도 없어 공물 납부에 어려움을 겪던 가난한 백성들은 쌍수를 들고 환영할 일이지만, 제도의 시행은 쉽지 않았어요. 양반 지주들의 저항이 만만치 않았거든요. 토지를 많이 가진 부자에게 세금을 많이 걷는다는 균등 과세의 기준으로 보나, 공물 납부의 폐단에 허덕이는 백성의 처지에서 보나 쌀로 걷는 것은 합당하지만, 지주들의 거센 저항으로 제도의 시행은 차일피일 미뤄지기만 했어요.

양반 지주들의 반대로 시행되지 못하던 공물 수취의 개혁은 임진왜란 도중 갑작스레 시행되었어요. 군량미 확보가 긴급한 현안으로 떠오르자, 재상이던 유성룡이 공물을 쌀로 걷는 '대공수미법'을 강력하게 밀어붙인 거예요. 이 법은 한 해도 채 유지되지 못했지만 그 편리함과 효력만큼은 확실했죠. 제도의 장점을 경험한 조정에서는 대공수미법을 더욱 보완했고, 1608년 광해군의 즉위와 함께 '선혜법'이라는 이름으로 시행하기에 이르렀어요. 선혜법은 토지 1결에 쌀 16두를 부과하는 방식이었어요. 경기도 지역에 한정하여 시험적으로 시행되었다는 한계가 있지만 대동법의 시초라는 점에서 의미가 커요. 대동법은 이후 논의가 진전되면서 효종 대를 기점으로 전국적으로 확대되었고, 조선 후기를 대표하는 수취 제도로 안착했어요.

사대국 명과 신흥 강자 후금의 갈등

이 영화가 배경으로 하는 시기는 명·청 교체기예요. 당시 조선 북쪽에서는 전통 강자 명과 신흥 강자 후금 사이에 전운이 감돌며 국제 질서의 변동이 예고되었어요. 이미 16세기 후반부터 여진족 지도자 누르하치가 이끄는 여진 세력이 급속하게 성장해, 1616년 '후금'이라는 국호를 선포하고 독립 왕조를 세우면서 명과 살벌하게 대립했어요. 중원의 패자로 군림하던 명은 이들을 제어하기에 역부족이었죠. 즉, 광해군 대는 후금과 명이 가장 치열하게 다투던 시기였다고 할 수 있어요.

결국 1618년 명은 후금을 치기 위해 대대적인 군사 행동을 준비했어요. 이때 조선에도 원군 파병을 요구해 왔지요. 임진왜란 때 망할 뻔한 조선을 구해 준 명 황제의 은혜를 잊지 말고 보답하라는 것이었죠.

영화 〈광해, 왕이 된 남자〉에서 하선은, 명의 파병 요청을 거절하기는커녕 오히려 정당화하는 신하들의 모습을 보았어요. 사대 관계인 데다 임진왜란 때 명이 군대를 보내 구해 준 은혜를 잊어서는 안 된다는 신하들의 주장에 맞닥뜨린 것이죠. 이런 상황을 받아들일 수 없었던 하선은 그런 것들이 우리 백성의 안위보다 중요하냐고 크게 꾸짖습니다.

꼭지 첫머리에 나오는《광해군일기》1618년 5월 1일의 기사 내용은 명의 파병 요청에 대한 광해군의 답변 초안이에요(170쪽 참고). 광해군은 조선에게 실익이 없을 군대 파병에 회의적이었어요. 후금의 군사력이 막강한 데다 작심하고 전쟁을 준비하는 명의 태도를 볼 때, 조선군이 가 봐야 남의 나라 전쟁에 총알받이가 될 것이 뻔했기 때문이었죠. 위《광해군일기》에는 광해군의 그런 심정이 잘 드러나 있어요. 조선 군대는 빨리 모으기 어렵고 병력이 약하여 참전해 봤자 명나라 체면만 상할 테니 파병을 망설이는 것이지, 은혜를 잊은 것이 아니라며 구구절절 변명하고 있죠. 어찌 보면 비굴하기까지 한 이 내용은 어떻게든 조선군 파병을 피해 보려는 광해군의 태도를 잘 보여 줍니다.

광해군 대 주요 사건

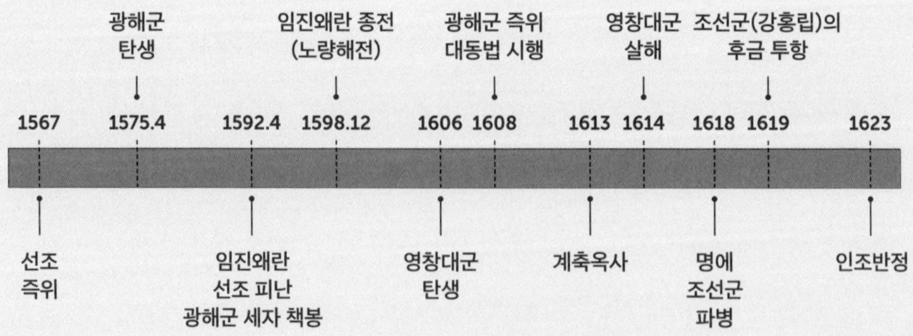

지지자 없는 광해군의 중립 외교

지금의 눈으로 보면 자국 백성을 보호하려는 광해군의 태도가 너무나 당연한 것 같지만, 당시 정치적 분위기는 전혀 그렇지 않았어요. 임진왜란의 기억이 아직 생생한 탓에, 대의명분*에 충실한 신하들은 사대국인 명에 재조지은을 갚아야 한다며 대부분 파병에 찬성했거든요. 광해군은 자신의 견해를 지지하는 세력이 거의 없는 상태에서, 명의 심기를 거스르지 않으면서 후금과의 갈등도 피하기 위해 안간힘을 썼어요. 영화 〈광해, 왕이 된 남자〉에서 사대의 예보다 내 나라의 백성이 몇 갑절은 소중하다고 외치는 하선의 대사는 역사 속 광해군이 진짜 하고 싶었던 말이었을지도 몰라요.

명과 여진 사이의 갈등과 전쟁이 심상치 않은데도 명에 대한 사대의 예만을 강조하던 조정의 분위기는 광해군이 헤쳐 나가야 했던 어려운 국내외 정세를 잘 드러냅니다. 이런 상황 속에서 광해군은 조선의 국익을 위해 명의 군대 파병 요구에 소극적으로 대응하고, 후금과도 척을 지지 않기 위해 노력하며 명과 후금 사이에서 중립적 외교를 벌였다고 평가됩니다.

영화 속에서 대역 왕 하선은 외교상 파병이 불가피하다면 명에 원군을 보내되, 따로 후금에도 사신을 보내 명의 요청에 의해 어쩔 수 없이 파병하게 된 것이라고 잘 설명하라고 합니다. 그런데 이런 일이 정말 있었을까요? 비슷한 사건이 있었던 듯합니다. 이른바 광해군이 강홍

★ **대의명분:** 사람으로서 마땅히 지키고 행해야 할 도리나 본분으로, 유교 정치 정당성의 근거가 됨.

립에게 보낸 밀지 사건이죠. 강홍립은 조선군 파병 때 지휘관을 맡았던 장군이고, 밀지는 임금이 비밀리에 내리던 명령을 가리킵니다. 광해군의 밀지는 자국의 실리를 중시하던 그의 중립 외교를 논할 때 꼭 거론되는 사건이에요.

심하전투 참패와 강홍립의 투항

조선 입장에서 원군을 파병하라는 명의 요구를 한없이 거절할 수는 없었어요.《광해군일기》의 답변을 보내고 두 달 후, 명 황제가 직접 파병을 요구해 왔어요. 결국 광해군은 강홍립을 지휘관으로 한 1만 3000명의 군대를 출병시켰죠. 조선은 명과 연합해 후금과의 전투에 나서게 되었어요. 1619년 3월, 심하에서 벌어진 이 전투를 '심하전투' 혹은 '사르후 전투'라고 불러요.

심하전투는 후금의 일방적인 승리로 끝났어요. 명은 조선군까지 합

활과 총이 난무하는 심하전투의 한 장면
(출처 : 서울대학교 규장각한국학연구원 소장 《충렬록》)

하여 10만에 이르는 대군을 동원했지만, 명 장수들의 성급한 전략으로 군사를 모두 잃고 대패했어요. 이 전투는 명과 후금의 운명을 가르는 분수령이 되었어요. 이후 국운을 다한 명은 망국으로 치닫고, 후금은 명을 대체하는 중원의 강자 '청'으로 거듭나게 되지요. 심하전투에 참전했던 조선군 역시 9000명에 이르는 병사가 궤멸하면서 막대한 피해를 보았어요. 명군에 이어 조선군까지도 전멸할 수 있는 절체절명의 위기를 마주한 강홍립은 후금에 항복했어요.

패전에 대비한 광해군의 밀지

강홍립이 왜 후금에 항복했는지에 대해서는 논란이 분분해요. 당시 명은 강홍립의 항복 사실을 알자, 조선이 후금과 작당해 일부러 패배한 것이 아닌지 의심했어요. 조선 조정 역시 명에 대한 도리를 저버렸다며 강홍립을 변절자로 몰아세웠지요. 하지만 오늘날에는 출정에 앞

강홍립과 김경서가 후금에 항복하는 장면
(출처: 서울대학교 규장각한국학연구원 소장 《충렬록》)

서 광해군이 강홍립에게 밀지를 보내, 상황을 보고 행동을 정하라는 지시를 내렸다고 보는 견해가 제기되었어요. 이런 점을 보면, 강홍립의 항복은 개인의 변절이라기보다 당시 국제 정세를 고려한 전략적 선택이었다고 볼 수 있지요.

애초에 광해군은 파병을 마뜩잖게 여겼어요. 우리와 국경을 맞댄 두 강대국이 명운을 걸고 부딪히는 위험천만의 전쟁이었기에 어느 쪽이 이기든 조선은 피해를 입을 수밖에 없는 입장이었거든요. 이 때문에 광해군은 강홍립에게 명 장수들의 말에 무조건 따르지 말고 소극적으로 참전하며 오직 패하지 않을 방도만 고민하라고 당부했어요. 이에 강홍립은 명군의 뒤쪽에서 행군하며 상황을 살피고 명이 질 경우를 대비했어요. 전투 전 몰래 후금에 역관을 보내 조선의 참전은 조선의 뜻이 아니라고 미리 해명해 두기도 했죠. 항복 후 강홍립을 탄핵하는 조정의 상소에 맞서 광해군은 강홍립이 나라를 팔아먹기라도 했냐며 감싸는 모습을 보였어요.

후금에 억류된 강홍립의 배후 교섭

심하전투 직후 후금은 수세에 몰린 조선군을 궤멸시키기 전에 조선 진영에 사자를 보내, 왜 원한도 없는 조선이 후금을 치는 전투에 참전했는지 물어 왔어요. 강홍립은 명의 강요로 어쩔 수 없이 출병했다고 답했지요. 이어 조선군이 후금에 투항하면서 전멸을 피하고 전투가 종결되었어요. 이후 조선군 대부분은 도망치거나 풀려났고 강홍립을 비롯한 소수의 장수들만 후금에 억류되었어요.

강홍립에 대한 후금의 대우는 후했어요. 후금은 조선과의 친선을 원했으며, 강홍립은 그 교섭을 가능하게 하는 중요한 외교 채널이었기 때문이에요. 강홍립은 후금의 내부 사정을 조선에 알리고, 후금에 조선의 입장을 유리하게 설명하려 애쓰면서 양국을 중재하고자 노력했어요. 강홍립의 지속적인 보고를 통해 광해군은 후금이 조선과 우호적인 관계를 맺고자 한다는 것을 알게 되었죠. 광해군은 강홍립을 이용해 후금과의 관계를 유지하고 조선의 피해를 최소화하는 대비책을 세울 수 있었어요.

중립 외교, 의리와 실리 사이

사대국 명과 신흥 강자 후금 사이에서 줄타기를 하는 일은 조선이 당면한 외교적 난제였어요. 앞날을 예측할 수 없는 상황에서 섣불리 한쪽으로 기울었다간 조선의 미래를 보장할 수 없었으니까요. 조선 입장에서야 양국 모두와 친선을 유지하면 좋겠지만 후금과 패권을 다투던 명이 이를 놔둘 리 없었죠. 실제로 명은 강홍립의 투항 이후 조선과 후금의 내통을 의심하며 두 나라의 교섭을 차단하고 조선을 압박했어요. 결국 광해군은 대외적으로 명과의 사대를 유지하면서 후금과의 외교는 비공개로 진행할 수밖에 없었어요. 후금에 대한 광해군의 이런 외교 방식이 '밀지'라는 이름으로 상징되어 온 것이죠.

중립 외교는 강대국 사이에서 조선의 살길을 찾던 광해군의 실리적 태도를 보여 주는 거예요. 그러나 이런 외교 방식은 명에 대한 의리를 배반한 것으로, 당시의 상식과는 맞지 않는 행동이었어요. 결국 후금

남양주 광해군묘 (출처: 국가유산청)

에 항복한 강홍립을 두둔하고 명에 제대로 해명하지 못한 광해군의 태도는 조정의 반발을 샀고, 이는 인조반정의 중요한 명분이 되었지요. 반정 성공 후 인조는 **친명배금***의 외교 노선을 표방했어요. 후금은 곧 명을 멸망시키고 국호를 '청'으로 바꾸면서 새로운 강자로 등극했기에, 친명배금을 훌륭한 선택이었다고 보기는 어려워요. 그럼에도 이후 조선의 왕들은 모두 인조의 후손이었기에 광해군 대 외교에 대한 평가는 박하기 짝이 없었죠.

후금을 적대하는 조선의 태도는 결국 전쟁이라는 재앙을 불러왔어요. 폐위되고도 19년을 더 살았던 광해군은 생전에 정묘호란과 병자

★ **친명배금**: 명을 가까이 하고 후금을 멀리한 외교 정책.

호란을 다 겪고, 인조가 무릎 꿇고 항복을 선언한 '삼전도의 굴욕'까지 지켜보았지요. 폐위되어 자신의 모든 정책이 부정되고 왕의 이름도 빼앗긴 채 조선의 위기를 목도한 광해군은 심정이 어땠을까요. 여전히 강대국에 둘러싸인 오늘날의 현실은, 광해군과 인조 대의 역사를 자꾸 돌아보게 합니다.

고산자, 대동여지도
민초의 이름으로 우리 땅을 그리다

고산자 김정호는 본래 재주가 많았는데 지도학에 심취하여 자료를 널리 찾아보고 수집했다. 그가 〈대동여지도〉를 제작했는데 그림도 잘 그리고 새기기도 잘하여 인쇄하여 세상에 내놓자, 그 자세하고 정밀한 것이 고금에 비할 데가 없었다.

《이향견문록》, 유재건

- ◆ **감독:** 강우석
- ◆ **개봉연도:** 2016년
- ◆ **관람등급:** 전체
- ◆ **장르:** 드라마
- ◆ **등장인물(배우):** 김정호(차승원), 흥선대원군(유준상) 등

〈고산자, 대동여지도〉는 조선 후기 지리학자인 김정호의 삶과 〈대동여지도〉의 제작 과정을 그린 영화예요. 박범신 작가의 소설 《고산자》를 영화화한 것이죠. 영화는 조선시대 우리나라 지도의 끝판왕 〈대동여지도〉의 제작자 김정호에 초점을 맞춰, 지도에 대한 그의 집념을 보여 주고 있어요. 그토록 완성도 높은 지도가 어떤 삶의 궤적 위에서 가능했는지를 묻고, 그 답을 김정호의 발걸음 속에서 차분히 풀어내고 있죠.

실제로 김정호의 삶에 관한 정보는 거의 남아 있지 않아요. 영화는 이 사료적 공백을 상상력으로 메우며, 김정호를 지도 제작에 모든 것을 건 '지도쟁이'로 그려 냈어요. 그는 한 치의 오차도 용납하지 않는 지도를 완성하고 이를 목판으로 찍어 내기 위해 직접 산을 오르내리며 나무를 구하죠. 빠듯한 살림에 빚을 감수하면서도 좌절하지 않고 언제나 낙천적이에요. 집념과 긍정이 맞물린 김정호의 삶의 태도가 〈대동여지도〉의 탄생으로 이어졌음을 잘 보여 주죠.

영화 속 김정호는 자신이 어릴 때 잘못된 지도 때문에 산길을 헤매다 죽은 아버지에 대한 기억을 가지고 있어요. **민란***을 일으킨 홍경래를 잡아 오면 세금을 면제해 주겠다는 관아의 말에 사람들과 함께 산에 올랐던 아버지는, 허술한 지도 때문에 눈 오는 겨울 산을 헤매다 죽고 말았지요. 그래서인지 김정호는 자세하고 정확한 지도를 만들기 위해 집요할 만큼 깊이 몰두해요. 지형과 산맥을 확인하기 위해 전국 방방곡곡의 험한 산길과 계곡, 강을 넘나들며 몇 달 혹은 몇 년씩 집에 못 들어가기도 하지요. 자신의 발로 온 나라를 직접 다니며 지도를 고치고 확인하는 작업을 계속하는 거예요.

김정호의 집에는 하나뿐인 딸 순실과, 깊은 정을 나눈 여주댁, 지도 만드는 작업을 돕는 바우가 늘 기다리고 있어요. 순실은 허구헌 날 집을 비우고 몇 년 만에 돌아와 자신의 얼굴도 알아보지 못하는 아버지를 타박하면서도, 위험천만한 여정을 다니며 고된 삶을 사는 그를 늘 걱정하고 이해하려 하죠.

조정 권력가들 사이에서는 지도를 독점하려는 힘겨루기가 벌어져요. 지도는 단순한 기록물이 아니라, 누가 쥐느냐에 따라 힘이 되는 물건이었기 때문이에요. 특히 세도가인 안동 김문과 흥선대원군은 김정호의 지도를 차지하기 위해 경쟁하죠. 흥선대원군은 보부상들을 활용해 전국 곳곳의 정보를 수집하는 한편, 김정호가 만든 정확한 지도가 장차 강력한 정치적 무기가 될 수 있다고 판단해 김정호에게 접근해요. 이들이 노린 것은 사람들이 손에 쥐는 지도 인쇄본이 아니라, 언제

★ **민란**: 포악한 정치 따위에 반대하여 백성들이 일으킨 폭동이나 소요.

든 다시 찍어 낼 수 있는 '지도 그 자체', 즉 지도가 새겨진 목판이었어요. 그들은 일반 백성에게 중요한 국토 지리의 정보를 알려 줄 필요가 없다고 여겼을 뿐만 아니라, 인쇄본이 널리 퍼지면 지도 정보를 독점할 수 없다는 사실을 잘 알고 있었어요. 그러니 목판을 가져서 정확한 지도를 혼자 차지하기 위해 지속적으로 김정호를 위협했어요.

그러나 온갖 협박과 고난에도 김정호는 목판을 내놓지 않아요. 그 와중에 천주교 신자이던 순실과 여주댁이 관아에 잡혀가 고문을 당하다 목숨을 잃게 되죠. 김정호는 목판을 지키기 위해 권력자들에게 딸의 목숨을 살려 달라고 애원하지 못했어요. 결국 딸을 잃은 그는 자기 때문에 딸이 죽었다는 죄책감과 후회 속에서 점점 무너져 가요.

결국 그는 지금까지 새긴 목판 전체를 바우에게 맡겨 어딘가에 숨겨 두도록 하고, 스스로 집에 불을 질러 자료와 목판이 모두 불에 탄 것처럼 만들어요. 그리고 자신은 지도를 완성하기 위해 아직 가 보지 못한 독도를 향해 배에 오르죠. 혼자 남은 바우는 사람이 많이 모이는 저잣거리에서 〈대동여지도〉 인쇄본 전체를 펼쳐 놓음으로써 위대한 우리 땅 지도의 완성을 보이는 것으로 영화는 마무리됩니다.

Q. 김정호는 어떤 삶을 살았나요? 또 〈대동여지도〉는 이전의 지도들과 어떻게 달랐기에 특별한가요?

미지의 인물, 김정호

조선시대로서는 파격적으로 정교하고 치밀한, 그전까지 없던 지도를 만든 김정호는 과연 어떤 인물이었을까요? 결론부터 말하자면, 모릅니다. 영화 〈고산자, 대동여지도〉는 소설 《고산자》를 바탕으로 대동여지도를 만든 김정호의 일대기를 그리고 있으나, 영화뿐 아니라 원작소설도 허구예요. 이 영화에서 진실을 가려 본다면, 김정호가 〈대동여지도〉를 만들었다는 사실 정도지요.

김정호는 양반이 아니었어요. 관직에 오른 적도 없죠. 바꾸어 말하면 조선시대에 자세한 행적을 남길 만한 지위가 아니라는 의미입니다. 그에 대해 알려진 사실은 그가 〈청구도〉나 〈대동여지도〉 같은 뛰어난 지도를 만들었다는 것뿐이에요. 본관이나 출생지는 물론이고 언제 태어나고 죽었는지, 어디서 주로 활동했는지, 가족 관계는 어땠는지 뭐 하나 제대로 알려진 게 없어요. 현재까지 알려진 김정호에 대한 인적 정보는 모두 추정일 뿐이지요.

드문드문 남아 있는 기록의 흔적을 찾아 모아 보면 몇 가지 추론은 가능해요. 영화 제목인 '고산자古山子'는 김정호의 호였어요. 월성月城이라는 호도 사용했는데, '월성'이란 경주의 다른 이름이에요. 이 때문에 김정호의 본관을 경주로 추정하기도 하지요. 19세기 초중반에 활동한 유학자이자 실학자 최한기와 친구였던 것으로 보아 서로 비슷한 나이대였을 것으로 보고 있죠. 정확한 사망 시기는 알 수 없지만, 김정호가 쓴 《대동지지》에 1866년 고종이 민씨를 비로 맞이했다는 기록이 있는 것으로 보아, 적어도 고종 초반까지는 살아 있었음을 알 수 있어요.

즉, 김정호에 대해 우리가 알 수 있는 사실은 19세기 전중반에 활동했으며 지도학에 일가견이 있어 뛰어난 지도를 여럿 만들었다는 정도지요. 영화 〈고산자, 대동여지도〉에 나오는 김정호의 낙천적 성격이나 흥선대원군 등 권력자와의 관계, 천주교를 믿다 죽은 딸 이야기 등은 모두 지어낸 이야기인 것이죠. 지도의 유명세에 비해 제작자인 김정호에 대한 정보가 너무 없으니 호기심이 더 깊어져 소설 《고산자》나 영화 〈고산자, 대동여지도〉와 같은 작품이 나오게 되었을 거예요.

뛰어난 지도학자이자 각수

김정호라는 인물에 대해 짧게나마 소개한 책이 있어요. 19세기 유재건이라는 사람이 엮은 《이향견문록》이라는 책에 김정호에 대한 이야기가 나와요. 이 책은 중인 이하 신분의 인물 중에 이름을 남겨 둘 만한 유능한 인사들을 발굴하여 그들에 대한 간단한 행적을 적어 두었어요. 이 책에 실렸다는 것은 김정호의 신분이 중인 이하였다는 의미예요.

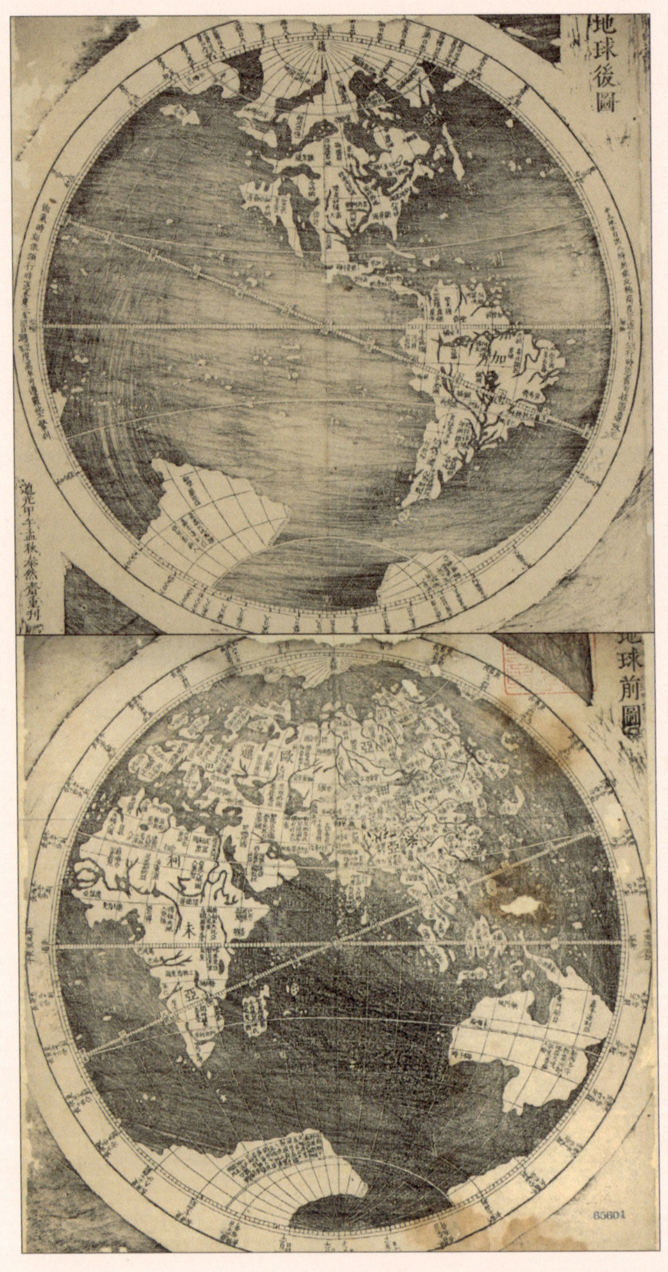

김정호가 새기고 최한기가 간행한 〈지구전후도〉 (출처: 규장각)

《이향견문록》에 의하면 김정호는 스스로 '고산자'라는 호를 지었고 재주가 많았다고 해요. 지도학에 마음을 빼앗긴 뒤 자료를 널리 찾으며 모았고, 일찍이 〈지구전후도〉도 제작했다고 합니다. 또 〈대동여지도〉를 만들어 유포했는데, 그림도 잘 그리고 새기기도 잘해서 자세하고 정밀한 것이 비할 데가 없었다고 해요. 유재건도 한 부 가지고 있었는데 보배로 여길만 하다고 감탄하고 있어요. 유재건은, 김정호가 《동국여지》 10권을 편찬하다가 완성하지 못하고 죽어 애석하다고 소개했어요.

앞에서 소개했듯, 김정호는 단순한 지도학자가 아니라 목판에 책을 새길 수 있는 각수이기도 했어요. 오늘날이야 프린터로 금방 뽑을 수 있어 인쇄물이나 책이 귀한 대접을 받지 못하지만, 옛날에는 책이 너무나도 귀했어요. 종이도 비싼 데다 인쇄하려면 목판에 내용을 새겨야 했기에 품이 무척 많이 들었기 때문이죠.

손으로 쓰고 그린 내용을 반전되게 목판에 새겨 낸 후 도장처럼 찍어 내는 것이 옛날 방식의 인쇄예요. 원본 내용을 알차게 구상하고 예쁜 글과 그림으로 쓰는 것도 중요하지만 이를 목판에 아름답고 정교하게 새겨 줄 각수도 무척 중요했어요. 그런데 김정호는 지도학에 대한 이해가 뛰어날 뿐 아니라 그림도 잘 그리고 목판에 새기기까지 잘했다니, 자신이 구상한 지도를 종이에 척척 표현할 수 있는 귀한 인물이었던 거예요. 영화 〈고산자, 대동여지도〉에서 김정호가 목판을 새기는 장면이 자주 등장하는 이유가 바로 이를 드러내기 위해서가 아닐까 싶어요.

조선 전기의 지도 제작

조선은 건국 이래 수많은 지도를 제작했어요. 지금까지 전해 오는 조선 전기 지도는 드물지만,《조선왕조실록》은 물론 양반들의 문집 같은 각종 자료를 살펴보면 지도 제작과 관련한 기록은 매우 빈번하게 나타나요. 지도는 국가를 경영하기 위한 필수적인 통치 자료이자 중요한 군사 정보였어요. 때문에 조선 전기 지도는 대개 국가가 주도하여 제작하는 경우가 많았어요. 1454년에는 훗날 세조가 되는 수양대군이 팔도와 수도의 지도를 만들기 위해 예조참판 정척, 집현전직제학 강희안, 직전 양성지, 화원 안귀생 등을 두루 데리고 삼각산 보현봉에 직접 올라가 지형을 살피고 친히 서울 지도의 초본을 만들기도 했어요. 함께한 인물들 모두 산천의 형세와 지리에 해박하거나 그림을 잘 그리는 전문가들이었어요.

한편 조선 사람들의 세계관과 세계에 대한 지리적 인식을 보여 주는 세계 지도도 일찍부터 제작되었어요. 조선의 경우 개국 초인 1402년에 〈혼일강리역대국도지도〉를 제작했지요. 이 지도는 중앙에 중국을 두고 그 동쪽으로 우리나라와 일본, 서쪽에는 아라비아반도, 아프리카 대륙, 유럽 대륙까지 표현되어 있어요. 특히 아프리카 대륙이 온전하게 나오는 최초의 지도로 알려져 있어요. 〈혼일강리역대국도지도〉는 중국에서 들여온 이택민의 〈성교광피도〉와 청준의 〈혼일강리도〉를 기초로, 조선의 최신 지도와 일본 지도를 결합하여 만든 조선판 세계 지도라고 할 수 있어요. 당시 조선의 세계 인식과 정보력, 지도 제작술을 동시에 보여 주고 있지요.

지도 제작에 관심이 많던 조선에서는 이후로도 꾸준히 수많은 지도가 제작되었어요. 국가에서 지도를 만들고 민간 소유를 금지했다고 하지만, 실용적 목적에서 지도의 민간 소유를 완전히 금하기는 어려웠어요. 조선이 국가로서 기틀을 다지고 사회가 안정되어 가면서 점차 민간에서도 지도를 제작하기 시작했어요. 국가에서 목판으로 간행한 지리지 《동국여지승람》에는 팔도의 도별 지도가 수록되어 있었는데, 매우 간략한 형태의 그림 지도였음에도 민간에 미친 파급력이 컸어요. 이미 16세기 중엽부터 《동국여지승람》에 수록된 지도와 유사한 형태의 목판본 지도가 제작되었고, 이어 독립된 책의 형태로 지도책이 만들어져 민간에서 유통되었어요. 이는 민간에서도 지도의 수요가 많았음을 의미하는 것이죠.

조선 후기 지도의 발달

17세기까지는 전국 지도나 도별 지도가 많이 만들어졌으며 대부분 소축척 지도였어요. 축척이란 지도에서의 거리와 지표에서의 실제 거리와의 비율을 가리켜요. 소축척 지도는 넓은 지역을 한눈에 볼 수 있게 만들어 전반적인 지리를 파악하기에는 좋지만, 좁은 지역의 세부적인 지형이나 도로, 지형지물 등은 표기하기 어려웠어요. 그런데 18세기 들어 조선 지도에는 커다란 변화가 나타나는데, 바로 대축척 지도가 본격적으로 만들어지기 시작했다는 거예요. 축척이 커지면서 지도의 크기도 커졌으며, 내용도 상세하고 풍부해졌지요. 예컨대 1:100만의 소축척 지도는 지도상의 1센티미터가 실제의 10킬로미터라면,

1:2만 5000의 대축척 지도는 지도상의 1센티미터가 실제의 250미터예요. 당연히 대축척 지도의 내용이 자세하고 상세할 수밖에 없는 것이죠.

18세기는 지도 제작 붐이 일어난 시기이기도 해요. 일반적인 지도 외에 특정 지역의 지형을 그린 지도, 변경 지역을 그린 지도, 해안을 그린 지도, 봉수대를 그린 지도 등 다양한 지도가 만들어지기 시작했어요. 지역 단위의 군현별 지도 제작이 급증했고, 정확도를 높인 방안 지도도 발달했어요. 지도에 대한 관심이 높아지고 여러 가지 목적을 위한 다채로운 지도가 만들어지면서 제작 기술도 높아졌어요. 목판 인쇄술이 활성화되면서 목판본 지도들도 이전보다 높은 수준으로 생산되었고요.

지도의 발달에 따라 일반인들도 지도를 갖고 싶어 하면서 지도에 대한 수요도 늘어났어요. 이 수요를 감당하기 위해서는 한 번에 많은 지도를 생산해야 했고, 그 방법으로 주목받은 것이 바로 목판본 지도의 간행이에요. 감상을 위한 지도가 아니라 길을 찾기 위해 지도를 찾는 사람들이 크게 늘어나면서, 작은 크기의 휴대용 지도도 보급되었지요. 이러한 변화들은 모두 김정호가 〈대동여지도〉를 만든 배경이 되었어요.

천문지리학에 대한 관심

조선 후기 지식인들은 천문지리학에 관심이 매우 높았어요. 천문지리학이란 천문학에 기반을 둔 지리학의 한 분야로, 지구의 크기, 위치, 형상, 내부의 상태, 구성 따위를 연구하는 학문이에요. 18세기 지식인인 서명응이 백두산을 오르다가 즉석에서 재료를 구해 '상한의'를 만들었다는 기록도 있지요. 상한의는 천문 고도를 측정할 수 있는 간이기구예요. 서명응이 백두산을 향해 가면서 자신이 만든 상한의로 주요 지점의 북극 고도, 즉 위도를 측정했다고 하니, 조선 후기 천문지리학 지식의 높은 수준을 짐작할 수 있지요.

또한 서양의 지리 지식이 꾸준히 들어오면서 지도는 갈수록 정교해졌어요. 1610년 허균은 중국에 사신으로 갔다가 서양식 세계 지도인 마테오 리치의 〈곤여만국전도〉를 들여왔어요. 숙종은 이 지도를 관상감*에 내려보내 똑같이 따라 그리게 했어요. 이 지도는 현재 보물로 지정되어 서울대학교 박물관에 보관되어 있어요. 18세기에는 서양 선교사 줄리오 알레니가 중국 항주에서 편찬한 세계 지도 〈만국전도〉를 바탕으로 한 〈천하도지도〉가 만들어졌어요. 이 지도는 기존 마테오 리치의 지도에 비해 남극 대륙의 표현이 더욱 정밀해진 지도였어요. 19세기에는 앞서 이야기한 최한기와 김정호의 〈지구전후도〉가 제작되기도 했죠.

조선 후기 지도의 끝판왕, 〈대동여지도〉

지도와 천문지리학의 발달을 배경으로 탄생한, 조선 후기 지도의 끝판왕이 바로 〈대동여지도〉예요. 영화를 보지 않았더라도 모두가 알 정도로 유명하죠. 김정호가 이 지도를 만든 것은 우연이 아니에요. 오랜

★ **관상감**: 조선시대에 예조에 속하여 천문, 지리, 기후 관측 따위를 맡아 보던 관아.

조사와 연구 끝에 제작한 것이죠. 김정호는 1830년대 중엽 〈청구도〉와 〈동여지도〉를, 1850년대에 〈동여도〉와 《여도비지》를, 1850년대 말~1860년대 초에 〈대동여지도〉와 《대동지지》를 만들었어요. 이런 작업을 위해 최한기나 최성환, 신헌 같은 인물들은 김정호에게 자료와 정보를 제공하고 제작 비용을 지원하는 등 후원을 아끼지 않았어요.

〈대동여지도〉는 김정호가 제작한 마지막 지도예요. 김정호는 일생의 지도 연구 역량을 쏟아부은 이 지도에 상세한 지역별 지리 정보를 수록했음은 물론 조선 후기 지도 발달의 성과를 종합하여 반영했어요. 지도의 형태, 윤곽, 내용 등 모든 면에서 이제까지 나온 조선 지도의 장점만을 취하여 발전적으로 수용한 것이었죠. 〈대동여지도〉는 조선 후기 발전을 거듭하던 지도학과 지리학의 성과를 집대성한 결과물이라고 평가할 수 있어요. 김정호의 후원자였던 신헌은 〈대동여지도〉에 대해 "비변사나 규장각에 소장된 지도와 민간의 지도들을 서로 대조하고 여러 지리지를 참고해 완벽한 지도를 만들고자 노력한 결과로 탄생한 지도"라며 극찬했어요.

〈대동여지도〉의 우수성

〈대동여지도〉는 우리나라를 남북으로 120리씩 22개 층으로 나눈 지도예요. 한 층을 동서로 긴 하나의 첩으로 만들고 병풍처럼 접어 휴대와 열람이 편하도록 만들었어요. 전체 22첩의 지도를 모두 펼쳐 아래위로 연결하면 전국 지도가 완성되도록 구성했어요. 22첩을 모두 펼치면 세로 약 6.7미터, 가로 약 3.3미터의 대형 지도가 되지요. 영화 〈고산자, 대동여지도〉 마지막 부분에 바우가 거리에서 펼치는 초대형 지도가 이 〈대동여지도〉예요.

〈대동여지도〉는 방안 지도의 발달을 바탕으로 고안되었어요. 군현 지도의 제작이 증가하면서 가장 눈에 띄는 지도술의 발전은 방안 지도의 발달이라고 할 수 있어요. 방안 지도의 역사는 오래되었지만 18세기 들어 눈에 띄게 발전했죠. 방안 지도란 바둑판처럼 일정한 간격의 격자(방안)를 그리고 그 위에 지도를 그려, 모든 부분이 같은 비율로 그려지도록 한 지도예요. 이 시기의 방안 지도는 천문학적 경도선이나 위도선과는 다르게, 지구를 평면으로 보고 동서와 남북을 일정한 간격으로 구획하여 제작했어요. 일정한 간격으로 방안을 나누었기 때문에 그 자체로 축척의 역할을 하게 되는 셈이죠. 지구를 둥글다고 보지 않고 평면으로 보았더라도, 전 지구를 대상으로 하지 않은, 비교적 좁은 지역의 지도의 경우에는 방안 지도가 상당히 정확해요.

우리나라를 남북 22층으로 나눈 〈대동여지도〉의 각 첩은, 동서를 19판으로 구획했어요. 즉 한반도를 세로로 22칸, 가로로 19칸으로 나눈 방안 지도인 셈이죠. 방안 구획한 격자 한 면이 지도의 한 면이 되도록 한 거예요. 한 면은 남북이 120리, 동서는 80리의 거리에 해당하도록 제작하여 축척을 따로 표시하지 않아도 되었죠. 또 도로에 10리마다 점을 찍어 거리와 축척을 더욱 알기 쉽게 나타냈어요. 〈대동여지도〉에서 1리는 약 392미터예요. 산과 산을 선으로 연결하여 산맥의 흐름이 눈에 보이도록 나타낸 것도 큰 특징이에요. 그뿐 아니라 군현의 경계를 표시하고 역이나 창고 등의 내용을 기호화하여 좁은 지면에 많

〈대동여지도〉 (출처: 국립중앙박물관)

은 정보를 효과적으로 표기하고 있어요.

〈대동여지도〉는 여러 첩으로 나누어 구성했기에 이용자의 필요에 따라 사용할 수 있었어요. 전부 펼치면 우리나라 전체 지도가 되고, 보고 싶은 지역만 뽑아 볼 수도 있는 형태죠. 이런 형태를 전국 지도에 적용한 것은 김정호가 처음이었어요. 〈대동여지도〉가 사람들에게 사랑받으며 널리 퍼질 수 있었던 까닭에는 목판본 지도이므로 대량 인쇄가 가능하다는 점 말고도, 들고 다니며 들여다보기 편하다는 이유가 있었던 셈이에요. 국가에서 편찬한 지도는 일반인들이 이용하기 어려웠지만 민간인인 김정호가 만든 지도는 널리 퍼질 수 있었고요.

지도의 제작은 지금도 한 나라의 과학 기술과 정보력, 국력을 드러내는 하나의 지표로 간주되고 있어요. 김정호의 〈대동여지도〉 제작은 한 개인의 뛰어난 재능이나 독특한 천재성만으로 이루어진 결과가 아니에요. 지리학에 대한 조선의 꾸준한 관심, 높은 천문지리학적 지식 수준, 장기간에 걸친 지리 정보의 축적, 지도 제작과 목판 인쇄술 등 과학 기술의 발전, 여기에 전국 각지의 인문·사회 정보를 수집하고 이를 하나의 체계로 정리해 낼 수 있는 능력까지 더해지면서 탄생한 결과물이라고 할 수 있답니다.

CINEMA
일제강점기

도굴
척 보면 알 수 있는 무덤의 국적

문화재청은 고양시 덕양구 용두동 산30-1 서오릉(사적 제198호) 경내에 있는 순창원에서 전문 도굴범의 소행으로 보이는 도굴 미수 현장을 발견하고 현장 조사를 실시했다. 조사 결과, 도굴 갱은 거의 수직으로 2.7미터 파내려 갔으나 바닥에 단단한 강회다짐층이 시작되는 앞부분의 목탄층에 막혀 더 이상 파내려 가지 못하고 미수에 그친 것으로 보인다.

'서오릉 순창원 도굴 미수 현장 발견' 문화재청 보도자료, 2006년 1월 19일

- 감독: 박정배
- 개봉연도: 2020년
- 관람등급: 12세
- 장르: 범죄
- 등장인물(배우): 강동구(이제훈), 존스박사(조우진), 윤세희(신혜선), 삽다리(임원희), 진상길(송영창) 등

〈도굴〉은 2020년 개봉한 박정배 감독의 범죄 오락 영화예요. '도굴'이라는 범죄를 다루었지만 코믹한 요소와 긴장감이 잘 어우러져 즐겁게 볼 수 있고, 의외로 유물에 대한 다양한 정보를 주고 있기도 합니다. 역사를 다룬 시대물은 아니지만, 고분이나 왕릉의 도굴을 소재로 우리나라 시대별 무덤의 특징을 잘 드러내고 있어서 흥미롭고 유익한 영화입니다.

주인공인 강동구는 도굴꾼의 아들로, 어릴 때 아버지를 따라다니며 작은 **도굴 갱***으로 기어들어가 고분 속의 유물을 꺼내는 일을 했어요. 능글맞고 유쾌한 성격의 강동구는 흙 맛만 봐도 고분의 입구를 찾아낼 만큼 천재적인 도굴꾼으로 자라나게 되죠. 그러나 그에게도 어두운 과거가 있었으니, 도굴 의뢰인인 진상길 회장에게 배신당해 아버지와 함께 생매장을 당할 뻔했던 거예요. 아버지는 그대로 숨을 거두지만 그

★ **도굴 갱**: 무덤이나 유적을 불법으로 파헤치기 위해 만든 굴.

는 구사일생으로 다른 도굴꾼에게 구조되어 진상길 회장에게 원수를 갚겠다는 복수심을 불태웁니다.

영화는 스님으로 변장해 황영사 안으로 침입한 강동구가 탑 안에 봉안된 금동불상을 훔치는 장면으로 시작돼요. 강동구는 불상을 훔친 뒤 골동품 시장에 가격을 물어보며 의도적으로 불상에 대한 소문을 퍼뜨리고 다녀요. 사실 이 모든 것은 진상길 회장을 낚기 위한 밑밥이었죠. 또 그는 일종의 서명처럼 도굴 현장에 초코파이 봉지를 남기는데, 이 대담한 행동 덕에 소문이 진상길의 귀에까지 들어가요. 진상길 회장 아래서 일하는 큐레이터 윤세희가 찾아와 불상 거래가 성사되는데, 이때 윤세희는 강동구의 배짱을 눈여겨보죠.

진상길 회장은 도굴도 불사하는 고미술계의 큰손이에요. 얼핏 보면 문화유산 애호가인 듯 보이지만, 사실 각지에서 빼돌린 유물을 최첨단 비밀 창고에 보관해 공소시효가 지나면 해외로 처분해 온 거물급 장물 아비예요. 강동구는 진 회장에게 복수하기 위해 자신을 키워 준 도굴꾼 부녀 만기와 혜리, 고분 벽화 도굴 전문가 존스 박사, 전설의 삽질 달인 삽다리 등과 합세하여 거대한 계획을 세워요. 이들은 진 회장의 사주로 중국에 있는 고구려 고분의 벽화를 훔쳐 오는 위험한 의뢰를 성공시키면서 점차 판을 키워요. 급기야 서울 한복판에 위치한 선릉에 조선판 엑스칼리버가 있다는 사기를 치고, 이를 도굴하는 작업에 진회장을 끌어들이죠.

그러나 이는 모두 강동구가 꾸민 함정이었어요. 진상길이 선릉 도굴에 정신이 팔린 동안 만기와 혜리는 진상길의 비밀 창고로 몰래 들어가 보관하던 유물들을 통째로 빼내요. 강동구는 과거 자신을 생매장할 때 초코파이를 손에 쥐어 준 진 회장에게 똑같이 초코파이를 쥐어 주고 선릉에 가둔 다음, 왕릉 정비 인력이 도착해 진 회장을 발견하도록 판을 짜지요. 부하인 줄 알았던 윤세리는 진 화장의 뒤통수를 칠 속셈으로 비밀 창고 문을 열지만, 이미 강동구 일행이 유물을 다 쓸어 간 후였어요.

강동구 일행은 모든 유물을 국립기관에 돌려주고, 그 공을 윤세희에게 돌려요. 그 덕에 윤세희는 일약 스타가 되어 업계에서 주목받지요. 강동구 일행은 진상길의 현금 자산만 슬쩍 챙겨 유유히 사라지죠. 마지막엔 마치 다음편을 예고하듯, 일본의 오구라 컬렉션을 향한 의미심장한 한마디를 남기며 막을 내립니다.

> **Q. 고구려 고분 안으로 들어가는 게 실제로 가능한 일인가요?**

문헌 자료의 공백을 메우는 고고학적 발굴

우리나라 고대사는 문헌 자료가 많지 않기 때문에, 기록의 빈틈을 메워 주는 고고학적 발굴이 매우 중요해요. 《삼국사기》와 《삼국유사》는 고대사 연구에서 가장 중요한 자료로 꼽히지만, 사건이 일어난 당시에 쓰인 기록은 아니어서 내용을 비판적으로 살펴볼 필요가 있어요. 그래서 고고학적 발굴을 통해 문헌 기록을 보완해 줄 유물이 나오지 않는다면 고대사 연구는 어려움에 부딪힐 수밖에 없지요. 발굴된 유적은 문자로 기록되지 못한 당시 사람들의 생활 모습과 문화, 기술 수준은 물론, 다른 나라와의 교류나 종교관, 내세관까지 생생하게 보여 줍니다. 발굴로 찾아낸 유물이 학술적으로나 문화적으로 큰 의미를 지니는 이유가 여기에 있지요.

그런데 도굴범들은 대체 왜 고분을 도굴하는 걸까요? 망자가 쉬는 공간이어서 꺼림칙할 만도 한데 말이죠. 사실 이유는 간단해요. 무덤, 특히 고대의 무덤에는 '껴묻거리'라고 하는 진귀한 부장품이 많기 때문이에요. 권력자의 무덤 속에는 그 권력만큼 귀하고 값비싼 보배들이 함께 묻히기에 경제적 이득을 노린 도둑들이 기승을 부리는 것이지요. 더구나 국내외 수집가들의 유물에 대한 수요가 워낙 높다 보니, 암시장에서 불법 거래가 이루어지는 경우도 많다고 해요. 영화 〈도굴〉에 등장하는 진상길 회장처럼요. 진 회장은 도굴꾼을 시켜 문화유산을 훔치고 어둠의 경로로 사고파는 수집가이자 장물아비라고 할 수 있어요.

옛날 무덤, 고분

고고학 용어에는 한자어가 많아요. 최근에는 이를 한글로 순화해 쓰는 움직임이 활발하지요. 하지만 학자마다 사용하는 용어가 제각각이고, 여전히 어렵게 느껴지는 용어도 적지 않아요. 다만, 몇 가지 용어와 개념을 알아 두면 이해하는 데 도움이 될 거예요. 뒤에서 시대별 무덤을 살펴볼 예정이니 무덤에 대한 학술 용어 몇 가지를 소개해 볼게요.

죽은 사람의 시신을 묻어 둔 시설을 우리말로 '무덤'이라고 하는데, 한자로는 분墳, 묘墓, 총塚 등 다양한 용어가 있어요. 어원을 따지면 조금씩 차이가 있으나 요즘은 섞어 쓰고 있어요. 옛날 무덤은 고분古墳, 고묘古墓, 고총古塚이라고 해요. 무덤이 여럿 모여 있는 경우에는 '고분군'이라고 하죠. 고분은, 글자 뜻으로 보면 옛날 무덤이지만 특히 고대의 무덤을 고분이라고 부르는 경우가 많아요. 무덤에 시신과 함께 여러 물품을 묻기도 하는데, 이를 '껴묻거리' 또는 '부장품'이라고 부르지요.

무덤은 애초에 죽은 사람의 시신을 위생적으로 처리하기 위해 만들어졌으나, 문화의 발달에 따라 다양한 형태로 기념물화했어요. '분'은 통상 흙을 쌓아 올려 봉긋하게 솟은 형태로 만들지만(흙무지), 경우에 따라 돌을 쌓아 올리기도 하지요(돌무지). 봉긋하게 솟은 무덤은 '총'이라는 용어로 표현하기도 해요. 시신은 널에 넣어 땅에 묻는 경우가 대부분인데, 이 널을 한자로 '관棺'이라고 불러요. 시신이 든 널은 바로 묻지 않고 다시 더 큰 널이나 방을 만들어 그 안에 놓기도 하는데, 널 바깥으로 덧씌우는 널을 '덧널' 혹은 '곽槨'이라고 해요.

예컨대 돌무지무덤은 한자로 '적석묘積石墓'이고, 돌을 쌓아 올린 무덤을 뜻해요. 돌무지덧널무덤은 한자로 '적석목곽분積石木槨墳'이라고 하는데, 널을 덧널에 넣고 그 위로 돌무지를 쌓은 내부 구조를 가진 신라 무덤을 말합니다. 돌무지덧널무덤은 돌무지 위로 다시 흙무지를 높이 덮어 규모가 커요. 무덤 내부에 돌방을 설치한 경우 '돌방무덤' 혹은 '석실묘', '석실분' 등으로 불러요. 돌방무덤은 내부로 출입할 수 있는 통로나 문과 같은 시설을 갖춘 것이 큰 특징이에요.

무덤의 주인이 왕이나 왕비인 경우 '능陵'이라고 불러요. 피장자*를 알기 어려울 때는 무덤을 뜻하는 일반적인 말로 '고분'이나 '총'으로 부르죠. 조선 후기 세자나 후궁들의 무덤은 '원園'이라고 불렀어요. 무령왕릉이나 선릉은 각각 무령왕과 조선 명종 임금의 무덤이므로 '능'이에요. 황남대총은 규모가 커서 권력자의 무덤으로 추정되지만 피장자가 누구인지 명확하게 알 수 없으므로 '총'이에요. 214쪽 보도자료에서 언급하는 '순창원'은 순회세자가 묻혀 있기에 '원'이지요.

★ **피장자**: 무덤에 묻힌 사람.

일제강점기 도굴 현장(좌, 중: 유적 석물 파손, 우: 경주 신라 무덤 도굴 갱)
(출처: 국립중앙박물관)

일제강점기의 유물 조사와 도굴

전국적으로 문화유산 발굴이 활발해지며 도굴이 들끓기 시작하는 시점은 아무래도 일제강점기라고 할 수 있어요. 조선보다 앞서 개항하고 근대 문물을 경험한 일본은 문화유산이 단순한 문화재에 그치지 않고, 높은 경제적 가치를 지니는 동시에 민족 의식을 고양하는 등 특수한 목적에도 활용될 수 있다는 점을 일찍부터 알고 있었어요. 1910년 조선을 강제로 병합한 일본은 1916년부터 조선 고적 조사 사업을 벌여, 조선의 문화유산을 일본의 통제 아래 두려 했어요. 이 과정에서 조선 문화유산이 지닌 본래의 의미와 가치를 지우고, 일제가 새롭게 해석한 역사적 의미를 덧씌워 식민 지배를 정당화하려 했지요.

일제는 학술 조사라는 평계로 조선 고적 조사 사업 중 많은 발굴품을 일본으로 반출했어요. 그 과정에서 망가지고 어디로 사라졌는지 알 수 없는 문화유산의 수도 상당하죠. 대표적으로 신라 고분이 많이 모여 있는 경주는 물론이고, 고구려 고분군이 위치한 대동강 유역과 만주 지안 지역, 가야 고분이 분포하는 창녕 등 다양한 지역에서 발굴된 많은 유물이 공식, 비공식적으로 일본으로 넘어갔어요. 이런 식의 유물 약탈은 단순한 도난을 넘어 문화적 제국주의와 민족 정체성 파괴를 위한 핵심 전략이었지요.

호사가들의 수집품으로 전락한 유물들

유물을 수집하거나 사고파는 일본인들에게 조선은 손 타지 않은 보물 창고나 마찬가지였어요. 일본인들이 조선에 들어와 골동품상을 하면서 밀거래 네트워크를 조직하고 불법으로 유물을 반출하는 경우도 비일비재했어요. 그들은 시골에 사는 무지한 조선인들에게 도굴 기술을 가르치고, 도굴된 장물을 헐값에 사들인 후 수집가들에게 비싸게 팔아넘겼어요. 가난한 조선인들은 푼돈이라도 벌기 위해 도굴품을 모아 왔죠. 당시 조선에 들어와 있던 에밀 마르텔이라는 외국인의 글에 이런 상황에 대한 기록이 남아 있어요.

조선인들이 골동품을 팔러 오는 광경은 매우 재미있었다. 그들은 골동품을 보자기에 싸 아주 소중하게 들고 왔지만, 그 태도가 도무지 심상치 않고 계속 주위를 살피며 어딘가 불안에 쫓기는 듯했다. 지금 생각해 보면, 거기엔 두 가지 이유가 있었던 것 같다. 즉, 양반의 소장품을 누군가의 부탁을 받고 몰래 팔러 오는 경우와 고분의 도굴품을 밀매하러 오는 경우였다. 팔러 오는 조선인은 골동품에 관해 아무런 지식도 갖지 못했던 것을 나는 기억하고 있다. 그 값이 너무 싸서 나도 상당수를 수집할 수 있었고, 나 외에도 그런 방법으로 많은 사람이 헐값에 골동품을 사들였다.

이처럼 유물을 매입하는 일본인과 외국인 수집가들이 있었기에 더 많은 유적이 파괴되고 도굴되었어요. 그렇게 나온 유물들은 일제강점기 내내 불법으로 대량 유출되었던 것이죠. 일제강점기에 유출된 문화유산들은 식민지를 경험한 우리의 슬픈 과거입니다. 우리 것을 약탈당했다는 단순한 감정보다, 오랜 시간 동안 쌓아 온 우리 역사의 증거물들이 일개 호사가*들의 감상품으로 전락했다는 사실에 주목할 필요가 있어요. 문화유산에는 한 민족의 역사와 정신적 뿌리가 담겨 있기에, 이를 파괴하고 약탈하는 것은 피지배 민족의 문화적 자긍심과 정체성을 근본적으로 훼손하는 행위였던 것이죠.

전기왕 오구라의 문화유산 약탈과 반출

영화 〈도굴〉은 마지막에 주인공 강동구를 비롯한 등장인물들이 일본 도쿄박물관의 오구라 컬렉션을 노리는 듯한 대사를 남기며 끝납니다. 일제강점기에 광적으로 조선의 유물을 수집한 수집가 중 하나가 오구라 다케노스케라는 인물이에요. 그는 조선에서 남선합동전기주식회사 등의 전기회사를 운영하며 '전기왕'이라고 불릴 만큼 막대한 재산을 일구었어요. 한국의 문화유산에 깊이 빠져 있던 오구라는 엄청난

★ **호사가**: 남의 일에 특별히 흥미를 가지고 말하기 좋아하는 사람.

양의 유물을 수집했지요. 이 문화유산들은 해방 이후 일본으로 옮겨지거나 대구나 서울에 있던 오구라의 집에 남아 있었는데 여러 경로로 흩어져 버렸다고 해요. 그중 일본으로 들어간 수집품은 '오구라 컬렉션'이라는 이름으로 도쿄국립박물관에 기증되었어요. 오구라 컬렉션은 오늘날 불법 문화재 환수 대상에 빠지지 않고 등장하는 이름이기도 합니다.

앞서 살펴봤듯이, 일본은 조선을 강제 식민지화하면서 조선의 문화유산에 각별한 관심을 기울였는데, 고대의 고분이나 유적, 사찰 등을 조사한 뒤 수많은 문화유산을 일본으로 가져갔어요. 그중에는 조선총독부 같은 권력 기관이 직접 개입한 경우도 있고, 오구라처럼 개인 수집가가 돈과 인맥을 이용해 몰래 가져간 경우도 많았죠. 일제의 묵인 하에 반출된 문화유산들은 고대부터 조선까지 한국사 전 시기에 걸쳐 있으며 조각, 회화, 도자, 금속공예, 서적 등 종류를 가리지 않을 정도로 다양하고 그 수량 또한 많아요.

반출된 우리 문화유산들은 그 문화적 가치가 대단히 큰데, 해방 이후 꾸준히 노력했음에도 아직까지 돌려받지 못하고 있어요. 현재 한국 문화유산 반출 현황을 보면 일본 소재의 우리 문화유산은 10만 점을 웃돌 것으로 추정되는데, 목록으로 파악한 수량만 약 6만 6000점에 달해요. 1965년 한일 기본 조약 중 문화재 협정의 결과로 1432점이 돌아오긴 했는데, 이는 애초에 우리 정부가 요구한 수량의 3분의 1에도 미치지 못하는 수준이었어요. 그나마 오구라 컬렉션은 개인 소장품이라는 이유로 한 점도 돌아오지 못했지요. 현재까지도 정부와 민간 차원에서 지속적인 반환 노력이 이루어지고 있어요. 한일 강제병합 100년이 되던 2010년에는 일본 천황이 조선왕실의궤 1205책을 기증 형태로 돌려주기도 했어요.

손쉽게 알 수 있는 무덤의 국적

과거 왕이나 귀족 같은 권력자들의 무덤은 거대한 규모로 조성되었어요. 현재 남아 있는 큰 무덤들은 시대를 막론하고 대부분 권력층과 지배자의 무덤들이에요. 크기 때문에 눈에 띌 수밖에 없죠. 그리고 우리나라의 무덤은 만들어진 모양과 형식으로 시대와 왕조를 판별할 수 있어요.

고구려와 백제의 무덤은 돌무지무덤과 돌방무덤으로 구분됩니다. 신라의 무덤은 돌무지덧널무덤으로 흙을 높게 쌓아 얼핏 언덕처럼 생겼어요. 영화 〈도굴〉에서 강동구가 흙 맛을 보며 고구려 무덤의 입구를 찾는 것에서 알 수 있듯, 돌방무덤에는 무덤 안으로 들어가는 통로가 있답니다. 한편 신라 무덤에서는 벽화가 발견되지 않는데, 그 까닭은 무덤의 구조가 다르기 때문이지요. 즉, 삼국의 무덤은 형태만 보고도 국적을 구분할 수 있다는 뜻입니다.

고려의 왕릉은 대체로 북한에 있어 조사가 어려워요. 조선의 왕릉은 **봉토***를 쌓고 주변에 문인석, 무인석 등의 **석물****을 배치하여 오늘날까지도 잘 보존되어 있습니다. 고려와 조선의 왕릉도 무덤의 형태와

★ **봉토:** 무덤 위에 쌓아 올린 흙.

★★ **석물:** 무덤 앞에 돌로 만들어 놓는 물건.

석물의 양식 등을 보고 어느 정도 구분이 가능하죠. 고대나 고려 무덤에는 돌방, 즉 석실이 있다면 조선 왕릉에는 돌방이 없어요. 대신 회곽을 씌웠지요.

또한 고분덤에는 껴묻거리가 많아 그 시대의 문화를 보여 주기도 해요. 무덤의 크기와 함께 묻은 물건들은 그 무덤 주인이 어떤 지위와 권력을 가졌는지를 보여 주는 중요한 기준이에요. 그래서 고분을 보면, 껴묻거리의 종류와 수량에 따라 신분의 높고 낮음이 드러나지요. 그러나 금은이나 보석으로 된 껴묻거리가 많으면 무덤이 도굴의 대상이 되기도 해요. 우리나라는 전통적으로 무덤 건드리기를 상당히 꺼렸기에 옛날에는 고분 도굴이 거의 없었다고 해요. 그러다 일제강점기에 '고적 조사'라는 이름으로 전국의 고분이 조사되고 껴묻거리가 돈이 되면서 상당수의 무덤이 파헤쳐졌어요. 특히 들어가기 쉬운 고구려나 백제 무덤은 손 타지 않은 것을 찾기가 어려울 정도지요.

후장에서 박장으로, 껴묻거리의 변화

무덤의 형태와 껴묻거리의 규모는 시대와 지역에 따라 달라요. 그래도 큰 흐름으로 보면 '후장'에서 '박장'으로의 변화가 나타나지요. 장례를 성대하게 치르고 껴묻거리를 넉넉하게 묻던 것을 '후장'이라 하고, 간소하게 치르는 것을 '박장'이라고 해요. 불교가 들어오기 전에는 현실의 권력과 경제력이 죽은 후에도 이어진다고 생각하는 계세주의적 세계관을 가지고 있었어요. 이 때문에 권력자가 죽은 경우 사후 세계로 보내는 장례 의식을 성대하게 치르고, 현생과 같은 삶을 유지하도록 무덤에 껴묻거리를 잔뜩 넣어 준 것이죠.

그러나 불교는 다른 세계관을 제시했어요. 스스로 쌓은 업보에 의해 다음 생이 달라질 수 있다고 가르쳤어요. 현재를 어떻게 살아가느냐에 따라 노비가 다음 세상에서 계속 노비가 아닐 수 있고, 왕도 계속 왕이 아닐 수 있다는 것이죠. 불교의 이런 **업보설***과 **윤회적 세계관****이 들어오자, 장례 규모나 껴묻거리의 양이 크게 줄어들었어요.죽어서 현생이 계속되는 것이 아니라고 생각하게 되니, 껴묻거리를 많이 넣을 필요가 없어진 것이죠. 결국 우리나라의 무덤은 후장을 하다가 불교의 전래와 유행을 기점으로 박장의 형태로 변화한다고 할 수 있어요.

무덤에 들어갈 수 있어 도굴이 쉬운 고구려·백제와 달리, 신라의 무덤은 구조상 도굴이 어려워요. 그래서 발굴했을 때 껴묻거리가 많이 나오는 편이지요. 5세기 신라 왕들의 무덤에서 화려한 껴묻거리가 특히 많이 발견되곤 한답니다. 그러나 6세기 전반 이후로는 껴묻거리가 양적으로나 질적으로나 눈에 띄게 소박해지는 모습을 보여요.

고려 중기 이후로는 무덤이 더욱 간소해져요. 여전히 돌방을 만들기는 하지만 묘 안의 공간이 더욱 좁아지고 껴묻거리도 화려한 보물이 아닌 일상생활 용품이나 무덤에 넣기 위해 따로 만드는 명기로 대체되죠. 조선시대 들어가면 세조의 명으로 돌방도 사라지고요. 대신 회곽묘를 만들죠. 껴묻거리는 더욱 적어지고 조선 말기 이후로는 부장품을

★　**업보설:** 자신이 저지른 모든 행위(업)가 원인이 되어 결과(보)를 받는다는 것.

★★　**윤회적 세계관:** 현생이 끝이 아니라 업보에 의해 다시 태어나기를 반복한다는 생각.

넣는 관례마저 사라지게 됩니다.

벽화가 그려진 고구려 돌방무덤

〈도굴〉에 나오는 존스 박사는 벽화 전문 도굴범이에요. 영화에서는 백제 고분 벽화를 떼서 자기 집에 붙여 놓은 전설의 도굴꾼이라고 소개하지요. 존스 박사는 강동구와 함께 고구려 고분 벽화를 도굴하려 하는데, 그 준비 과정에서 고구려 고분의 특징을 설명해요. 고구려 고분에는 돌무지무덤과 봉토돌방무덤이 있는데, 이 봉토돌방무덤에 벽화가 있으며 주로 대동강 유역의 평양과 압록강 주변 중국 지안 지역에 분포한다고 말이죠. 존스 박사가 소개한 대로 고구려와 백제의 무덤에는 돌방이 있는 유형이 있으며, 이 경우 그 벽에 벽화가 그려져요. 얼마나 설명을 잘하는지, "도굴꾼, 저 나쁜 사람들!" 하면서도 이 영화를 수업 자료로 쓰면 좋겠다는 생각이 절로 들었답니다.

고구려는 지리적으로 삼국 가운데 한반도의 북쪽 지역에 있던 나라였어요. 이 때문에 북한이나 만주 지역에 그 유적이 분포되어 있어 현재의 우리가 접근하기는 다소 어려움이 있어요. 그러나 고구려의 무덤들은 꽤 알려진 편이에요. 중국에도 고구려 무덤에 대한 기록이 남아 있지요. 예컨대《삼국지》〈동이전〉에는 무덤 위에 돌을 쌓고 소나무와 잣나무를 줄지어 심었다고 나와 있어요.《수서》〈고구려전〉에는 좀 더 자세한 장례의 풍습이 전하는데, 고구려에서는 망자의 시신을 집 안에 3년 동안 모셔 두었다가 묻었대요. 춤을 추며 망자의 시신을 옮기고, 장례 후에는 죽은 이의 소지품을 쌓아 놓은 뒤 문상객에게 가져가도록

장군총 전경
(출처: 국립중앙박물관)

《조선고적도보》의 장군총 실측도
(출처: 국립중앙박물관)

했다고 해요.

고구려 무덤은 영화 속 존스 박사의 말대로 돌무지무덤과 돌방무덤의 두 종이 있고, 대동강 유역과 압록강 유역에 몰려 있어요. 돌무지무덤은 초기의 무덤 양식이에요. 냇돌이 많은 강가나 땅을 파기 힘든 지역에서 흔히 보여, 상대적으로 저지대에 나타나는 유형이지요. 돌무지무덤은 점차 내부에 돌방을 갖춘 형식으로 변화해 가요. 돌방무덤은 중심부에 1~3개의 돌방을 만들고 무덤 바깥에 돌을 네모지게 또는 계단 모양으로 쌓아 피라미드와 비슷한 형태를 이루어요. 이처럼 돌방을 갖춘 계단식 돌무지무덤으로는 '장군총'과 '태왕릉'이 잘 알려져 있죠.

영화 〈도굴〉을 보면 도굴꾼들이 고구려 무덤 안으로 걸어 들어가요. 즉, 돌방무덤은 무덤 안으로 들어갈 수 있도록 굴 같은 널길을 갖추고 있어요. 이런 굴식돌방을 반지하 혹은 지면 가까이 만들어 두고 그 위로 흙이나 돌무지를 쌓는 거예요. 이렇게 무덤에 들어가는 길을 만들어 두었다는 것은 나중에 누군가를 추가로 묻을 것을 염두에 둔 거예요. 부부묘나 가족묘인 것이죠. 이 널길이 원래 의도와 다르게 도굴꾼들의 진

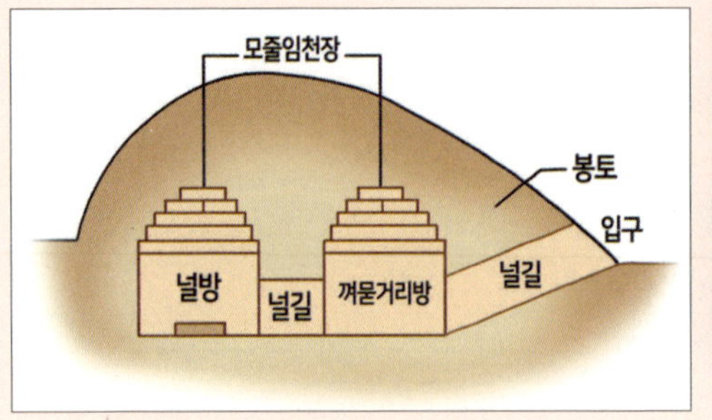
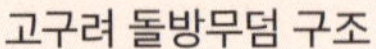

고구려 돌방무덤 구조

진파리1호분 모줄임천장과 벽화
(출처: 국립중앙박물관)

입로가 되어 망자의 잠을 방해할 줄은 생각지도 못했을 거예요.

이 영화에서는 고구려 고분 안의 모줄임천장도 보여요. 고구려 무덤에서는 납작천장, 활천장, 모줄임천장 등을 볼 수 있어요. 그중 모줄임천장은 사각의 귀퉁이에 삼각형 받침돌을 놓아 그 공간을 점차 좁혀 올리고 맨 위에 판돌을 덮어 마무리하는 형태의 독특한 천장이에요.

돌방무덤에는 종종 벽화가 나타나요. 벽화는 무덤 내부 공간이 넓게 확보되어야 하기에 주로 규모가 있는 지배층의 무덤에 그려졌지요. 무덤 주인의 살아 있을 때 사회적 지위를 표현하는 그림, 사후 세계의 안녕을 기원하는 그림, 혹은 일상의 여러 가지 모습이 그려졌지요. 돌방무덤은 4세기부터 7세기에 이르기까지 고구려의 주요 무덤 형태로 자리 잡았어요.

고구려와 비슷한 백제의 돌방무덤

초기 백제 무덤은 나무널무덤, 돌덧널무덤과 같은 토착 형식의 무덤과 고구려식 돌무지무덤이 함께 나타났어요. 백제 지배층의 무덤에서

석촌동에 위치한 한성기 백제의 돌무지무덤.
고구려의 영향을 받은 계단식 돌무지무덤의 형태를 띄고 있다.
(출처: instagram @christmas.jeon)

고구려식 무덤 형식이 보인다는 것은, 백제 왕실이 고구려와 관련이 있음을 의미하지요. 한성기의 왕릉으로는 고구려의 영향을 받은 석촌동 계단식 돌무지무덤이 잘 알려져 있어요.

백제는 한성에서 웅진, 웅진에서 사비로 수도를 옮겨 갔는데 단계마다 무덤의 양식에도 변화를 보여 주었어요. 4세기 후반 한성에서 돌방무덤이 등장한 이래 웅진시대를 거치면서 돌무지무덤은 사라지고 돌방무덤이 백제 왕릉의 표준 형태로 자리 잡게 되지요. 웅진의 돌방무덤은 이전의 것보다 발전된 형태로 제작되는데, 특히 돌방 바닥에 벽돌을 깔거나 돌방의 벽을 벽돌 모양으로 반듯하게 돌로 쌓아 올렸어

부여 능산리고분군
(출처: 문화유산청)

능산리 동하총 내부 벽화
(출처: 문화유산청)

요. 이는 중국 남조계 벽돌무덤의 영향을 받은 것이 아닌가 추정돼요.

사비시대의 돌방무덤은 웅진시대보다 더욱 세련되고 주변 지역보다 훨씬 더 정교한 양식으로 지어졌어요. 이전과 달리 벽화가 나타나면서 고구려 돌방무덤과의 유사성이 진하게 드러나지요. 대표적인 예로, 능산리고분군 1호분인 동하총 내부에는 고구려 벽화에 나타나는 사신도가 화려하게 그려져 있어요. 사신도란 동서남북 네 방위를 지키는 신령한 동물 청룡, 백호, 주작, 현무를 그린 거예요.

이처럼 웅진과 사비에서 두루 보이는 백제 왕실의 돌방무덤은 돌무지무덤에 이어 고구려와 많이 닮아 있어요. 고구려와 백제의 지배층이 스스로의 뿌리가 부여에 있다고 생각하며 경쟁하는 관계였기 때문에 같은 형식의 무덤이 나타나는 것으로 해석돼요. 백제 무덤의 변화 과정은 백제가 고구려와의 경쟁 속에서 중국 남조 문화를 받아들이면서도 자신만의 문화적 정체성을 만들어 나갔음을 잘 보여 주고 있어요.

백제 무덤계의 이단아, 무령왕릉

웅진시대 백제의 무덤에서는 중국 남조계의 영향이 보인다고 하죠. 그런데 실제로 중국 남조의 벽돌무덤을 그대로 수입한 왕릉이 발견되었어요. 바로 무령왕릉이에요. 백제의 성왕(재위 523~554년)이 아버지 무령왕(재위 501~523년)의 무덤으로 중국에서 유행하던 벽돌무덤을 선택한 거예요.

무령왕릉은 1971년 공주 송산리 고분군의 6호분 무덤 배수로 공사 중 우연히 발견되었어요. 백제의 무덤들은 고구려와 마찬가지로 널길이 있는 돌방무덤이기에 일제강점기에 대부분 도굴당한 상태였어요. 당시 가루베 지온이라는 일본인 도굴꾼이 학술 조사를 한다며 송산리 고분군을 모두 훑었는데, 당시 무령왕릉이 무덤인 줄 모르고 6호분 주변을 감싼 언덕이라고만 생각했대요. 이 착각 덕분에 송산리 고분군 내에서 무령왕릉만은 도굴을 피해 갔고, 해방 후 1971년 그 누구의 손도 타지 않은 채 1500년 만에 모습을 드러낸 거예요.

무령왕릉은 우리나라 고대 무덤 가운데 유일하게 무덤 주인과 그 제작 시기를 명확하게 알 수 있는 곳이에요. 무덤 안에 관련 정보를 기록한 묘지석이 있었거든요. 이 때문에 다른 곳과 비교할 수 없는 가치를 지니고 있어요. 그러나 무령왕릉은 우리나라 고고학계에서 처음 홀로 발굴한 무덤이기도 했어요. 국내 연구진이 주도한 고고학적 발굴 경험이 전혀 없는 상태에서 무덤이 먼저 열렸고, 무덤의 주인이 '백제 사마

무령왕릉 입구 발굴 장면
(출처: 국립문화유산연구원)

무령왕릉 내부
(출처: 국가유산포털)

왕'이라고 적힌 **지석***이 나왔다는 소식이 퍼지자 전국에서 구름처럼 구경꾼들이 몰려들었어요. 사마왕은 무령왕의 생전 이름이에요.

학자들이 들어가기도 전에 기자들과 구경꾼들이 무령왕릉에 함부로 들어가 내부는 아수라장이 되었어요. 사람들을 전혀 통제할 수 없었지요. 이에 위기감을 느낀 발굴단은 특단의 조치를 내렸어요. 하룻밤 만에 유물을 모두 꺼내기로 결정한 것이죠. 이에 최초로 도굴되지 않은 채 발견된 무령왕릉은, 발견 당시의 실측 도면을 그리거나 나무뿌리에 얽힌 유물이 망가지지 않도록 조심할 새도 없이, 17시간 만에 모든 유물을 끄집어내면서 발굴이 끝났어요. 무령왕릉 발굴은 이후 두고두고 최악의 발굴이라 회자되며, 역사학계와 고고학계에 씻을 수 없는 오점으로 남았지요. 어설펐던 무령왕릉 발굴 이후 역사학계와 고고학계는 '두

★ **지석**: 죽은 사람의 인적 사항이나 무덤의 소재를 기록하여 묻은 판석.

번 다시 이런 실수를 하지 않겠다'고 다짐하는 계기가 되기도 했어요. 이후 경주 등에서는 사람들을 통제하며 차근차근 진행할 수 있었지요.

백제 왕권 회복의 상징, 무령왕릉

무령왕릉은 워낙에 특이한 양식의 무덤인 데다 당대의 문자 자료가 나왔기에 연구 성과는 적지 않았어요. 무령왕릉은 중국에서 설계도를 가져와 남조에서 유행하던 지배층의 무덤을 그대로 백제에서 재현한 벽돌무덤이에요. 무령왕과 왕비의 관은 일본에서 수입한 고급 나무 금송으로 제작되었어요. 무덤을 이루는 꽃무늬 벽돌 한 장 한 장의 뒷면에 어느 위치에 꽂아야 한다는 표기가 되어 정교하게 축조되었음을 알 수 있죠.

대학 시절 한 교수님께서 무령왕릉 발굴 직후 조사에 참여했던 경험담을 들려주신 적이 있어요. 무덤 속 복숭아 모양의 등잔 위에 불에 타 재만 남은 심지가 흩어지지 않고 그대로 남아 있었다고 해요. 그 심지를 보는 순간 무덤 내부에 고요함이 내려앉으며 시간이 멈춘 듯 느껴졌다고 하셨던 말씀이 기억나네요. 이 화려한 무령왕릉은 고구려군에게 쫓겨 한성을 버리고 긴박하게 남하했던 백제 왕실이 세력을 회복하고 중국과의 교역로도 회복했다는 것을 상징적으로 보여 주고 있어요.

무령왕의 관 (출처: 국립공주박물관)

유물의 보물창고, 신라 무덤

신라의 왕릉은 수도였던 경주 곳곳에 분포되어 있어요. 신라의 대표적 무덤은 나무 덧널을 만들고 그 위를 돌로 쌓아 덮은 후 다시 흙으로 봉분을 쌓은 돌무지덧널무덤이에요. 봉분이 상당히 커서, 모르고 보면 언덕들이 연달아 솟은 자연 지형처럼 보이지요. 이 커다란 돌무지덧널무덤은 대체로 5~6세기경에 만들어졌어요. 금관총, 금령총, 황남대총, 천마총 등이 많은 이에게 알려진 신라의 돌무지덧널무덤들이죠. 이 가운데 황남대총은 우리나라 무덤 가운데 가장 규모가 커요. 이외 유형의 무덤으로 나무덧널무덤, 돌덧널무덤, 돌방무덤이 있지요.

돌무지덧널무덤은 나무로 된 덧널 위에 자갈돌과 흙을 덮었기 때문에 무덤으로 들어가는 길도 없어요. 내부가 완전히 폐쇄되어 고구려나 백제의 돌방무덤처럼 추가로 매장하는 것이 불가능한 구조지요. 더구나 나무의 내구성이 약하기 때문에, 시간이 지나면 나무 덧널은 썩어 버려요. 그럼 덧널 위에 쌓은 돌이 덧널 내부로 무너져 내리게 되죠. 이것이 의도한 것이든 아니든, 수십, 수백 톤의 돌에 덮힌 무덤은 도굴이 불가능한 형태가 됩니다. 언덕만큼 쌓인 흙에 돌까지 모두 들어내

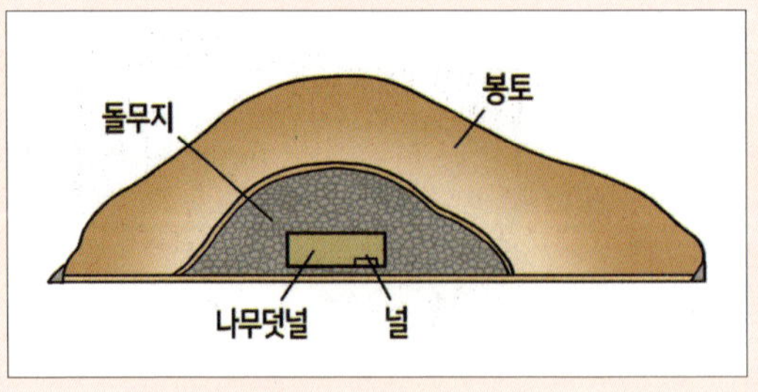

돌무지덧널무덤의 구조

황남대총 전경
(출처: 국립중앙박물관)

황남대총 출토 금관
(출처: 문화유산청)

부부총 출토 금귀고리
(출처: 문화유산청)

천마총 출토 천마도
(출처: 문화유산청)

야 하기에, 도굴은커녕 발굴도 매우 힘들어요. 그래서 신라 무덤은 대체로 유물이 그 안에 남아 있답니다.

신라 무덤에서 발굴된 유물은 상상을 초월하는 신라의 문화를 보여 줘요. 정교한 보석 세공 기술은 물론이고 실크로드를 통해 중앙아시아까지 이어지는 교역품과, 서역식 누금기법이 적용된 금귀고리, 곡옥*과 금판 장식으로 눈부신 금관과 금제 신발까지 그 종류와 수준이 매우 다채로워요. 특히 신라 무덤에서는 황금으로 만든 껴묻거리가 많이 발견되었어요. 신라는 금제 장신구가 많았기 때문에 고대 일본에서는 신라를 황금의 나라라고 불렀다고 해요.

실제 발굴 결과, 금령총에서는 금방울과 금관, 금제 허리띠와 귀걸

★ **곡옥**: 반달 모양으로 다듬은 옥. 상단에 있는 이미지 '황남대총 출토 금관'에 달린 초록색 장식이 곡옥이다.

이 등이, 천마총에서는 천마도가 그려진 말다래와 금귀고리 등이 나왔어요. 말다래는 말이 달릴 때 말 탄 사람의 발에 진흙이 튀는 것을 막도록 안장 아래로 늘어뜨리는 마구예요. 천마도는 뿔이 달린 말처럼 보이기도 하고, 전설 속 상상의 동물인 기린麒麟으로 보는 견해도 있어요. 거의 유일하게 남아 있는 신라시대 그림이기 때문에 역사적 가치가 높지요. 황남대총에서는 나뭇가지와 사슴뿔 모양으로 곡옥이 빼곡하게 장식된 화려한 금관이 출토되었어요. 이들 발굴품은 대부분 경주국립박물관이 소장하고 있어요. 혹 경주에 간다면 경주국립박물관에 꼭 한번 방문해 보라고 권하고 싶습니다.

한국식 왕릉의 기원, 통일신라 무덤

통일신라의 무덤은 고구려와 백제의 영향을 받아 돌방무덤으로 만들어져요. 무덤으로 들어가는 길이 있기 때문에 도굴된 경우가 많고, 기존의 돌무지덧널무덤에 비해 규모가 대체로 작고 부장품도 적은 박장의 무덤이에요. 통일신라기의 무덤은 왕릉 조성 방식에 있어 가장 완성된 단계에 이른 것으로 평가돼요. 경주 원성왕릉이나 괘릉에 나타나는 것처럼 높이 덮은 봉토가 흘러내리지 않도록 주변에 호석을 둘러 세웠지요. 십이지신상*을 새긴 판석을 세우기도 하고요. 무덤 앞에는 무인상과 문인상, 돌사자 등의 석물을 배치하지요. 이런 양식이 이후 고려와 조선의 왕릉에까지 이어지므로, 통일신라의 왕릉은 한국식 왕

★ **십이지신상**: 십이지를 상징하며 각각 방향과 시간을 맡아 지키고 보호하는 12가지 동물의 상.

호석과 난간이 둘러진 원성왕릉
(출처: 문화유산청)

괘릉의 무인석과 문인석
(출처: 국립중앙박물관)

릉의 시초라고 볼 수 있어요. 통일신라와 조선시대 사이 고려의 왕릉들은 대부분 북한에 있어 조사가 어려운 상황이에요. 다만 고려 말 공민왕의 무덤인 현릉玄陵을 참고해 조선 왕릉을 조성한 것으로 보고 있어요.

침범할 수 없는 성역, 조선 왕릉

조선의 왕릉은 건국조 태조 이성계의 건원릉부터 마지막 임금 순종의 유릉까지 총 27명의 왕과 그 왕비, **추존***된 왕과 왕비가 묻힌 42기의 능을 가리켜요. 그중 2기가 북한에 있으며, 현재 우리나라에 있는 40기는 2009년 유네스코 세계유산에 등재되어 있어요. 조선 왕릉은 500년 이상 지속된 왕조의 역사 속에 능의 피장자와 조성 연대가 확실

★ **추존**: 왕위에 오르지 못하고 죽은 이에게 임금의 칭호를 주던 일.

하고 관련 기록도 많아 역사적, 문화적으로 가치가 뛰어나요.

　조선의 왕릉은 처음에는 고려의 유제를 이어받아 돌방을 조성하다가 제7대 임금 세조의 명으로 더 이상 돌방을 만들지 않고 회곽릉을 조성하게 되었어요. 돌방을 만들지 않고 회곽을 만들 경우 기존에 비해 공사 기간이 짧고 석재를 가공하고 운반하는 위험과 경제적 부담이 훨씬 적어요. 능을 만드는 데 필요한 인력도 기존의 절반으로 줄어들지요.

　회곽묘란 널을 석회로 감싸는 방식의 묘를 가리켜요. 큰 구덩이를 판 다음 바닥에 숯가루를 깔고 그 위에 석회와 가는 모래, 황토를 3:1:1의 비율로 펴서 다져요.《주자가례》를 보면 이렇게 하는 이유를 알 수 있는데, 일차적으로는 나무뿌리 또는 물과 개미를 막기 위해서예요. 더불어 석회가 모래와 섞이면 단단해지고 황토와 섞이며 차가워지는데, 세월이 오래 흐르면 돌처럼 변해 동물이나 해충, 도둑이 모두 들 수 없다고 했어요. 또한 회곽은 굳을 때 뜨거워지기 때문에 안을 살균하는 효과도 있어요. 이 덕분에 조선시대 무덤은 시신 같은 내용물 보존이 잘된 편이지요.

　돌방을 만들지 않고 널 겉에 단단한 회곽을 씌웠다는 것은 한 사람만 묻고 밀폐해 버렸음을 뜻해요. 조선 왕실은 풍수지리를 보아 능 위치를 정하고 여러 석물과 각종 장치를 통해 왕릉을 위엄 있고 장엄하게 꾸미되, 유교적 통치 이념에 의해 백성의 부담을 줄이고자 껴묻거리는 소박하게 넣었어요. 능 주변으로는 숲을 조성하여 사람들이 함부로 능에 접근하지 못하게 했지요. 조선시대 왕릉은 선왕으로부터 물려

받은 왕위에 대한 정통성을 증명하고 국왕의 권위를 상징하는 신성한 공간이었어요.

회곽의 위력, 도굴 불가의 조선 왕릉

조선 왕릉은 내부의 회곽이 얼마나 단단한지 사람의 힘으로는 쉽게 깨뜨릴 수 없을 정도의 내구성을 가졌어요. 이 회곽 때문에 조선 왕릉은 도굴이 매우 어렵지요. 영화 〈도굴〉에는 성종의 능인 선릉을 도굴하는 장면이 나오는데, 폭우가 쏟아지는 날 폭약으로 파괴하려는 이유가 바로 회곽 때문이랍니다.

214쪽에 제시한 문화재청 보도자료는 2006년 1월에 일어난 조선 왕릉 도굴 사건에 관한 내용이에요. 어떤 도굴꾼이 순회세자와 공회빈의 합장묘인 순창원을 도굴하려고 땅을 파 내려가다 단단한 회벽에 막혀 실패했다는 내용이에요. 현장 점검 때 회벽 앞에서 도굴이 중단된 장면이 공개되었지요. 그 도굴꾼은 조선 왕릉에 대해 공부를 좀 더 해야겠지요?

비슷한 사례로 1868년의 오페르트 도굴 사건이 있어요. 독일 상인 오페르트는 조선과의 통상 교섭에 계속 실패하자 흥선대원군의 아버지인 남연군의 유골을 탈취하여 흥선대원군을 압박하려고 했어요. 이에 충청남도 예산에 위치한 남연군묘를 파헤쳤지요. 그러나 수십 명의 인부를 동원했음에도 회벽에 막혀 도굴에 실패하고 말았어요. 남연군이 흥선대원군의 아버지라는 것은, 당시 국왕인 고종의 할아버지라는 거예요. 일개 서양인 장사꾼이 왕족의 묘를 파헤쳐 모욕한 셈이죠. 이 사건은 국제 문제로 비화되었고 조선의 서양 배척 정책이 더욱 강화되는 결과를 가져왔어요.

단 한 번의 치욕적 도굴 사건

조선 왕릉은 역사적으로 딱 한 번의 도굴만이 성공했다고 해요. 바로 임진왜란 때 왜구가 성종의 선릉과 중종의 정릉을 파괴한 사건이에요. 당시 선조는 서울을 버리고 북쪽으로 피난 가 버렸고 왜구는 텅 빈 한양을 점령해 궁궐과 민가 등을 약탈했어요. 왕실의 권위를 상징하는 왕릉을 욕보이기도 했는데, 선릉과 정릉을 파내어 회곽을 부수고 널을 꺼내어 불살라 버린 거예요. 선릉에는 불탄 재와 뼛가루만 남아 있었고, 정릉에는 중종인지 아닌지 알 수 없는 정체불명의 시신만이 남아 있었어요. 결국 남아 있는 시신과 불에 탄 뼛가루는 근처에 이장되고 선릉과 정릉을 복구했어요. 그 결과 선릉과 정릉은 시신이 없는 빈 무덤이 된 채 지금까지 내려오고 있죠. 이는 조선 왕릉의 역사상 가장 참

선종의 선릉
(출처: instagram @christmas.jeon)

중종의 정릉
(출처: instagram @christmas.jeon)

혹하고 치욕적인 사건으로 꼽혀요.

역사의 타임캡슐, 무덤

고분과 왕릉은 단순한 무덤을 넘어서 각 시대의 정치, 사회, 문화를 집약적으로 보여 주는 역사의 타임캡슐과 같아요. 과거의 유물을 경제적 가치로 환산하여 사람들의 흥미를 끄는 TV 프로그램도 있지만, 이 프로그램 방영 이후 유물을 발견한 사람들의 신고가 줄었다는 이야기를 들은 적이 있어요. 옛 무덤이나 사찰, 유적지 등에서 출토되는 문화유산은 물질로 바꿀 수 없는 귀중한 문화적 가치를 지니고 있는 거예요.

역사적 유산은 인류의 흔적 위에 시간이 덧씌워지며 눈에 보이지 않는 가치를 만들어 나갑니다. 이를 돈으로 바꿔 계산하기는 어렵죠. 고분에서 나온 나무 조각은 무가치하고 황금 팔찌만 귀중한 것이 아니에요. 모든 것이 수천 년간 전개되어 온 우리 역사의 변화와 발전 과정을 보여 주는 증거니까요. 조선의 문화유산을 활용하여 민족 정체성을 말살하려는 일제강점기의 정책은 문화유산의 본질을 꿰뚫어 본 것이었죠. 자국의 문화유산을 보존하는 일은 민족의 존엄성과 문화적 자긍심을 지키는 일임을 잊지 말았으면 해요.

아이 캔 스피크
삶을 유린당한 늙은 소녀의 절규

"잘못된 역사는 감춘다고 해서 사라지는 게 아니에요. 나 같은 할머니들이 역사의 증인으로 살아 있는 한, 일본 정부는 자신들의 잘못을 인정하고 우리 앞에서 진심으로 사죄하고 용서를 빌어야 합니다."

이용수 할머니의 증언

- ◆ **감독:** 김현석
- ◆ **개봉연도:** 2017년
- ◆ **관람등급:** 12세
- ◆ **장르:** 드라마, 코미디
- ◆ **등장인물(배우):** 나옥분(나문희), 박민재(이제훈) 등

〈아이 캔 스피크〉는 '위안부' 피해자 이용수 할머니의 실화를 바탕으로 제작된 영화예요. 포스터만 보면 얼핏 늦게 영어를 배우는 할머니의 좌충우돌 코미디인가 싶지만, 이 영화는 사실 '종군 위안부'라는 우리의 아픈 역사를 다루고 있지요. 영화의 주인공 나옥분 할머니가 늦은 나이에 어렵사리 영어 공부를 하는 진짜 이유는 꼭 하고 싶은 이야기가 있기 때문이에요.

명진구의 재래시장에서 수선집을 하는 나옥분 할머니는 20여 년간 명진구청에 수천 건에 달하는 민원을 넣어 '민원왕'으로 불리는 악명 높은 민원인이에요. 새로 발령받은 9급 공무원 박민재는 원칙주의자인 젊은이로, 민원 접수 업무를 맡아 옥분의 민원을 수시로 받게 되지요. 옥분에게 쩔쩔매는 다른 이들과 달리, 민재는 깐깐하게 원칙대로 응대하면서 옥분과 대립각을 세워요.

옥분은 이런 민재를 얄미워하지만, 어느 날 우연히 듣게 된 민재의 유창한 영어 실력에 큰 호감을 느껴요. 옥분은 영어 공부를 하고 싶어

하는데, 진도를 따라가지 못해 영어 학원에서 쫓겨난 처지였거든요. 이후 옥분은 영어를 가르쳐 달라며 민재를 쫓아다니다 거부당하자, 폭발적으로 악성 민원을 접수하기도 하고 구청에 진을 치고 기다리기도 하죠. 우여곡절 끝에 민재는 옥분에게 영어를 가르쳐 주기로 해요.

순탄한 과정은 아니었지만 민재는 성심을 다해 옥분을 가르치고, 옥분도 열과 성을 다해 영어를 공부해요. 영어 과외가 진행될수록 민재는 옥분의 따뜻한 모습들을 보게 되고 동시에 아픈 사연도 듣게 돼요. 옥분이 영어를 배우고 싶어 하는 이유는 어릴 때 입양 가 미국에 살고 있는 남동생과 통화하고 싶기 때문임을 알게 되었어요. 민재는 몰래 옥분의 남동생에게 전화해 보지만, 남동생은 누나가 부끄럽다며 만나고 싶지 않다고 해요. 옥분이 상처받을 것을 우려한 민재는 7급 공무원 시험 준비로 더 이상 영어를 가르칠 수 없다는 핑계를 대고 옥분과 거리를 둬요. 오해가 쌓이면서 둘은 점점 멀어져만 가죠.

그러던 중 옥분은 오랜 친구인 정심의 병문안을 가요. 사실 옥분은 일본군 '위안부' 강제 징용 피해자였어요. 정심은 옥분과 함께 '위안부'로 끌려갔다가 함께 살아 돌아온 친구로, 영어를 열심히 배워 국제사회에 일본의 만행을 증언하려 했어요. 그러나 치매에 걸려 증언할 수 없게 되었죠. 이 사실을 알게 된 옥분은 자신이 정심을 대신해 '위안부' 피해 사실을 세상에 알리기로 결심해요. 평생 숨겨 온 옥분의 슬프고도 아픈 사정이 뉴스에 보도되면서 옥분의 주변인들과 민재는 충격에 빠졌어요. 민재는 혼자 외롭게 살아오며 영어 공부에 매달리던 옥분을 이해하고 사과하죠.

옥분은 미국 하원 공개 청문회에서 증언하기 위해 워싱턴으로 향했어요. 증언하겠냐는 의장의 물음에 옥분은 "예스, 아이 캔 스피크"라고 대답하죠. 옥분은 민재의 적극적인 도움으로 일본 측의 방해와 비난, 막말을 극복하고 성공적으로 증언을 마쳐요. 13살의 나이로 일본군에 강제로 끌려가 겪은 끔찍한 경험을 담담한 목소리로 증언하죠. 이 과정에서 드러낸, 상상을 초월하는 상처와 흉터 가득한 옥분의 몸은 장내 분위기를 숙연하게 만들었어요.

옥분의 이야기는 회의장에 있던 많은 사람을 감동시키며 기립박수를 이끌어 내지요. 증언이 끝나고 옥분은 너무나 보고 싶었던 남동생과도 만나게 돼요. 영화는 이후 옥분이 국제적인 활동을 통해 일제의 '위안부' 피해를 적극적으로 고발할 것임을 암시하며 마무리됩니다. '위안부'라는 주제로 일본의 엽기적인 만행을 그렸지만, 이 영화는 마냥 무겁지만은 않아요. 따뜻한 위로와 유머가 곁들여져 있으니까요.

Q. 일본군 '위안부'란 대체 무엇이기에 옥분 할머니가 평생 숨기고 살았던 것인가요?

일본군의 성노예, '위안부'

'위안부'란 전쟁을 치르는 일본 군인들의 성욕을 해소하기 위해 강제로 성노예가 되어 착취당하던 여성들을 가리켜요. 일본 정부가 주도한 조직적인 성노예 제도로, 전시든 평시든 용인될 수 없는 잔혹한 폭력이자 전쟁 범죄예요. 정식 명칭은 "일본군 '위안부慰安婦'"인데, '위안'이라는 단어가 일본군 입장이므로 피해자들을 가리킬 때는 따옴표를 사용하여 '위안부'라고 표기해요. 또 '성노예'라는 강한 어감의 명칭부터 피해자들에게 고통을 불러일으키지만, 피해의 구조적 강제성을 명확히 드러내는 데 가장 적합하기에 국제 사회에서는 이 용어를 쓰고 있어요. '위안부' 문제는 과거의 역사가 아니에요. 현재까지도 해결되지 않은 중요한 인권 문제이자 외교 현안이지요.

일본군과 일본 정부는 1930년대부터 1945년 일본의 패전까지 오랫동안 중일 전쟁과 아시아·태평양 전쟁 등을 치르면서, 전쟁을 벌인 것도 모자라 괴이한 생각을 했어요. 일본군 점령지나 주둔지에 위안소를 설치해, 젊은 여성들을 데려다 놓고 장병들의 성적 욕구를 해결해 주

야쓰다신궁 참배에 동원된 여자근로정신대 소녀들
(대한민국역사박물관 전시품)

려고 한 거예요. 이 끔찍한 발상은 일본 정부와 일본군이 조선총독부 등 식민지 권력기관을 통해 '위안부' 동원을 강제하면서 현실화되었죠.

'위안부'로 동원된 여성들은 오랫동안 '정신대'라는 이름으로 불렸어요. 정신대란 '나라를 위해 몸을 바친 부대'라는 의미로 여성들이 스스로 자원했다는 뜻이 담겨 있지만, 이건 전혀 사실이 아니에요. '위안부'들은 좋은 일자리를 주겠다거나 공장에 취직시켜 배불리 먹게 해 준다는 거짓말에 속은 것이었지요. 어린 소녀들이 영문도 모른 채 공권력에 의해 강제로 동원된 경우도 많았어요. 취업 사기, 유괴, 협박, 납치, 인신매매 같은 다양한 불법적 방식으로 끌려간 거예요. 어디로 가는지도 모르고 이동하여, 군부대에 배치된 후에는 좁은 공간에 갇혀 하루 수십 명의 군인을 상대하며 성적 학대와 폭행, 구금, 착취 등에 시달려야 했죠. 거부하거나 도망가다 들키면 심하게 맞거나 고문을 당했어요. 그러다 죽기도 했지요. 성병과 영양실조가 만연한, 참혹한 현실 속에서 임신과 잦은 강제 낙태 등으로 여성들의 몸은 빠르게 망가져 갔어요.

피해자의 말할 수 없던 고통

어린 나이에 끌려가 몸과 마음을 짓밟힌 소녀들은 일본의 패전으로 전쟁이 끝나면서 현지에 버려지거나 죽임을 당했어요. 겨우 살아 돌아온 경우에도 평범하게 살아가기가 힘들었지요. 사회적 편견과 낙인으로 인한 차별을 감당해야 했고, 많은 경우 가족을 꾸리지 못한 채 가난하고 외로운 삶을 견뎌야 했지요. 신체적으로도 심각한 후유증을 안고 살았을 뿐 아니라 정신적 트라우마와 우울증에 시달리면서도, 자신의 과거에 대해 입을 닫은 채 고통스럽게 살아갈 수밖에 없었죠. 이들은 피해자임에도 불구하고 수치심 때문에 섣불리 입을 열지 못했고 사회도 이 문제를 외면했어요.

동남아시아와 중국, 우리나라 등 다양한 지역의 아시아 여성들이 강제로 끌려갔지만, 일제의 식민지였던 우리나라의 여성들이 가장 많이 동원되어 피해를 입었어요. 일본 정부의 책임 회피와 사실 은폐, 자료 소각, 증언의 한계 등으로 인해 피해자 규모를 정확하게 알 수는 없지만, 최대 20만 명까지로 추산하고 있어요.

침묵을 깨뜨린 용기 있는 증언

길고도 고통스러운 이 침묵을 용기 있게 처음 깨뜨린 건 김학순 할머니였어요. 1991년 8월 14일, 김학순 할머니는 자신이 일본군 '위안부'였다는 사실을 최초로 공개 증언했어요. 전쟁이 끝난 지 무려 46년 만의 증언이었죠. 이 증언은 '위안부' 강제 동원 피해자 증언 운동의 전환점이 되었어요. 사회적으로 비난받을까 봐 두려워서 긴긴 세월 침묵하던 피해자들의 슬픔이 하나둘씩 터져 나오기 시작했어요. 점차 늙어 가던 '위안부' 피해자들은 생전에 일본 정부의 사과를 받고 싶다는 절박한 마음으로 증언을 이어 갔어요. 김학순 할머니로부터 비롯된 용기 있는 증언은 우리나라뿐 아니라 일본에서도 '위안부' 문제를 사회적 의제로 끌어올리는 데 결정적인 기여를 했어요.

이후 피해자들은 시민단체와 함께 일본 정부를 상대로 공식적인 사죄와 법적 배상을 요구하는 운동을 벌였어요. 이들의 증언은 단순한 개인의 경험이 아닌, 일제강점기 인권 유린의 증거이자 반인륜적인 전쟁 범죄의 실상을 알리는 일이었어요. 현재는 '정의기억연대'로 명칭이 바뀐 '정신대문제대책협의회'가 중심이 되어 1992년 이래 매주 수요일마다 일본 대사관 앞에서 일본 정부의 반성과 사죄를 요구하는 '수요시위'를 벌이고 있어요. 피해자들은 일본 법원에 소송을 제기하기도 하고, 일본 국회와 국제 학술회의, 유엔 인권위원회 등에서 증언하기도 했어요.

한일 갈등과 외교적 노력

이후 '위안부' 피해자 문제는 한일관계의 가장 민감한 현안 중 하나로 떠올랐어요. 전쟁 범죄의 피해자들이 살아 있음에도 그들의 명예와 존엄이 온전히 회복되지 않았기 때문이지요. 이는 심각한 문제예요. 일본 정부는 오랫동안 국가적 책임을 부인해 왔어요. 민간업자가 한 일이라거나 합법적이고 자발적인 매춘이었다는 식으로 선을 그으며 문제를 축소하려 했지요. 그러나 일본 내에서도 반성의 목소리가 나오고, 평화적으로 문제를 해결하려는 양국의 노력 덕에 작게나마 성과를 얻기도 했어요.

1993년 고노 요헤이 일본 관방장관이 일본군의 관여와 강제성을 인정하고 처음으로 사죄의 뜻을 표명한 '고노 담화'를 발표했어요. 그러나 일본은 1995년 '아시아여성기금'이라는 민간 성격의 보상기구를 설립해 '위안부' 피해자들에게 돈을 지급하려 했어요. 이는 일본 정부 차원의 공식적인 배상이 아니었어요. 법적 책임을 피하려는 의도가 다분한 민간 모금이었기에 대부분의 피해자가 받기를 거부했지요. 피해자들이 원한 것은 일본 정부의 진심 어린 사죄였기 때문이에요.

2000년에는 일본 도쿄에서 여성국제전범법정이 개최되었어요. 이때 피해자들의 증언을 바탕으로 재판을 진행한 결과 일본군 지도자들과 일본 천황에게 유죄 판결이 내려졌어요. 이 판결에는 법적 효력이 없어요. 그러나 국제적으로 일본군 '위안부' 문제가 전시 성폭력, 전쟁 범죄, 반인도적 범죄라는 점을 분명히 한 상징적인 판결이었답니다.

2007년 아베 신조 일본 총리는 일본군 '위안부'의 강제 동원을 부정하고 2012년 재집권 후에는 고노 담화가 외교적 산물일 뿐이라는 부정적 인식을 퍼뜨렸어요. 2015년 한일 일본군 '위안부' 피해자 문제에 대한 합의가 이루어졌으나, 피해자들의 의견을 충분히 수렴하지 않은 상태에서 정부 간 합의가 이루어져 피해자와 시민 사회가 강하게 반발했어요. 특히 '최종적 및 불가역적 해결'이라는 표현과 소녀상 이전 문제 등으로 오히려 갈등을 증폭시켰지요.

2015년의 합의 이후 일본은 국제 사회에 강제 동원과 성노예 사실을 더욱 적극적으로 부정하기 시작했어요. 2018년 우리 정부는 위 합의를 깨뜨리거나 재협상 요구를 하지는 않겠으나, 합의로 '위안부' 문제가 해결될 수 없다는 원칙을 분명히 했어요. 그러나 '위안부' 문제의 제기 이래 일본 정부는 책임감 있는 모습을 보이지 않을뿐더러, 일본 정치인들의 망언과 역사를 부정하는 발언이 반복되면서 진정성 있는 해결에는 이르지 못하고 있지요.

이용수 할머니의 증언과 국제 사회의 지지

증언이 이어지면서 '위안부' 문제는 점차 국제 사회의 주목을 받기 시작했어요. 특히 영화 〈아이 캔 스피크〉의 모티브가 되기도 한 2007년 이용수 할머니의 증언은 일본군의 '위안부' 문제를 세계에 알리는 데 큰 역할을 했어요. 일본군에게 속은 이용수 할머니는 16살의 나이로 대만 등지에서 '위안부' 생활을 강요당했어요. 해방 후 우리나라로 돌아왔지만 수치심 때문에 오랫동안 과거를 밝히지 못하다가 김학순 할머니의 증언 이후에 용기를 냈지요.

2007년 2월 15일에는 워싱턴 미국 하원 외교위원회 청문회에 출석하여 김군자, 이옥선 할머니와 함께 일본군 '위안부'의 참혹한 실상을 미국 의회에 직접 증언했어요. 이때 이용수 할머니는 어린 나이에 겪은 신체적·정신적 고통을 생생하게 전달하며 일본 정부가 아직도 진정한 사죄를 하지 않았음을 지적했어요. 또한 피해자들은 돈이 아니라 일본이 잘못을 인정하고 후세에 진실을 가르치기를 바란다며, 법적 책임과 역사 교육을 강하게 촉구했지요. 1928년생인 이용수 할머니는 살아 있는 동안 꼭 일본의 사과를 받고 싶고, 역사를 바로잡아야 한다고 강조하며 이 증언이 개인의 명예 회복을 넘어 역사 정의를 위한 행위임을 밝혔어요. 이는 미국 의원들과 청중에게 크나큰 울림을 주었지요.

위 청문회의 증언은 미국의 언론에 대대적으로 보도되어 일본군 '위안부' 문제가 국제적 인권 문제이자 전쟁 범죄임을 재확인하는 계기가 되었어요. 이 증언은 미 하원이 일본 정부에 '위안부'에 대한 공식적인 사과와 책임을 촉구하는 결의안 121호를 만장일치로 채택하게 만드는 엄청난 성과를 거두었죠. 일본 정부의 극심한 방해와 로비 활동을 극복하고 거둔 성과였어요. 이후 캐나다와 네덜란드, 유럽연합 등 세계 여러 나라 의회에서도 비슷한 결의안 채택이 이어졌고, '위안부' 문제는 한일 간의 민감한 외교적 현안을 넘어 세계적 인권 문제로 확산되기에 이르렀어요. 2012년에는 김학순 할머니가 처음 증언한 날인 8월 14일이 '세계 일본군 '위안부' 기림일'로 지정되기도 했지요. 이후 전세계에서 '위안부' 피해자를 추모하는 행사가 이어지고 있어요.

기억을 위한 노력

이제 일본군 '위안부' 피해자 생존자가 점점 줄어들고 있어요. 김학순 할머니가 첫 증언을 한 1990년대 초반만 해도 수백 명이었으나, 지금은 생존자가 10명이 채 되지 않는 데다 대부분 90세 이상의 고령이에요. 증언을 직접 들을 기회는 점점 사라지고 있는데 일본은 여전히 법적 책임을 부정하고 '위안부'가 강제성이 없는 자발적 매춘이었다는 주장을 펼치고 있죠. 이 때문에 피해자들의 목소리를 기록하고 가르치는 일이 더욱 중요해졌어요. 이에 다큐멘터리를 제작하고 증언집이 출간되고 기림비나 박물관 건립 등이 추진되고 있지요.

1990년대 후반에 변영주 감독은 다큐멘터리 〈The Murmuring(낮은 목소리)〉 3부작을 통해 '위안부' 피해자의 증언과 일상을 담담히 기록했어요. 2009년에는 안해룡 감독이 다큐 〈My Heart Is Not Broken Yet(나의 마음은 지지 않았다)〉를 통해 길원옥 할머니의 증언을 기록했고요. 2013년에는 김동원 감독이 다큐 〈끝나지 않은 전쟁: 위안부〉에서는 피해자의 증언과 국제 사회의 활동을 조명했어요.

관련 영화로는 1991년 재일 여성 감독 박수남이 태평양 전쟁 때 오키나와에 강제 연행된 일본군 '위안부' 생존자의 증언을 기록한 영화 〈アリランのうた(아리랑의 노래)〉가 있어요. 이 영화는 1990년대 '위안부' 피해자들의 투쟁을 뒷받침했어요. 이후 2000년대 들어서는 다양한 작품이 제작되었어요. 2016년 조정래 감독의 〈귀향〉을 필두로 2017년 김현석 감독의 〈아이 캔 스피크〉, 2018년 민규동 감독의 〈허스토리〉 등이 만들어졌지요.

영화 〈아리랑의 노래〉 DVD
(출처: 민속박물관)

대전시청 앞 평화의 소녀상
(출처: 대전시청)

2011년에는 김운성, 김서경 작가가 일본군 '위안부' 피해자들을 기리기 위해 '평화의 소녀상'을 제작했어요. 단발머리로 한복을 입은 채 앉아 있는 이 소녀상은 '위안부' 피해 당시 어린 나이에 강제로 끌려가 삶을 빼앗긴 소녀들을 형상화한 거예요. 꼭 움켜쥔 손은 그들의 억울함과 분노, 저항 의지를 나타내고 있지요. 소녀 옆에 놓인 빈 의자는 누구나 옆에 앉아 이들을 기억하라는 메시지를 전해요.

평화의 소녀상은 서울의 일본 대사관 앞에 처음 세워졌어요. 이후 미국, 독일, 호주 등 전 세계에 세워지면서 큰 반향을 불러일으켰고, 많은 이에게 각인된 대표적 '위안부' 기림 조형물이 되었어요. 그러나 일본 정부와 극우단체의 반발로 철거 논란도 왕왕 일어나는데, 현지 시민 사회의 노력과 지지로 유지되는 경우가 많아요. 이 작품은 단순한 조형물을 넘어 역사 정의와 평화의 상징으로 자리 잡았어요. 피해자들의 아픔을 기리는 추모비이자 평화와 인권의 보편적 가치를 상징하는 이 소녀상은, 이제 우리나라를 넘어 세계 각지에서 전쟁 중의 성폭력에 맞서는 연대의 상징으로 확산되고 있어요.

말모이

우리말, 우리 글이 있다는 것

말은 사람의 특징이요, 겨레의 보람이요, 문화의 표상이다…. (중략) 험한 길은 갈수록 태산이라 기어이 우리말과 글을 뿌리째 뽑아 버리려는 포악무도한 왜정은 1942년 시월에 편찬회와 어학회에 관계된 사람 30여 명을 검거하매 사전 원고도 사람과 함께 홍원과 함흥으로 굴러다니며 감옥살이를 겪은 지 꼭 세 돌이나 되었다.

《조선말 큰사전》 머리말

- 감독: 엄유나
- 개봉연도: 2019년
- 관람등급: 12세
- 장르: 드라마
- 등장인물(배우): 김판수(유해진), 류정환(윤계상), 조갑윤(김홍파), 임동익(우현) 등

영화 〈말모이〉는 1940년대 일제강점기를 배경으로 한 역사 드라마예요. 조선어학회가 목숨을 걸고 우리말 사전을 만들었던 실화를 바탕으로, 사라질 위기에 놓인 우리말을 지키기 위해 헌신한 사람들의 이야기를 담고 있어요.

조선어학회의 대표인 류정환은 좋은 집안에서 태어났어요. 그는 어렸을 때 자신의 아버지로부터 우리말의 소중함을 배웠지만, 현재는 친일파가 되어 버린 아버지를 원망하고 그에 대한 반감과 죄책감을 가지고 있지요. 일제의 탄압으로 우리말 사용이 금지되고 조선어 신문인 한글학회 기관지도 강제로 폐간되자 거리엔 온통 일본어만 가득하게 되었어요. 점차 우리말 자체가 사라질 지경에 이르자 정환은 조선어학회 사람들과 함께 위기감과 사명감을 가지고 우리말을 지키려 해요. 이를 위해 우리말 사전을 편찬하려는 말모이 작업에 절실히 매달리게 되죠.

김판수는 평생 글을 배워 보지 못한 채 거칠게 살아가는 가장이에요. 눈치도 빠르고 빠릿빠릿하지만 문맹이라는 사실을 부끄러워하죠. 그런 판수에게는 일류 중학교에 다니는 똑똑한 아들 덕진과 귀여운 어린 딸 순희가 있었어요. 김판수는 대동아극장에서 일하며 빠듯하게 생계를 이어 가고 있었는데, 전과가 있다는 것을 들키는 통에 쫓겨나고 말아요. 엎친 데 덮친 격으로 월사금*이 밀려서 아들이 학교에서 쫓겨날 처지에 놓이게 되었어요. 어떻게든 아들의 월사금을 마련해 주고 싶었던 판수는 경성역에서 나오던 정환의 가방을 훔쳐 달아나죠. 그러나 정환의 가방 속에는 황해도 사투리를 조사한 원고뿐, 돈 되는 것은 하나도 없었어요. 글씨를 읽을 줄 모르는 판수에게는 아무짝에도 쓸모없는 가방이었죠.

정환에게 도둑이라는 최악의 첫인상을 남긴 판수는, 우연한 기회에 조선어학회 사무실에 잡일을 하는 일꾼으로 들어가게 돼요. 정환은 자신의 가방을 훔쳤던 판수를 탐탁지 않게 여기지만 돈이 궁한 판수는 심부름꾼으로서 열심히 일하죠. 그러다 비밀리에 조선어 사전을 편찬하기 위해 고군분투하는 조선어학회 사람들에게 관심이 생기고, 그들의 호의로 한글을 배우면서 차차 문맹에서 벗어나게 되죠. 판수는 글을 배우고 읽게 되면서 우리말에 더욱 관심을 갖게 되고, 우리말과 글을 지키기 위해 사전을 편찬하는 조선어학회 사람들의 작업에 큰 의미가 있음을 깨달아요. 글을 읽지 못해 늘 무시당하고 글자 앞에서 쩔쩔매던 판수가 말모이 작업 과정을 눈앞에서 경험하며 달라지기 시작한

★ **월사금:** 다달이 내던 수업료.

거예요. 판수는 자신이 우리말 사전 편찬 작업에 참여하고 있다는 사실에 큰 자부심을 느껴요. 그리고 적극적으로 조선어학회의 일을 도우며 학회 사람들과도 돈독한 유대를 쌓게 되죠.

하지만 일제의 탄압은 갈수록 심해졌어요. 조선어학회의 사전 편찬 작업을 알아채고 감시와 추적, 이간책을 통해 조직을 와해시키고 사전 원고를 빼앗으려고 하죠. 조선어 사전을 만드는 일이 학문적 연구를 넘어, 민족의식을 높이는 일이기 때문이었죠. 급기야 일본 경찰에게 조선어학회 구성원들이 우르르 잡혀가고, 심한 고문을 당해 죽는 사람까지 생겨요. 이때 정환과 판수는 동지들의 목숨을 건 비호 속에 사전 원고를 빼앗기지 않기 위해 필사적으로 도망쳐요. 이 과정에서 총상을 입은 정환은 스스로 미끼가 되어 일본 경찰들을 유인하고 판수에게 원고 가방을 맡겨 달아나게 해요. 결국 판수도 일본 경찰들에게 쫓겨 궁지에 몰려요. 그 와중에도 원고를 지키기 위해 가방은 체신국 창고 안에 몰래 던져 두고 달아나다 총을 맞고 목숨을 잃지요. 원고의 행방을 알 리 없는 사람들은 사전 원고를 잃었다고 여기게 되죠.

시간이 흘러 1945년 8월, 일본의 패망으로 우리는 해방을 맞이했어요. 감옥에서 풀려난 정환은 뜻밖의 소식을 듣게 돼요. 체신국 창고 구석에서 사전 원고 뭉치가 든 오래된 가방이 발견되었다는 것이죠. 판수가 목숨과 바꾼 말모이 원고가 우편물 아래 숨겨져 그대로 보존된 거예요. 이 원고를 바탕으로 조선어학회의 노력은 결실을 맺어 해방 후 《조선말 큰사전》으로 간행돼요. 정환은 사전을 들고 판수의 자식들인 덕진과 순희를 찾아가지요. 덕진은 교사가 되고 순희는 중학생이 되어 있었어요. 정환에게 받은 사전에는 판수가 아이들에게 남긴 편지가 끼워져 있었어요. 문맹이던 판수가 한글을 깨치고 자신의 아이들에게 하고 싶은 마음속 말을 글로 적어 둔 거예요. 이는 우리말을 쉽게 적을 수 있는 한글의 특성을 보여 주는 장면이기도 해요. 말모이는 우리말 보존을 통해 민족의 정체성을 지키고자 한 많은 이의 헌신과 노력이 감동적으로 드러나는 영화라 할 수 있어요.

> **Q.** 조선어학회에서 우리말과 글을 목숨 걸고 지키려고 했던 이유와 일제가 그 작업을 탄압했던 이유는 무엇일까요?

우리말과 우리 글, 가진 자는 모르는 행복

한글을 모르는 사람이 있나요? 모른다면 이 책을 읽고 있지도 않겠지요. 한글을 창제하고 이를 해설한 책인 《훈민정음》의 서문에는 한글의 특징을 설명하면서, 슬기로운 사람은 아침을 마치기 전에 깨우치고 어리석은 사람이라도 열흘이 지나기 전에 배울 수 있다고 적었어요. 한글이 얼마나 쉽게 익힐 수 있는 글자인지 알 수 있어요. 이는 우리나라의 문맹률이 증명한답니다. 우리나라는 성인 문맹률이 거의 0퍼센트에 달하는 드문 나라예요. 이는 글자를 못 읽는 사람이 거의 없다는 뜻이지요. 너무도 쉽게 줄줄 읽히고 입으로 뱉는 말 그대로를 글자로 표현할 수 있기에 한글의 위대함과 우리말의 중요성을 종종 잊고 지내는 것 같기도 해요.

우리말을 우리 글로 표현할 수 있기에 독특한 우리만의 언어가 오랫동안 이어져 올 수 있었을 거예요. 스스로 하는 생각과 말을 그대로 쉬운 우리 글로 적을 수 있다는 것이 얼마나 큰 행복인지 생각해 본 적이 있나요? 전 세계에 자신만의 말과 글을 모두 가진 나라는 많지 않아요. 이게 얼마나 큰 특권인지 아는 데 긴 설명이 필요 없지요. 만약 우리말만 있고 우리 글이 없어서, 말과 생각을 영어나 한자로 적어야 한다고 생각해 보세요. 친구와 수다 떨 때 스마트폰 메시지나 SNS 메시지를 영어나 한문으로 써야 한다고 생각해 보세요. 혹은 교과서에 나오는 어려운 개념 설명들이 영어나 한문으로 적혀 있다고 생각해 보세요. 재밌다고 소문난 웹툰의 말풍선 속 글자들이 영어나 한문이라고 생각해 보세요. 생각만으로도 가슴이 답답해지지 않나요? 만약 한글이 없었다면, 문자 메시지를 보내고 학교에서 교과서에 나오는 개념들을 한글로 쉽게 이해하고 웹툰을 보면서 낄낄거리는 우리 일상의 많은 일이, 외국어를 할 수 있는 엘리트에게만 주어진 특권이 되었을지도 모를 일이지요. 실은 이게 바로 한글을 만든 이유였답니다.

한글을 창제한 목적

세종은 《훈민정음》에서 한글을 만든 이유와 목적을 직접 밝히고 있어요. "나랏말쏘미 듕귁에 달아…"로 시작하는 문장을 아마 한 번쯤 들어 봤을 거예요. 이를 현대어로 풀면 다음과 같아요.

우리나라의 말이 중국의 말과 달라서 한자와는 서로 통하지 아니한다. 그러므로 어리석은 백성들이 나타내고자 하는 일이 있어도 마침내 제 생각을 얻어 내어 펴지 못하는 사람이 많으니라. 나는 이들을 불쌍하게 생각하여 새로 28자를 만들었는데, 모든 사람이 쉽게 익히어, 날로 씀에 편하게 하고자 할 따름이니라.

당시 조선에는 입으로 뱉는 우리말만 있고 우리 글이 없어서 중국의 글자인 한자를 써야 했어요. 글자는 외국어인 한자뿐이기에, 글은 오로지 지식인의 전유물이었죠. 한자를 모르는 사람들은 자기 생각을 글로 표현할 수조차 없었어요. 이를 안타깝게 여긴 세종이 백성 모두가 우리말을 쉽게 표현할 수 있도록 한글을 만든 거예요. 곧, 한글은 우리 민족의 언어를 온전히 기록할 수 있는 문자인 것이죠.

문자를 가진 나라는 많지만 자국 고유의 문자를 가진 나라는 손에 꼽을 정도로 적어요. 역사적으로 인류가 사용한 문자는 400여 종이 된다고 하는데, 현재 사용되는 문자는 약 30종이라고 해요. 그 가운데 한 나라에서 창제한 고유 문자는 한글을 비롯해, 한자, 로마자, 아라비아 문자, 인도 문자, 에티오피아 문자로 딱 여섯 개뿐이죠. 그중 배우기 가장 쉬운 문자가 바로 한글이에요. 한글은 19개의 자음과 21개의 모음으로, 원리상 거의 무한대에 가깝게 소리를 표현할 수 있는 문자예요. 문자가 말을 표현하는 매체라는 점에서, 배우기 쉬우면서 거의 모든 소리를 다 표현할 수 있는 한글은 세계 최고의 문자라고 하기에 부족함이 없어요. 이런 우수성을 인정받아 한글은 2009년과 2012년에 열린 세계문자올림픽에서 금메달을 받기도 했죠. 유네스코에서 문맹 퇴치를 위해 만든 상 이름도 '세종대왕상'이랍니다.

우리말과 한글을 금지한 일제

일본은 왜 우리나라 사람들에게 우리말과 글을 쓰지 못하게 했을까요? 일본은 1910년 조선을 강제로 병합한 후 조선인들의 문화와 정체성을 지우고 일본 천황에 충성하는 완전한 일본의 식민지민으로 개조하려는 정책을 구사했어요. 이른바 민족성 말살을 통한 동화 정책이라는 거예요. 조선에 대한 단순한 정치적 지배를 넘어 문화적·정신적으로 완전한 식민화를 꾀했던 것이죠. 이를 위해 다양한 작업을 진행했는데, 일단 조선사 편수 사업과 고적 조사 사업이라는 것을 벌였어요. 그들은 우리나라의 역사 연구와 고고학적 발굴을 통해 일본인과 조선인이 동족임을 밝히고 피폐한 역사를 증명하여 병합의 정당성을 확보하겠다는 야욕을 공공연하게 드러냈어요. 무엇보다 일제가 주도적으로 조선사를 연구하고 유물을 발굴하여, 우리나라의 역사에 대한 해석과 고고학적 발굴 성과를 자신들의 통제하에 두려고 했어요. 유물이라는 껍데기는 보존하되 그 안에 담긴 내용은 없애고 왜곡해 조선의 정체성을 없애려는 속셈이었죠.

위와 같은 일본의 식민지 정책은 조선에 존재하는 무형의 유산들과 공존하기 어려웠어요. 조선의 말과 글, 민속 등 눈에 보이지 않는 것들이야말로 우리나라의 고유한 정신과 깊은 관계를 가지고 있기 때문이에요. 이런 것들이 지속되는 한 조선인들을 완전히 일본 천황에게 충성하도록 만들 수는 없을 테니까요. 이에 강제 병합 후 일본은 학교에서 매일 가르치는 '국어'를 일본어로 바꾸었어요. 이제 학교에서 국어라고 하면 일본어를 가리키게 된 거예요. 우리말은 식민 지배의 편의를 돕는 '지방어' 취급을 했어요. 마치 오늘날의 제2외국어처럼 '조선어와 한문'으로 묶어 적은 시간만 가르쳤죠.

일제 식민 통치의 3단계

일제의 한반도에 대한 식민 통치는 크게 세 시기로 구분해요. 강제 병합에서 3·1 운동까지를 제1기, 3·1 운동 이후부터 1931년 일제의 만주 침략까지를 제2기, 만주 침략부터 일본의 패망까지를 제3기로 보죠. 무력을 동원한 강제적 식민 지배라는 본질은 전부 마찬가지지만, 시기별로 통치 방식이 조금씩 달라요.

처음에는 헌병경찰제로 상징되는 강력한 '무단 통치'를 시행했어요. 헌병경찰제란 제복과 대검을 착용한 군인인 헌병이 일반 치안, 사법, 행정 등 경찰의 업무까지 도맡아 조선 사회 전체를 무력으로 통제하려던 제도예요. 전국의 주요 도시는 물론 지방의 말단까지 헌병들을 촘촘하게 배치하여 조선인들을 감시하고 언론, 출판, 집회, 결사의 자유를 전면 금지했어요. 이를 통해 조선의 독립운동을 무력으로 제압하고 일본어를 강요하는 등 조선인들의 전통 질서를 강제로 파괴했죠.

그러나 1910년부터 약 10년간 지속된 무단 통치는 조선인들의 크나큰 반발을 불러일으켰어요. 1919년 3·1 운동이라는 대규모의 전국적 저항이 일어난 거예요. 이에 무단 통치의 한계를 느낀 일본은 '문화 통치'라는 그럴듯한 말로 식민지 정책을 수정해요. 무단 통치의 강압적인 이미지를 누그러뜨리고 거세진 반일 감정을 다독이기 위해 조선인을 회유하기 시작했어요. 언론, 출판, 집회, 결사의 자유를 일부 허용하거나 헌병경찰의 일부를 축소하는 식이었죠.

그러나 겉으로의 시늉일 뿐 실질적 통제는 이전보다 훨씬 심해졌어요. 3·1 운동으로 조선 민중의 힘을 느낀 일본은 경찰 수를 늘려 독

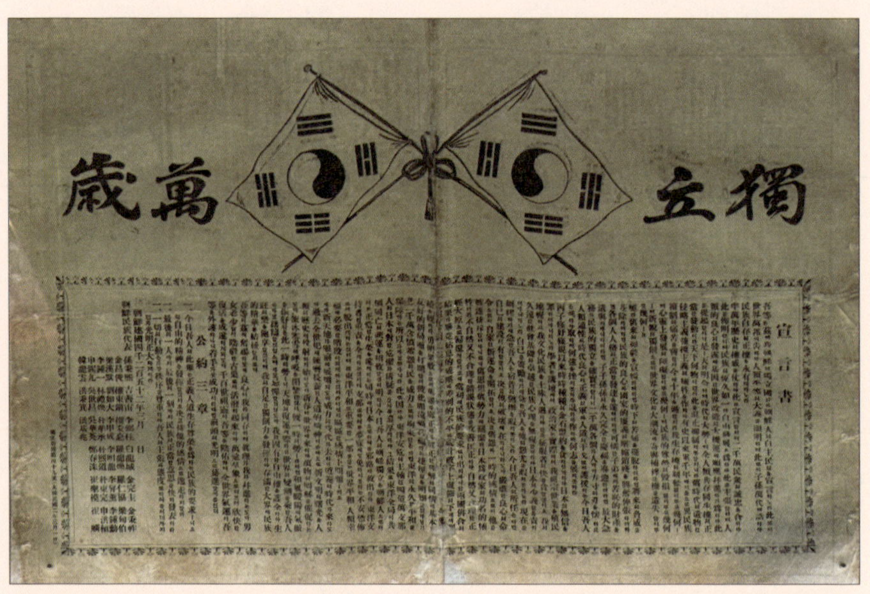

1919년 3월 1일 자 〈독립신문〉에 게재된 독립선언서

립운동을 더욱 철저하게 감시하고 탄압했어요. 몇몇 조선인에게 교육의 기회를 주는 척하면서 실은 차별적 신민화 교육을 확대하고 일본어와 일본사 교육을 강화했죠. 조선의 경제에 대한 수탈도 거세져만 갔어요. 3·1 운동 이후 1930년대 초까지의 문화 통치는 겉으로 합법적인 척하면서 안으로는 더욱 정교하게 식민 지배를 합리화하고 조선인에 대한 감시와 통제를 강화한 지배 방식이었어요.

1930년대 들어 대륙 침략을 본격화한 일본은 조선에 대한 식민 통치 방식도 전환했어요. 민족 말살 통치와 황국 신민화 정책이 급격히 진전되었죠. 바로 이 시기가 영화 〈말모이〉의 배경이 되는 시기예요.

일제의 민족 말살 통치

1931년 일본은 중국 동북부를 침략
하여 만주 지역을 점령하며 긴긴 전
쟁의 서막을 올렸어요. 이른바 만주
사변으로, 일본은 이후 '만주국'이라
는 괴뢰 정권*을 수립하고 대륙을 적
극적으로 침략했어요. 만주사변은 결
국 1937년 중일 전쟁을 일으키게 되
고 1941년 태평양 전쟁으로 확전되는
최악의 상황으로 치달았어요. 여기에
독일과 이탈리아의 제국적 팽창주의

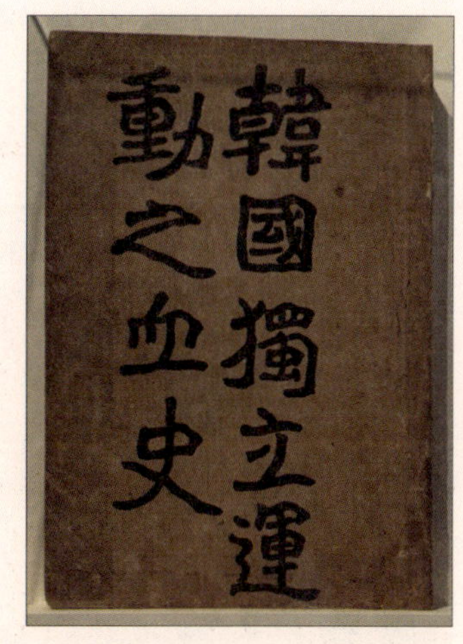

박은식이 쓴 《한국독립운동지혈사》.
책 제목은 '한국 독립운동 피의 역사'
라는 뜻으로, 1884년부터 1920년까
지의 독립운동사를 다룬다.

가 가세하면서 인류 역사상 가장 규모가 크고 파괴적인 제2차 세계대
전으로 이어지게 되죠. 이 모든 전쟁을 일으킨 장본인인 일본은 장기
간의 전시 체제에 돌입했어요. 일본은 이 전쟁 기간 동안 온갖 반인륜
적 전쟁 범죄를 저지르며 훗날 국제 사회로부터 전쟁 범죄 국가로 규
정돼요. 그리고 바로 이 시기에 조선에 대한 식민 통치 정책은 엄혹한
민족 말살 통치와 황국 신민화 정책으로 바뀌었어요.

일본은 본토는 물론 식민지 조선까지 모두 전쟁을 위한 총력전을 펼
칠 것을 요구했어요. 이에 전쟁을 위해 인적·물적 자원을 총동원하는

★ **괴뢰 정권**: 겉으로는 독립된 국가의 모습을 하고 있으나 실제로는 남의 나라에 종속되어 있는
정부.

전쟁에 강제로 동원되는 조선인의 불만을
누그러뜨리려 징용에 대한 사항을 문답 형식으로
작성한 책자 《조선징용문답》. 강제 징용을
국가에 대한 영광이라고 포장했다.

일본은 총이나 대포 등 군수물자를 만들 금속을
확보하기 위해 민간의 놋그릇이나 숟가락, 사찰의
종이나 촛대까지 모두 거두어들였다.

전시 총동원 체제를 구축했지요. 특히 일본이 중국으로 넘어가는 길목
에 있는 조선을 대륙 침략의 병참 기지*로 활용하려 했어요. 그런데 조
선인을 전쟁에 내보내고 조선에서 전쟁 물자를 안정적으로 빼내기 위
해서는 조선인들을 완전히 일본인화할 필요가 있었어요. 조선인이라
는 민족 정체성을 아예 없애고 일본 천황에게 복종하는 충성스러운 일
본 국민으로 개조하기 위해 교육과 각종 제도를 동원했지요. 이것이
바로 민족 말살 통치와 황국 신민화 정책이에요.

★ **병참 기지**: 군사 작전에 필요한 인원과 물자를 관리·보급·지원하는 근거지.

우리를 우리답게 하는 말, 글, 이름

민족정신과 전통을 유지하는 데 가장 큰 요소는 말이나 글과 같은 언어생활, 신앙, 생활 습관 등이에요. 이에 일본은 사회 전반에 걸쳐 적극적으로 조선을 지우려고 했어요. 우선 1938년 제3차 조선교육령을 내려 '국어'와 '국사', 즉 일본어와 일본사 교육을 크게 강화했지요. 학교에서 조선어 사용을 금지했으며 한국의 역사와 지리는 교육 과정에서 없애 버렸어요. 조선어 역시 수업 시수가 주 1시간에 불과하여 교육 과정에서 제외된 것이나 마찬가지였어요. 이 교육 정책의 목적은 '일본어를 통한 일본 문화의 이해와 일본 국민성 함양'이었어요. 궁극적인 교육 목표는 '충성스럽고 착한 황국 신민 육성'이었고요.

1940년에는 창씨개명을 강제했어요. 글자대로 풀어 보면 씨氏를 창설하고 이름[名]을 고친다는 뜻이에요. 즉, 우리나라 사람으로서의 혈통을 드러내는 성씨와 이름을 모두 일본식으로 바꾸도록 강요한 것이

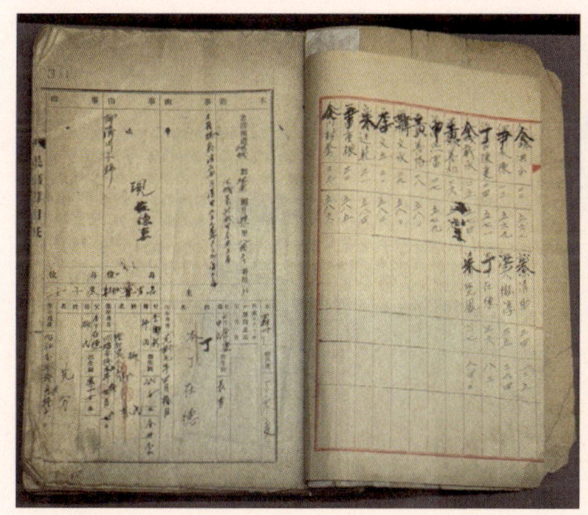

창씨개명 호적부. 창씨개명을 하지 않는 사람들은 학교 진학과 취업 등 생활에 불이익을 받았다.

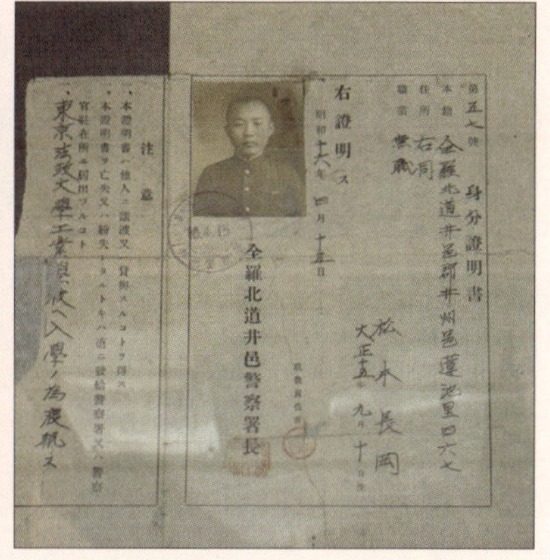

창씨개명한 조선인의 신분 증명서. 일본식 이름이 적혀 있다.

지요. 조선의 성씨를 사용할 수 없다는 것은 궁극적으로 조선인이라는 관념을 흩뜨리고 민족 정체성을 파괴하기 위한 것이었어요. 거기에 일본식 가족제도를 도입하여 조선의 전통적 가족제도를 변질시키려 했어요.

영화 〈말모이〉는 이 같은 1940년대 초반을 배경으로 하고 있어요. 민족 말살 통치와 황국 신민화 정책이 강력히 시행되던 사회상이 잘 드러나 있지요. 판수의 아들 덕진이 학교에서 일본식 이름으로 불리거나, 일본어만 사용할 것이 폭력적으로 강요되는 모습이 드러나요. 거리에서 아이들은 우리말을 쓰지 않고, 판수가 어린 딸 순희에게 우리말을 가르치자 덕진이 이를 말리는 상황도 나오고요.

그런데 역설적이게도 일제강점기의 동화 정책 가운데 가장 실패한 것으로 평가되는 것이 민족어문 말살 정책과 창씨개명이에요. 애초에 말과 글, 문화에 기반한 가족제도, 성씨 등을 없애려는 일본의 발상은 반문명적인 것이었어요. '내 말이 거짓말이면 성을 간다!'라는 식의 표현을 들어 본 적이 있을 거예요. 그만큼 우리나라에서는 혈연 집단에 대한 전통이 강했고, 성을 바꾸는 일은 모욕적인 일이었어요. 일제강점기 동안 우리말과 글이 없어지지 않은 것은 물론이거니와, 해방 이후 일제의 여러 정책 중 가장 빠르게 제자리로 되돌아간 것도 바로 이름이었지요.

우리말 지킴이 조선어학회

영화 〈말모이〉에서 정환과 동지들이 벌인 말모이 작업은 조선어학회의 사전 편찬 사업이라는 실제 사건을 바탕으로 하고 있어요. 3·1 운동 이후 일본의 동화 정책에 대항하여 우리말을 지키려는 움직임이 본격적으로 일어났어요. 한글학자 주시경의 제자들을 중심으로 1921년 '조선어연구회'라는 학술단체가 설립된 것이죠. 우리말의 정확한 법리 연구를 목적으로 설립된 조선어연구회는 1926년 훈민정음 창제 480주년을 맞아 기념식을 개최하고 훈민정음 반포일을 '한글날'로 선포했어요. 이후 국어학자 이극로가 가세하면서 1931년 '조선어학회'로 학회의 이름을 바꾸었어요.

조선어학회는 민족어의 규범을 만들기 위해 철자법을 정리하는 한편 각지의 조선어를 한데 모아 체계화하는 사전 편찬 작업에 들어갔어요. 그러나 사전을 편찬하는 일은 쉽지 않았어요. 일단 표준어와 맞춤법을 정리하고 통일하는 작업이 선행되어야 했어요. 이에 '한글 맞춤법 통일안', '조선어 표준말 모음', '외래어 표기법 통일안' 등을 펴내어 철자법과 표준어, 외래어 표기를 차근차근 정리해 나갔어요.

우리말의 통일을 위한 작업이 일단락되자 조선어학회는 1936년 조선어사전편찬회가 추진해 온 업무를 이어받아 본격적으로 사전 편찬 작업에 집중했어요. 어휘를 수집하고 정리하며 그에 대한 해설까지 덧붙이는 일은 50여 명의 전문 위원이 10년이 넘는 세월 동안 고심하며 매달리고 각 분야의 전문 학자들에게 전문 용어를 맡겨 성과를 본 방대한 작업이었어요. 1940년에는 드디어 16만 어휘, 3000여 개의 삽화를 곁들인 《조선말 큰사전》의 원고가 모습을 갖추었지요. 이를 출간하기 위해 심혈을 기울이던 가운데 '조선어학회 사건'이 터졌어요.

조선어학회에 대한 극심한 탄압

조선총독부는 한글 운동을 벌인 데다 우리말 사전을 만들고 있는 조선어학회를 일찍부터 예의 주시하고 있었어요. 일본은 조선어학회를 민족 고유어를 지키고 연구하며 독립 정신을 고취하려 한 민족주의자들이자 사상범 집단으로 보고, 탄압해야 할 요주의 인물들로 간주했어요. 조선어 사전 편찬 작업은 일본의 동화 정책에 전면 배치되는 사업으로, 이를 추진하는 조선어학회는 일본에 눈엣가시 같은 존재들이었죠. 이미 학회의 활동 과정에서 임원인 이윤재와 김윤경이 검거되고 최현배, 이극로, 이희승 등 학회 주요 인물들은 학교에서 쫓겨나거나 경찰에게 괴롭힘당하고 있는 상태였어요. 조선어학회는 언제 해산당해도 이상하지 않을 정도로 극심한 감시 대상이었던 것이죠.

이에 조선어학회는 《조선말 큰사전》의 출간이라는 목표를 달성하기 위해 학회 간사장이었던 이극로가 일본에 협력적 태도를 보이는 등 안간힘을 쓰고 있었어요. 영화 〈말모이〉 후반부에서 정환이 보인 친일적 태도가 바로 이러한 상황을 반영한 거예요. 그러나 이 같은 노력이 무색하게, 1942년 사전의 출간을 목전에 둔 어느 날 조선어학회에 대한 일본의 탄압이 시작되고 말았어요. 함흥 영생고등여학교 학생 박영옥은 기차 안에서 우리말로 친구들과 수다를 떨고 있었어요. 그러다 조선인 경찰 야스다에게 발각되어 취조를 받았는데, 이 여학생들에게 민족주의적 감화를 준 사람이 조선어 사전 편찬자 중 한 명이던 정태진임이 드러난 거예요. 이 사건의 불똥이 조선어학회로 튀며 사건은 일파만파 커졌어요.

일제는 조선어학회의 핵심 회원과 사전 편찬을 후원한 사람들을 쥐잡듯이 뒤졌어요. 33명이 잡혀가고 48명이 증인으로 불려 나와 혹독하게 취조를 당했지요. 잡혀간 이들은 모두 치안유지법에 따라 조선의 독립을 꾀한 내란죄로 유죄를 받았어요. 당시의 판결문을 보면 "고유 언어는 민족 의식을 양성하는 것이므로 조선어학회의 사전 편찬은 조선 민족 정신을 유지하는 민족 운동의 형태다"라고 서술하고 있어요. 이때 이극로·이윤재·최현배·이희승·정인승·정태진·김양수·김도연·이우식·이중화·김법린·이인·한징·정열모·장지영·장현식 등 16명의 주요 인사가 함흥형무소에 수감되었고, 그중 이윤재와 한징이 감옥 안에서 눈을 감았지요.

258쪽 글에서 "우리말과 글을 뿌리째 뽑아 버리려는 포악무도한 왜정은 1942년 시월에 편찬회와 어학회에 관계된 사람 30여 명을 검거하매 사전 원고도 사람과 함께 홍원과 함흥으로 굴러다니며 감옥살이를 겪은 지 꼭 세 돌이나 되었다"라고 한 내용이 바로 이 조선어학회 사건이에요. 이들은 1945년 해방이 되고 나서야 석방되었어요.

행방불명된 원고가 사전이 되기까지

조선어학회 사건이 터지면서 생긴 가장 큰 일은 수많은 사람이 10년 넘게 피땀 어린 노력을 기울인 사전 원고가 사라졌다는 것이었어요.

치안유지법 위반의 증거물로 함경남도 홍원경찰서와 함흥지방법원에 제출된 것까지는 분명했지만 그 뒤로 원고가 어디 갔는지는 알 수 없었어요. 사전 간행 자체가 불가능해지자 그 좌절감은 이루 말할 수 없었죠. 그러나 해방 후 채 한 달도 지나지 않아 원고가 발견되었어요. 1945년 9월 8일, 현재의 서울역인 경성역 화물 창고에 원고 더미가 잠들어 있었던 거예요. 마치 하늘이 지켜 준 것 같은 행운이었어요.

되찾은 원고는 전면 재검토되었어요. 일제의 삼엄한 감시 아래 급박하게 만들어 간 원고이기에 부족한 부분을 보충하고자 사전 편찬원을 보충하여 올림말, 즉 표제어와 뜻풀이를 하나하나 다시 검토했지요. 그리고 마침내 1947년 한글날에 《조선말 큰사전》이 간행되었어요. 사전 전체 원고는 올림말이 10만 개가 넘는 엄청난 분량인 데다 비용이 부족한 탓에 우선 첫 번째 권만 발행했지요. 이것이 영화 〈말모이〉 끝부분에서 정환이 덕진과 순희에게 가져다준 바로 그 사전이에요.

해방 후 혼란스러운 국내의 상황은 사전의 간행을 더욱 힘들게 만들었어요. 그러나 비용이 모자라 띄엄띄엄 간행할지언정 사전의 간행은 멈추지 않았어요. 학회명도 '한글학회'로 변경하고 사전의 이름도 '큰사전'으로 바꿨어요. 사전 3권까지를 펴냈을 때 1950년 6·25 전쟁이 터졌어요. 단기간에 서울이 함락되자 간행되지 못한 4~6권의 원고를 학회 이사장 최현배의 집에 숨겨 두고 학회 사람들은 긴급하게 이곳저곳으로 피신했어

《조선말 큰사전》 제1권
(출처: 국립민속박물관)

요. 인천 상륙 작전으로 되찾은 서울에 다시 모인 사전 편찬원들은 전
쟁통에 원고가 또다시 사라질 수도 있다는 공포에 사로잡혔어요. 이에
10여 명이 달려들어 한 달 동안 남은 세 권의 사전 원고를 일일이 베
껴 써서 두 부의 원고로 만듦으로써 혹시 모를 위험에 대비했어요. 베
낀 원고는 최현배의 집 마당에, 원본은 충남 천안 류제한의 고향집 마
당에 묻었지요.

3년이나 이어진 6·25 전쟁은 온 국토와 시설을 초토화시켰어요. 휴
전으로 한글학회 업무는 정상화되었지만 인쇄용 물자가 모두 불탄 데
다 돈도 구하지 못하고, 정부에서는 비합리적인 '한글맞춤법 간소화
안'을 강제로 시행하려 하는 등 불행의 연속이었죠. 이 모든 고난을 극
복하고 1957년 10월 9일 한글날, 마침내 사전 마지막 권인 제6권이 간
행되었어요. 전체 3558쪽에 올림말 16만 4000여 개를 실은 첫 번째 우
리말 대사전이 완간되는 순간이었어요. 무려 30년에 걸쳐 일제강점기
의 극심한 탄압과 6·25 전쟁의 고난을 견뎌 낸 사람들이 생계를 뒤로
하고 피, 땀, 눈물을 갈아 넣은 역작이었죠.

우리말을 지켜야 하는 이유

한글학자 주시경은 1897년 4월 22~23일 자 〈독립신문〉의 기고문을
통해 다음과 같이 한글의 쓸모를 주장했어요.

한글은 어리석은 어린아이라도 하루 동안만 공부하면 넉넉히 다 알
만하다. 그런데도 한자처럼 어렵고 어려운 그 몹쓸 그림을 배우려

고 다른 일은 아무것도 못 하고 다른 재주는 하나도 못 배우고 십여 년을 허비하여 공부하고서도 성취하지 못하는 사람이 태반이다. 이 때문에 백성은 무식하고 가난해지며 나라는 어둡고 약해지는 것이다. 세종대왕이 남녀노소 상하 빈부 귀천 없이 편리하게 쓰도록 창제한 훈민정음으로 모든 일을 기록하여 우리나라 독립에 기둥과 주초가 되어야 한다.

주시경은 공부나 학문, 사회의 각종 업무를 어려운 외국어인 한문으로 하기 때문에 보통의 백성들이 전문적인 지식에 접근할 수 없다고 생각했어요. 주시경이 지적한 한문 중심의 당시 분위기는 우리말을 소홀히 하고 영어를 중요하게 여기는 오늘날의 모습과도 닮아 있어요. 혹시 한글로 표현할 수 없는 개념어를 제외하더라도, 충분히 우리말로 쓸 수 있는 말을 생각 없이 외래어로 쓰고 있지는 않은가요? '홈페이지'를 '누리집'으로 부르는 한글 순화어를 촌스럽다고 생각하지는 않나요? 휴일에 '베프'와 '카페'에서 '갈릭 오일'을 뿌린 '샐러드'로 '브런치'를 먹고, '마트'에 가서 '쇼핑'을 하고, '러닝크루'에 가입하여 '러닝화'를 신고 '러닝'하는 것을 '루틴'으로 삼고 있을지 모르는 여러분의 일상 속에 우리말이 어떤 모습으로 자리 잡았는지 궁금합니다.

여러 환경이 달라진 글로벌 시대인 오늘날 영어가 현대인에게 매우 유용한 언어임을 부정하는 것은 아니에요. 다만 "말은 사람의 특징이요, 겨레의 보람이요, 문화의 표상이다…. 우리말은 곧 우리 겨레가 가진 정신적 및 물질적 재산의 총목록이라 할 수 있으니 우리는 이 말을

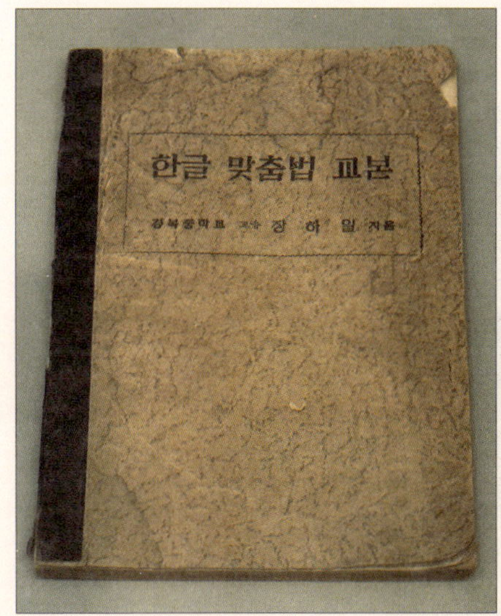

1946년 경복중학교 교사 장하일이 만든
《한글 맞춤법 교본》. 광복 직후 한글 교재
부족으로 학교 교사들이 직접 교재를 만들어
사용했다.

1948년 문교부가 발행한 우리나라 최초의
국정 국어 교과서 《바둑이와 철수》.
소리, 글자, 단어, 문장을 동시에 가르치고 있다.

떠나서는 하루 한때라도 살 수 없는 것이다"로 시작하는 《조선말 큰
사전》의 머리말을 한 번 곱씹어 볼 필요는 있다고 생각해요. 우리말을
잃는 순간, 우리는 우리말로 고급 개념을 쉽게 배우고 우리말로 생각
한 것을 표현할 수 있는 특권도 잃을 테니까요. 조선어학회 사건을 바
탕으로 제작한 영화 〈말모이〉는, 너무도 익숙하여 소중함을 잊기 쉬운
우리말에 대해 다시 한번 깊이 생각해 볼 것을 요구하는 듯합니다.

CINEMA
현대

웰컴 투 동막골
동족상잔의 비극 6·25

북한군은 오늘 아침 남한의 여러 지점을 침략했다. 군사 행동은 새벽 4시에 시작되었고, 옹진은 북한군 포격에 휩싸였다. 오전 6시경 북한군 보병이 옹진, 개성, 춘천 국경을 넘어왔으며 강릉 남쪽 해안으로도 상륙했다. 개성은 오전 9시에 함락된 것으로 보고되었으며, 10여 대의 북한군 탱크가 작전에 참여하고 있다. 공격의 성격과 방법으로 보아 남한에 대한 전면 공격으로 보인다.

무초Muccio 주한 미국대사의 미 국무부 보고, 1950년 6월 25일

◆ **감독:** 배종(박광현)

◆ **개봉연도:** 2005년

◆ **관람등급:** 12세

◆ **장르:** 드라마, 전쟁

◆ **등장인물(배우):** 리수화(정재영), 표현철(신하균), 여일(강혜정) 등

2005년 개봉한 영화 〈웰컴 투 동막골〉은 연극 〈웰컴 투 동막골〉을 각색한 전쟁 영화입니다. 우리 민족 최대 비극인 6·25 전쟁을 소재로 삼았지만 희극적인 전개로 평화의 가치와 중요성을 드러내고 있지요.

이 영화의 배경은 6·25 전쟁이 한창인 1950년 9월이에요. 지리적 배경은 강원도 깊은 산골짜기에 자리한 가상의 산골 마을 동막골이지요. 1950년 9월은 6·25 전쟁 당시 유엔군의 인천 상륙 작전이 감행된 시기예요. 한반도가 전쟁의 포화에 시달리지만 동막골은 외부 세계와 완전히 단절되어 주민들은 전쟁이 일어난 줄도 모른 채 평화롭고 순박한 일상을 살고 있었어요. 그런데 이 마을로 예상치 못한 인물들이 흘러들어오게 되죠.

미군 파일럿 스미스는 사고로 추락하여 간신히 살아남았다가 산골 소녀 여일의 눈에 띄어 동막골에 들어와요. 마을 사람들은 영어를 전혀 모르지만 부상당한 그를 따뜻하게 돌봐 주죠. 인민군 장교 리수화는 살아남은 두 명의 대원 영희와 택기를 데리고 북으로 가기 위해 산속을 헤매다가, 여일을 만나 동막골로 들어가요. 같은 시각, 탈영한 국군 일병 문상상은 자살하려는 국군 소위 표현철을 구한 후 함께 움직여요. 이들은 스미스 대위를 치료할 약초를 캐러 나온 동막골 주민과 마주친 뒤 동막골로 오게 되지요. 이렇게 국군과 인민군, 연합군 소속 미군이 동막골에서 만나게 되었어요.

인민군 셋과 국군 둘은 서로를 보자마자 총과 수류탄을 들고 살벌하게 대치하지만, 전쟁도 총도 모르는 동막골 주민들은 그저 아이들 싸움처럼 이들을 바라볼 뿐이었죠. 무기를 들고 며칠 밤을 새우던 이들은 극심한 피로를 느끼게 되고, 결국 인민군 소년병 택기가 실수로 수류탄을 떨어뜨려요. 불발탄인 줄 알았던 수류탄이 곡물 창고로 굴러 들어가 폭발하면서, 옥수수가 팝콘이 되어 눈처럼 흩날리고 마을 주민들의 식량도 날아가 버렸죠.

마을의 식량 창고를 날려 먹었다는 죄책감에 양측 군인들은 마을에 잠시 머물며 식량 창고를 채울 때까지 일해 주기로 해요. 이들은 서로 다른 이념과 사상을 내려놓고 천진한 동막골 사람들에 동화되어 잠시나마 행복한 시간을 보내요. 대립을 멈춘 이들은 사실 모두 전쟁의 가해자인 동시에 피해자였어요. 전쟁을 치르면서 수많은 사람을 죽였다는 사실에 죄책감을 느끼는 수화는 자신이 전투의 선봉에 어울리지 않는 지휘관이라 생각해요. 심각한 전쟁 트라우마에 시달리는 현철은 무고한 민간인을 대량으로 희생시킨 한강 인도교 폭파 사건의 담당자였음이 암시돼요. 인공기를 가슴에 품고 다닐 만큼 이념으로 무장된 소년병 택기는 전쟁이 북한의 남침이 아닌 남한의 북침 때문에 일어났다고 믿고서 전쟁에 동원되었고요. 스미스는 남의 나라 전쟁에 끌려왔다가 말도 통하지 않는 산골에 추락한 부상병이죠.

그러나 전쟁의 현실은 동막골의 평화를 내버려두지 않아요. 연합군이 스미스의 추락 원인을 조사하다 동막골 인근을 인민군의 거점 기지로 잘못 알고 대규모 폭격을 계획한 거예요. 동시에 스미스를 구출하기 위해 공수부대를 파견하지요. 이 과정에서 동막골 소녀 여일이 총에 맞아 죽게 돼요. 이를 목격한 남북한 군인들은 동막골 사람들을 지키기 위해 '연합군'이 되어 작전을 펼쳐요. 지휘를 맡은 현철은 스미스를 본부로 보내 추가 폭격을 막도록 하는 한편, 자신들은 마을에서 멀리 떨어진 곳에 가짜 기지를 만들어 폭격을 유도해요. 작전은 성공하지만, 이는 폭격을 유도한 이들의 죽음을 의미했죠. 전투기의 대대적인 폭격으로 영희와 택기가 먼저 숨지고 수화와 현철, 상상은 동막골을 구했다는 안도감에 환하게 웃으며 마지막을 맞이하지요.

이 영화는 참혹한 전쟁의 실상을 직설적으로 보여 주는 대신 동막골의 천진함과 평화로움을 강조함으로써 6·25 전쟁이 비극이었음을 드러내요. 군복을 벗고 일상복을 입으면 남북한을 구분할 수도 없는데, 서로에게 총구를 겨눈 전쟁의 허무함을 곱씹게 됩니다.

Q. 6·25 전쟁은 왜 일어났으며 어떤 결과를 초래했나요?

6·25 전쟁의 배경

영화의 배경이 되는 6·25 전쟁은 '동족상잔의 비극'이라는 별칭이 있어요. 같은 민족끼리 서로 죽인 슬픈 전쟁이라는 것이죠. 생각해 보면, 고려 태조 왕건이 후백제와 신라까지 통합하며 삼한일통을 이룬 이래 조선시대까지 천 년 이상을, 외세의 침입은 있어도 한반도 내에서 내전은 없었어요. 그러나 6·25 전쟁은 우리끼리 총구를 겨눠 어마어마한 사상자를 낸 것을 넘어 외부 세력까지 동원하여 한반도 전 국토를 초토화시킨 참극이었어요.

제2차 세계대전이 끝나자 전범국 일본의 처리 문제는 강대국 사이의 중요한 현안이었어요. 미국과 소련이 세계를 양분화하는 냉전 구도가 본격화되자, 두 나라는 항복한 일본군의 무장 해제를 위해 한반도를 임시로 분할 점령하기로 했죠. 북위 38도선을 경계로 하여 남쪽에는 미군이, 북쪽에는 소련군이 주둔한 거예요. 한반도가 미·소 냉전의 최전선이 되어 버린 것이죠.

원래는 모스크바결정서에 따라 미소공동위원회를 구성하고 한반도

1946년 신탁 통치 반대 성명서

에 민주 정부를 세운 뒤 이 정부와 협력하여 신탁 통치를 의논하려고 했는데, 미소공동위원회가 누차 결렬되었어요. 국내에서는 신탁 통치에 대한 찬반 갈등과 함께 좌우 이념 대립이 극심해졌어요. 한반도에 통일 정부를 세우려는 시도들은 모두 물거품이 되고 말았죠. 결국 우리나라 문제는 유엔으로 넘어갔고, 소련이 유엔의 남북한 총선거 결정을 거부하면서 한반도의 남과 북에는 서로를 인정하지 않는 두 개의 정권이 들어섰어요. 남쪽의 대한민국 정부와 북쪽의 조선민주주의인민공화국이 그것이에요. 이들은 서로 한반도의 유일한 합법 정부임을 주장하며 상대 정권을 무너뜨려 통일을 이루고자 했어요. 북한에서는 남한을 미국이 친일파를 내세워 통치하는 식민지라며 비난했고, 남한은 남한대로 북진 통일을 주장하며 북한을 적대시했지요.

곧 북한은 소련, 중국과의 합의를 통해 남한을 무력으로 통일하겠다는 계획을 세웠어요. 1949년 6월 주한미군이 남한에서 철수하자, 스탈린은 전쟁 시 중국의 지원을 조건으로 북한의 남한 무력 통일을 승인했어요. 중국은 미국 참전 시 북한을 지원하겠다고 약속하고요. 이에 북한은 전면적인 공격으로 빠르게 수도 서울을 점령하고 한국 정부를 붕괴시켜 한 달 내로 전쟁을 끝낸다는 계획을 세웠어요. 남한의 이승만 정권도 북진 통일을 주장했지만 남한은 전쟁 준비가 제대로 되지 않은 상태였지요.

6·25 전쟁의 발발

북한은 자신들의 계획에 따라 1950년 6월 25일 새벽에 남한에 대한 전면 공격을 개시했어요. 38선 전역에 걸쳐 기습적으로 남한을 침공한 것이죠. 남한은 북한군의 기습 공격에 제대로 대응하지 못했어요. 북한은 전쟁이 시작된 지 5시간 만에 개성을, 3일 만에 서울을 점령했어요. 그러나 빠르게 진격하여 군대를 섬멸하고 남한을 점령한다는 계획은 뜻대로 되지 않았어요. 당시 대통령이던 이승만이 다급하게 미국에 도움을 구했거든요. 결국 남북한끼리의 싸움으로 시작한 전쟁은 유엔군이 참전하고, 이후 중공군도 대거 개입하면서 대규모 국제전으로 비화되기에 이르렀어요. 마치 냉전

1950년 6·25 전쟁을 보도한
해외 잡지 〈라이프〉.
표지는 유엔군 사령관 맥아더다.
(출처: 국립민속박물관)

구도 속에서 미국과 소련의 대리전 같은 양상이었죠.

6월 25일, 무초 주한 미국대사는 전쟁 발발 직후 남한에 대한 북한의 전면 공격이 시작되었음을 미국에 보고했어요. 보고가 올라가자, 미국은 즉각 유엔안전보장이사회를 긴급 소집했어요. 그 결과 불법 침략으로 평화를 파괴하는 북한을 38선 이북으로 철수시키라는 결의안이 채택되었죠. 이어 미국이 최고 지휘권을 갖는 유엔군을 구성하고 미 극동군 사령관 더글러스 맥아더를 유엔군 사령관으로 임명했어요. 미국을 포함한 16개국 군대로 구성된 유엔군은 곧장 한반도에 들어와 부산을 거점으로 낙동강 방어선을 형성하고 치열한 전투를 벌였어요. 그러나 경남까지 밀려 수세에 몰린 전선은 쉽게 회복되지 못했어요.

유엔군의 인천 상륙 작전과 북진

유엔군까지 참전했으나 낙동강까지 밀린 남한은 조금도 올라가지 못하고 있었어요. 낙동강 전선이 움직이지 않자 유엔 사령관 맥아더는 적의 후방으로 상륙하여 북한군의 보급로를 끊고 군대를 가둬 무너뜨린다는 전략을 세웠어요. 그리고 1950년 9월 15일, 7만 5000명의 병력을 투입해 인천 상륙 작전을 감행했지요.

맥아더는 제2차 세계대전을 치르는 동안 수십 차례의 상륙 작전을 성공시켜 일본군을 물리친 경험이 있었어요. 미 합동참모본부에서는 한반도 서해안의 복잡한 지형과 극심한 조수간만의 차 등을 이유로 인천 상륙 작전을 반대했으나, 맥아더는 이를 설득해 끝내 승인을 얻어내고 시행해 성공시켰던 거예요.

1950년 10월 2일 자 〈라이프〉에 실린 인천 상륙 작전
(출처: 국립민속박물관)

인천 상륙 작전의 성공은 불리했던 전황을 단숨에 뒤집었어요. 낙동강 전선에 대부분의 병력이 집중되어 있던 북한 인민군은 인천으로부터의 공격에 손도 써 보지 못하고 무너졌어요. 상륙한 유엔군은 9월 26일 드디어 서울에 진입했고, 9월 29일에는 서울 수복 기념식이 거행되었어요. 인민군은 황급히 후퇴했고, 국군과 유엔군은 기세를 몰아 북진하여 38선을 돌파하고 평양을 거쳐 압록강까지 이르렀지요.

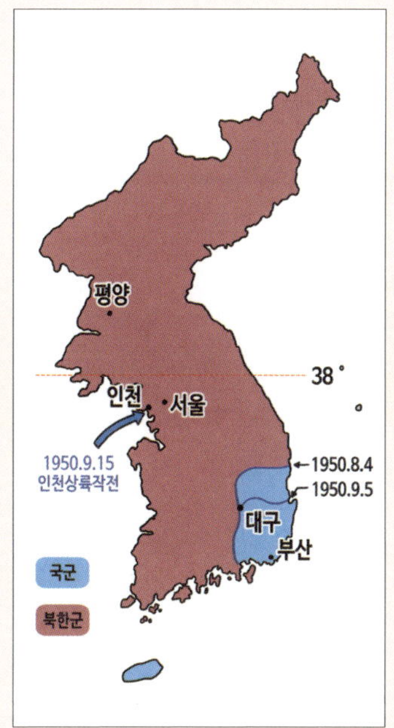

북한군의 진격과 낙동강 방어선
(1950년 8~9월)

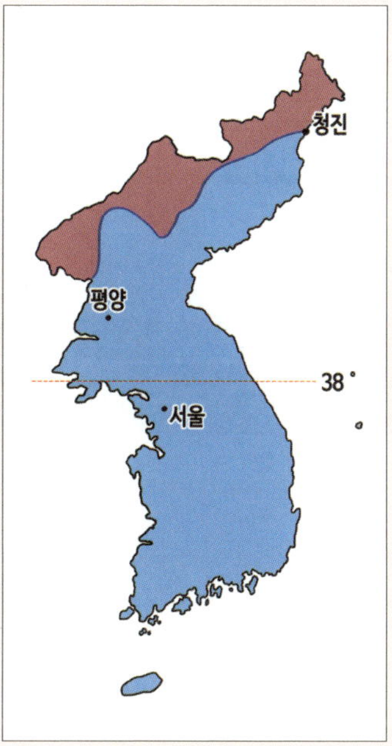

국군과 유엔군의 북진
(1950년 10~12월)

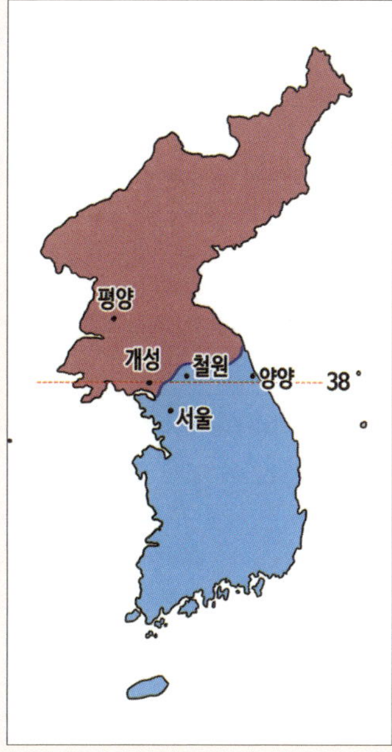

휴전 협정 체결
(1953년 7월 27일)

인해전술, 중공군의 개입

유엔군의 38선 돌파와 북진은 말처럼 간단한 일이 아니었어요. 한국 정부는 숙원 사업인 통일을 이루기 위한 절호의 기회라고 여긴 반면, 유엔은 한반도와 국경을 접하고 있는 중국과 소련을 자극할 가능성을 매우 경계했어요. 맥아더 장군은 중국의 군사적 개입 가능성은 낮다고 낙관했지만요.

그러나 중공군은 맥아더의 기대를 배반하며 6·25 전쟁에 끼어들었어요. 10월 19일과 26일, 중국은 무려 18개 사단 20만의 병력으로 압록강을 넘어왔어요. **인해전술***이라 불릴 정도로 막대한 병력이었어요. 유엔군의 방어선은 순식간에 무너지고 중공군과 북한 인민군은 거침없이 남진하여 서울은 다시 함락되고 말았어요. 1951년 1월 4일의 일이었지요. 밀고 밀리는 공방 끝에 3월에 유엔군과 국군은 다시 서울을 되찾았지만 전선은 38선 부근에서 움직이지 않았어요.

휴전 협정과 고지전

전쟁이 길어질수록 양측의 피해는 눈덩이처럼 불어났기에 휴전의 필요성이 제기되었어요. 미국의 제안을 소련이 받아들이면서 1951년 7월 1일 휴전 회담이 시작되었어요. 그러나 포로 송환을 비롯한 각종 문제를 두고 양측은 극심하게 대립했어요. 합의점을 찾지 못하면서 휴전 회담은 길어져만 갔어요. 회담 중에도 38선 부근의 남과 북은 산봉우리 하나라도 더 차지하기 위해 치열한 공방전을 벌이고 있었어요. 장기화한 휴전 협정 아래 양보 없는 싸움으로 이 시기에 가장 많은 사망자가 발생했어요.

서로 의견 차이를 좁히지 못한 채 대립하던 휴전 협정은 쉽사리 합의점을 찾지 못하고 오랫동안 제자리걸음이었어요. 이 상태에서 벗어나기 위한 방법이 필요하던 차에 미국과 소련의 정치 지형에 큰 변동이 일어났지요. 1952년 말 미국에서는 전쟁을 끝낼 것을 공약한 아이젠하워가 대통령에 당선되었어요. 얼마 후 1953년 3월 소련에서는 스

★ **인해전술**: 손실을 크게 고려하지 않고 다수의 병력을 투입하여 적을 압도하는 전술.

탈린이 사망했죠. 이를 계기로 다시 시작된 휴전 협정은 1953년 7월 27일 합의에 이르고 38선을 휴전선으로 설정하며 전쟁은 막을 내렸어요. 승자도 패자도 없는 전쟁의 중지, 휴전이었어요. 북한군이 38선을 넘어와 전쟁이 시작된 지 3년 하고도 한 달 2일 만이었지요. 이때는 남북한의 누구도 예상하지 못했어요. 자유롭게 오가던 우리 땅 위에 그어진 저 38선이 한반도를 두 동강 낸 채 굳어지리라고 말이죠.

승자도 패자도 없는 상처뿐인 전쟁

6·25 전쟁은 우리 민족에게 이루 다 말할 수 없는 피해를 안겨 주었어요. 한반도 전역을 전쟁터로 삼았기에 전 국토가 잿더미가 되었지요. 민가는 물론이고 학교나 관공서, 병원, 도로나 교량 등의 교통 통신 시설, 공장 등의 산업 생산 시설 등이 모조리 파괴되어 남북한 모두 사회, 경제적 기반을 상실했어요.

물적 손실보다 더 막대한 손실은 인적 손실이었어요. 정확한 집계가 불가능하여 통계마다 수치가 조금씩 다르지만, 남한에서는 대략 99만 명에 이르는 국군 사상자와 140여만 명에 이르는 민간인 사상자가 발생했고요. 북한은 인민군 약 93만 명, 민간인 200여만 명의 사상자가 발생했어요. 남북한 합하여 530만에 이르는 인명 손실이 있었던 거예요. 해방 당시 한반도 인구가 약 2500만 명이었다고 하니, 네다섯 명 중 한 명은 전쟁통에 죽거나 다쳤다고 할 수 있는 엄청난 수치예요. 더구나 통계에서 보듯, 죽거나 다친 민간인이 군인보다 압도적으로 많았다는 점에서 6·25 전쟁의 참혹함이 드러나요. 유엔군 사령관이었던 맥아더는 1951년 의회 청문회에서, 평생을 전장에서 보낸 자신조차도 인명 피해가 이 정도로 극심한 현장은 처음이어서 구토하고 말았다고 증언할 정도로 많은 사람이 죽어 나갔어요.

사상자 외의 인적 피해가 또 있었으니, 엄청난 규모의 이산가족이 발생했다는 점이에요. 전쟁 중에 헤어졌거나, 분단으로 남북 간 왕래가 끊기자 하루아침에 가족과 생이별한 사람들이 생겼거든요. 이산가족의 수를 정확히 측정하기는 어렵지만 대략 1000만 명에 이를 것으로 추산돼요. 전쟁과 분단이 초래한 가슴 아픈 역사의 하나지요.

전쟁이 남긴 상처로 무엇보다 심각한 것은 남북한 간의 적대감이에요. 동지가 아니면 모두 적이라는 이분법적 사고에 갇혀, 남한에서는 북한과 관련된 사람들을 모두 잡아내겠다며 조금이라도 의심스러우면 '빨갱이'로 몰아 죽였어요. 북한에서도 남한과 관련된 사람들을 '반동 분자'로 몰아 처형했고요. 죽고 죽이는 전쟁이 사람들의 마음까지 갉아먹은 것인지, 빨갱이와 반동 분자에 대한 색출과 처단은 민간인 학살이라 할 만큼 잔혹한, 6·25 전쟁의 또 다른 단

1983년 KBS 특별 생방송 〈이산가족을 찾습니다〉 방송 기념 특집 앨범 LP음반. 표지 사진에는 KBS 방송국 앞에 이산가족을 찾기 위해 빼곡히 붙인 전단과 몰려든 인파가 보인다.
(출처: 국립민속박물관)

면이었어요.

막대한 규모의 인적·물적 피해와 더불어 남북 간의 극심한 적대와 불신은 분단을 고착시키고 서로 간의 도발과 대치로 한반도의 긴장감을 높여 갔어요. 또한 분단과 휴전이라는 상황은 남북이 경쟁적으로 군비를 늘리도록 만들었어요. 이렇게 극한으로 대립하는 분위기 속에서 남한은 반공적 국가 질서를 강화하고 극우 반공 체제를 성립시켰어요. 북한 역시 김일성 유일의 독재 체제를 형성하기에 이르러요. 임시로 나뉘었을 뿐이던 38선은 휴전선으로 굳어진 채, 우리나라는 세계 유일의 분단국가로 남아 있어요.

동막골의 군인들과 끝나지 않은 전쟁

6·25 전쟁의 전개와 분위기를 알고 나면 영화 〈웰컴 투 동막골〉이 새롭게 보일지도 몰라요. 어쩌면 등장하는 모든 인물이 당시 남북한의 주민들을 상징하는 것일지도 몰라요. 원래는 동막골의 주민들처럼 함께 어울려 살았던 한민족이 전쟁 때문에 서로에게 총부리를 겨누게 되었잖아요. 동막골에서 만난 국군 표현철과 문상상, 인민군 리수화와 영희, 택기 등이 서로를 보자마자 바로 총부터 꺼내 들고 대치한 것도 결국 전쟁의 상흔이었던 셈이에요. 그러나 이들은 군복을 벗는 순간 아군과 적군을 구분할 수 없는 친근한 주민이 될 뿐이죠.

스미스를 구하러 온 공수 부대가 죄 없는 동막골 사람들에게 겁을 주고 상황을 중재하려는 촌장을 다짜고짜 때리는 모습은 전쟁 중 군인의 냉혹함을 드러내요. 천상 지휘관이지만 민간인을 죽였다는 죄책감에 괴로워하는 현철, 전쟁만 아니면 종로에서 웨이터가 되어 끗발을 날리고 있었을 상상, 삼촌처럼 순박한 영희, 이제 막 첫사랑을 꽃피운 17살 소년병 택기까지, 이들 하나하나는 너무도 평범해요. 수화는 동막골을 구하기 위해 연합군의 폭격을 유도하자는 결정에 동의하면서, 우리가 여기까지 얼마나 많은 사람을 죽이고 왔느냐는 자조적인 대사를 내뱉어요. 담담한 척, 강한 척하던 수화도 실은 전쟁의 상처를 떠안은 개인이었던 것이죠. 한가하고 조용하기만 한 깊은 산자락에 수십 기의 포탄이 떨어져 아수라장이 되면서 단 한 사람도 고향으로 돌아가지 못하지요.

영화 〈웰컴 투 동막골〉은 전쟁의 비인간성과 잔인함, 인간성을 누르는 경직된 체제와 이념, 힘없는 나라의 비자의적 운명, 전쟁 피해자들에 대한 깊은 동정과 같은 무거운 주제들을 판타지적 영상과 코믹함으로 승화하면서도 전쟁의 본질을 드러내고 있어요. 해방된 지 80년, 전쟁 후로 70년이 넘었지만 우리의 현실과 국제 관계는 6·25 전쟁의 결과 위에 놓여 있어요. 현재 전쟁은 '휴전'일 뿐 '종전'이 아니에요. 잠시 멈춘 것이지, 끝났음을 선언한 적이 없다는 뜻이죠. 현명한 남북관계 위에 평화로운 내일을 꾸려 나가기 위해, 또 참혹한 역사를 반복하지 않기 위해서라도 이 오래된 전쟁에 관심을 기울여야 해요.

서울의 봄
군홧발에 밟힌 민주주의

피고인 1(전두환)을 무기징역에, 피고인 2(노태우)를 징역 17년에, 피고인 4, 피고인 9, 피고인 11을 각 징역 8년에, 피고인 14, 피고인 15, 피고인 16을 각 징역 7년에, 피고인 3, 피고인 10을 각 징역 6년에, 피고인 7을 징역 5년에, 피고인 5, 피고인 8, 피고인 12, 피고인 13을 각 징역 3년 6월에 각 처한다…. 전두환으로부터 금 2205억 원을, 노태우로부터 금 2628억 9600만 원을 각 추징한다.

서울고법 1996년 12월 16일 선고 96노1892 판결

- ◆ **감독**: 김성수
- ◆ **개봉연도**: 2023년
- ◆ **관람등급**: 12세
- ◆ **장르**: 드라마
- ◆ **등장인물(배우)**: 전두광(황정민), 이태신(정우성), 정상호(이성민), 노태건(박해준), 김준엽(김성균) 등

〈서울의 봄〉은 '12·12 군사 반란'으로 불리는 1979년 12월 12일의 신군부 군사 반란 바탕으로 한 영화예요. 현대사의 민감한 사안을 다루었음에도 천만 관객을 넘겼지요. 등장인물들의 이름을 조금씩 바꿨지만 전두광과 노태건은 각각 전두환과 노태우를, 이태신은 장태환 수도경비사령관을, 정상호는 정승화 육군참모총장 겸 계엄사령관을 떠올리게 해요. 이러한 설정이 픽션과 논픽션을 넘나들며 현대사를 더욱 극적으로 느끼게 만들지요.

영화는 1976년 10월 26일 박정희 대통령이 총에 맞아 사망한 직후부터 시작해요. 대통령이 살해되는 초유의 상황 아래 긴급하게 회의가 소집되고 비상계엄령이 선포되며 정상호 육군참모총장이 계엄사령관으로 임명되었어요. 이때 국군보안사령관인 전두광이 합동수사본부장으로 임명되며 대통령 시해 사건을 조사하게 되죠.

초기에는 수사에 집중하는 듯하던 전두광은 대통령이 없는 권력의 공백기를 틈타 차차 군 내부에 영향력을 키워 가기 시작해요. 전두광은 청와대 비밀금고에서 나온 돈을 뇌물로 바치거나 사적으로 유용하는 등 월권행위를 했어요. 게다가 합동수사본부장으로서 국내의 모든 정보를 독점하게 되자 도를 넘는 정치적 행보를 보여요. 더불어 하나회라는 육군사관학교 출신 군인들로 구성된 사조직을 운영하며 구성원 간의 단단한 결속력을 바탕으로 세력을 확대해 나가요.

계엄사령관인 정상호는 지나친 정치적 행보를 보이며 월권을 일삼는 이들을 그대로 두면 안 되겠다고 생각해요. 이에 전두광을 동해경비사령부로 내려보내고 하나회를 무너뜨리기로 결심하죠. 전두광의 야망을 눈치챈 정상호는 그의 세력 확장을 막기 위해, 청렴하고 강건한 성격을 지녔으며 전두광과도 친분이 없던 이태신을 수도경비사령관에 임명했어요. 군인의 정치 개입을 부정적으로 보는 우직한 인물인 이태신을 기용함으로써 권력의 균형을 맞추려고 한 거예요.

그러나 상황은 예기치 못한 방향으로 튀었어요. 권력에 눈이 먼 전두광은 정상호가 자신과 하나회를 없애려 한다는 것을 눈치채고 위기감을 느껴요. 그리하여 계엄사령관 정상호를 체포하고 군의 실질적 지배권을 차지하기로 마음먹죠. 자신의 친구 노태건을 필두로 군 내부의 유력 장군들을 설득하여 하나회를 중심으로 한 자신의 세력에 끌어들이는 한편, 군사 반란을 계획하지요. 거사가 성공만 한다면 참여한 사람들에게 한 자리씩 주겠다고 약속하면서요.

이윽고 1979년 12월 12일, 전두광은 '생일 잔치'라는 작전명으로 쿠데타를 감행했어요. 이후 숨 막히는 9시간이 진행되죠. 전두광은 수도경비사령관 이태신과 육군특수전사령관, 육군헌병감이 자신들을 방해하지 못하도록 쿠데타 당일 저녁 '생일'을 기념한 연회를 빙자해 초대한 후 요정에 발을 묶어 둬요. 그리고 자신은 다른 '잔치'를 벌이러 가죠. 전두광은 절차적 정당성을 얻기 위해 정상호를 구속 수사하는 문제로 대통령의 재가를 받아 보려 수차례 시도하지만 쉽지 않았어요. 결국 전두광은 총장 공관을 습격하여 정상호 총장을 강제로 납치하죠.

한편, 전두광은 군 내의 사조직을 총동원해서 최전선의 전방 부대까지 서울로 불러 모아요. 여기에 이태신이 끝까지 저항하나, 국방부장관이 한미연합사로 도망가고 각 부대 지휘관들이 하나둘 반란군 편으로 돌아서거나 중립을 선언하면서 이태신은 점차 고립되지요. 특히 전방에서 올라온 공수 부대가 서울을 장악하면서 반란군의 승리가 확정되었죠. 이태신은 특전사령관과 함께 끝까지 버티지만 서울 시내 한복판에서의 유혈 사태를 막기 위해 결국 항복해요.

영화의 결말은 현실과 마찬가지로 반란군의 승리예요. 이 영화는 10·26 사태 이후 갑작스러운 권력 공백 속에서, 1979년 12월 12일 벌어진 신군부 군사 반란의 9시간을 긴장감 있게 그려 내고 있어요. 12·12 군사 반란의 승리는 서울의 봄이 끝나고 민주주의가 정체되어 버린 우리 현대의 흑역사예요.

> **Q. 12·12 군사 반란은 왜 일어났으며, 우리 사회에 어떤 영향을 미쳤나요?**

10·26 사태, 박정희 시해와 유신 체제의 종말

영화 〈서울의 봄〉의 배경은 1979년 10월 26일 밤 중앙정보부장 김재규의 총에 맞아 대통령 박정희가 목숨을 잃은 10·26 사태예요. 이 일은 한 대통령의 죽음을 넘어, 우리나라의 정치사와 민주주의 전개 과정상 거대한 변곡점이 되었어요.

당시 박정희 정권은 18년간 권위주의적 통치를 이어 가고 있었어요. 특히 1972년 10월 유신 헌법을 반포하면서 종신 집권을 위한 권력 구조를 다졌지요. 문제는 박정희의 유신 체제가 경제 성장이라는 성과에도 불구하고 정치적 자유를 억압하고 사회적 불평등을 심화시켰다는 면에서 심각한 부작용이 있었다는 거예요. 결

박정희 대통령 서거 호외

부마 민주 항쟁 당시 진압군

국 사회 곳곳에서 분노와 불만이 극에 달했고, 1979년 10월에는 격렬한 대규모 반독재 시위인 부마 민주 항쟁이 일어났죠. 정권은 특전사와 해병대 등 군대를 투입하여 폭력적으로 시위를 진압했어요.

부마 민주 항쟁은 박정희 대통령 측근들 사이의 갈등을 심화시켰고, 상황은 걷잡을 수 없게 치달았어요. 부마 민주 항쟁 시작으로부터 겨우 열흘 만인 10월 26일, 궁정동 안전가옥에서 박정희 대통령이 중앙정보부장 김재규의 손에 사망한 거예요. 김재규가 왜 그런 행동을 했는지는 알 수 없지만, 철옹성 같던 유신 정권은 한순간에 무너졌어요. 권위주의 정치 구조의 취약성을 드러낸 동시에, 18년간 이어져 온 박정희 장기 집권 체제를 붕괴시킨 거예요.

그러나 박정희의 유신체제가 막을 내렸다고 곧바로 민주화가 시작되지는 않았어요. 갑자기 발생한 권력의 공백 속에서 군 내부에서 일어난 권력 다툼이 신군부 군사 반란으로 이어지며 권위주의 정권이 계속되었으니까요. 10·26 사태는 길고 긴 유신 체제의 종말을 의미했지만, 동시에 12·12 군사 반란의 출발점이 된 셈이죠.

권력의 공백과 신군부의 등장

1979년 10월 26일의 박정희 시해 사건은 대한민국 사회를 엄청난 충격과 혼란에 빠뜨렸어요. 곧바로 최규하 국무총리가 대통령 권한 대행을 맡고 제주도를 제외한 전국에 비상계엄이 선포되면서 과도 체제가 출범했어요. 비상계엄사령관에는 육군참모총장 정승화가, 10·26 사태의 수사를 총괄하는 합동수사본부장에는 국군보안사령관 전두환이 임명되었어요.

순식간에 군부의 실력자로 부상한 전두환을 앞세운 하나회 세력은 중앙정보부와 대통령 경호실 등 주요 권력 기관의 힘이 무력화된 상태에서 권력을 장악하고 월권행위를 제멋대로 저질렀어요. 전두환과 하나회를 중심으로 12·12 군사 반란을 일으킨 세력을 '신군부'라고 불러요. 하나회는 전두환, 노태우, 최성택 같은 정규 육군사관학교의 첫 번째 기수인 11기 장교들이 주축이 된 비밀 사조직이에요. 이들은 육사 내 친목 모임으로 시작했으나 5·16 군사 정변 이후 박정희 대통령의 후원을 받으며 군부의 주요 직책을 장악해 갔어요. 반란이 성공한 뒤에는 군부뿐 아니라 정부의 핵심 자리까지 두루 맡으며, 전두환 정부에서 노태우 정부 시기까지 막강한 영향력을 행사했지요.

12·12 군사 반란의 배경

전두환과 하나회의 월권과 전횡이 도를 넘자 정승화 총장은 이를 차단하기 위해 전두환을 동해안경비사령관으로 전보시키고 하나회를 뿌리 뽑으려 했어요. 더구나 권력 장악을 추구하는 강경한 신군부 세력은 민간 정부의 집권을 지지하는 정승화 세력과 대립했어요. 이 같은 상황은 군 내부에서 합법적 지휘 체계를 지키려는 군 수뇌부와 전두환을 중심으로 형성된 신군부 사이의 갈등이 심각했음을 의미해요.

당시 전두환은 10·26 수사를 총괄하는 계엄사 합동수사본부장이라는 직위를 무기로 정보와 병력의 동향을 틀어쥐고 있었어요. 정승화 총장의 위 같은 구상도 전두환에게 흘러 들어갔죠. 안 그래도 신군부 세력은 박정희가 사망한 이후 자신들도 제거될 수 있다는 위기감을 가지고 있었어요. 거기다 전두환이 밀려날 것이라는 소문이 나돌자 위기감은 더욱 높아졌죠. 이에 전두환은 대담하게도 정승화 등의 군 수뇌부를 몰아내려는 반란을 계획했어요.

세력 규합과 쿠데타 모의

전두환은 정승화 총장을 제거하고 군부를 장악하기 위한 계획을 세우기 시작했어요. 정승화 육군참모총장이 박정희 시해 현장 인근에 있었고, 김재규와의 친분이 깊다며 이 사건과 관계가 있는 것 같다고 주장했어요. 정승화 총장이 김재규의 내란을 방조했다는 죄목을 씌워 제거하려 한 거예요.

전두환은 하나회를 중심으로 자신과 뜻이 같은 세력들을 적극적으로 모았어요. 허화평 보안사 비서실장, 허삼수 보안사 인사처장, 이학봉 보안사 대공처장 등 보안사 내 영관급 후배들과 장세동 제30경비단장, 김진영 제33경비단장 등 경비단장들의 동조를 얻어 반란 계획을 수립했어요. 이어 여러 장군을 설득해 쿠데타에 가담시켰지요.

그들은 정승화 총장을 연행하기 위한 세부 계획을 세우고 12월 12일에 실행하기로 했어요. 최규화 대통령에게 재가를 받지 못할 경우 병력을 동원하기 위해 1, 3, 5 공수여단에 대한 사전 접촉까지 마친 상태였죠.

12·12 군사 반란의 발발

1979년 12월 12일 저녁 6시경, 전두환은 대통령 최규하에게 육군참모총장 체포안에 대한 재가를 받고자 했으나 적법한 절차가 아니라는 이유로 거절당했어요. 결국 전두환은 대통령의 재가 없이 정승화 총장 체포를 강행해요. 저녁 7시경, 전두환의 지시를 받은 허삼수와 우경윤 등의 보안사 수사관은 정승화 총장을 체포하기 위해 수도경비사령부 제33헌병대 병력과 함께 서울 한남동 육군참모총장 공관에 난입했어요. 이들은 총장 공관의 경비 해병대원들과 총격전을 벌인 끝에 정승화를 보안사 서빙고 분실로 끌고갔어요. 이는 대통령의 재가가 없었으므로 절차상이나 법률적으로 중대한 하자가 있는 체포였지요.

정승화 총장이 잡혀갔다는 소식이 퍼지자 육군 수뇌부는 전군에 비상을 발동하고 정승화 총장의 원상회복을 명령했으나 명령 체계가 제대로 작동하지 않았어요. 수경사령관 장태완과 특전사령관 정병주가

12·12 군사 반란 당시 조직도

전두환 등의 행위를 군사 반란으로 보고, 진압과 정승화 총장의 구출을 시도했지만 모두 실패로 돌아갔지요. 육군본부와 국방부는 1공수여단과 5공수여단 등 신군부가 이미 주도권을 장악한 상태였던 거예요. 결국 신군부를 진압하려던 지휘관들이 불법 체포되어 연행되었어요.

대통령 사후 재가와 반란의 성공

정승화 총장을 이미 체포한 신군부는 사후 승인이라도 받기 위해 최규화 대통령에게 거듭 재가를 요청했어요. 그러나 대통령은 국방부장관의 승인이 없다는 절차적 문제를 거론하며 거절했어요. 당시 국방부장관이었던 노재현은 쿠데타 발생 직후 혼자 미8군 사령부로 도망갔다가 몇 시간 후 하나회에 체포되어 대통령을 설득하는 데 동원되었어요. 결국 13일 새벽 4시 30분경 최규하 대통령은 정승화 참모총장에 대한 연행을 사후 재가했어요. 이로써 반란은 성공한 것이나 마찬가지였어요.

반란 후 신군부의 군권 장악

반란 세력은 대통령의 재가를 받자마자 육군참모총장 겸 계엄사령관을 신군부 세력인 이희성으로 발표했어요. 곧이어 계엄사, 수경사, 특전사 등 군 수뇌부의 요직을 모두 신군부의 하나회 사람들을 앉히며 군부를 완전히 장악했어요. 이 과정에서 전두환이 군 인사권을 좌지우지하고 합법적 군 지휘 체계가 무너지면서 군부의 실권은 전두환의 손에 들어갔죠.

12·12 군사 반란 이후 진압군 측의 주요 인사들은 대다수 제거당했어요. 불명예 제대와 고문, 숙청이 동시에 일어났지요. 육군참모총장이자 계엄사령관이던 정승화는 모진 고문 끝에 최하계급인 이등병으로 17계급 강등당하고 불명예 제대했어요. 수경사령관 장태완은 고된 심문 끝에 군 생활을 마쳤고, 특전사령관 정병주는 총상을 입고 강제로 군복을 벗게 되었어요.

정치권도 실권을 빼앗기기는 마찬가지였어요. 반란 이후 최규하 정부는 허수아비 정부가 되었지요. 전두환을 비롯한 쿠데타 주동자들은 군부뿐 아니라 정부의 요직까지 두루 차지하며 권력을 과시했어요.

군부 독재 타도까지 민주화의 먼 여정

민주주의는 피를 먹고 자란다고 했던가요? 우리나라의 민주화도 오랜 시간, 헤아릴 수 없이 많은 사람의 희생과 노력으로 이루어졌어요. 1945년 해방 후 우여곡절 끝에 대한민국 정부가 수립하여 이승만이 대통령으로 취임했지만 이승만의 권력욕은 끝이 없었어요. 그는 세 번이나 대통령을 하며 자유당 독재 정치를 펼쳤지만 85세의 고령에도 불구하고 대통령을 연임하고 싶어 했어요. 이승만의 자유당 정권은 권력을 연장하기 위해 기어이 1960년 3·15 부정 선거를 벌였죠. 결국 이로 인해 시민들의 분노가 폭발하여 같은 해 4·19 혁명이 일어났어요. 4·19 혁명은 국가가 무차별적인 폭력을 동원하여 진압하고자 했으나, 결국 이승만을 대통령직에서 물러나게 만들며 독재 정권을 무너뜨린 역사적 사건이 되었어요.

그러나 희망도 잠시. 이듬해 일어난 박정희의 5·16 군사 정변으로 군사 독재가 시작되었어요. 박정희는 정치 활동을 금지하고 사회단체를 해산시켰으며 언론 방송의 자유를 막았어요. 1963년 대통령이 된 그는 1972년 유신 헌법을 반포해 대통령 권한에 대한 견제를 사실상 없앴고, 그 결과 18년 동안 장기 집권했어요.

그러나 박정희도 1979년 10월, 부마 민주 항쟁의 거센 저항을 목도했고 그 열흘 뒤 총격으로 살해당하는 충격적인 말로를 맞이했어요. 갑작스레 박정희의 유신 장기 집권 체제가 끝났지만, 민주화의 길은 멀기만 했지요. 이 권력 공백기를 틈타 앞서 살펴본 신군부 세력이 12·12 군사 반란으로 정권을 장악한 것이죠. 권위주의 정권을 무너뜨렸더니 또 다른 권위주의 정권이 재탄생하는 꼴이 거듭 반복되던 시절이었어요.

민주화에 대한 국민의 열망은 시간이 갈수록 커져만 갔어요. 12·12

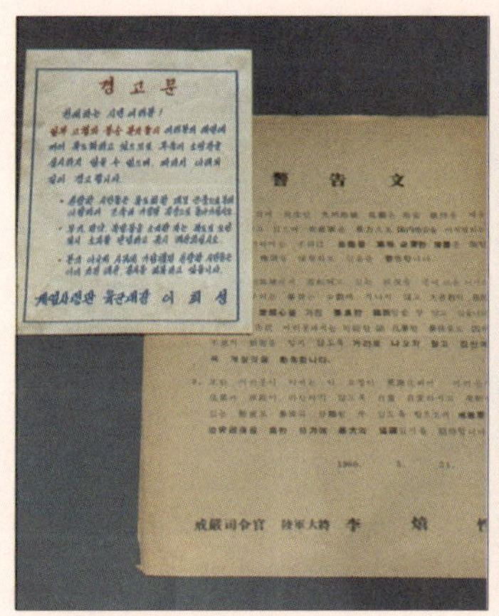

5·18 광주 민주화 운동 당시
계엄사령관 명의의 경고문

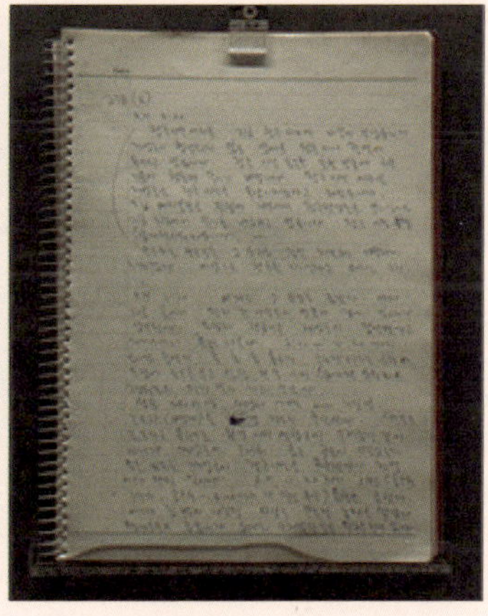

5·18 광주 민주화 운동 당시
고향 광주에 내려와 있던 대학생의 일기

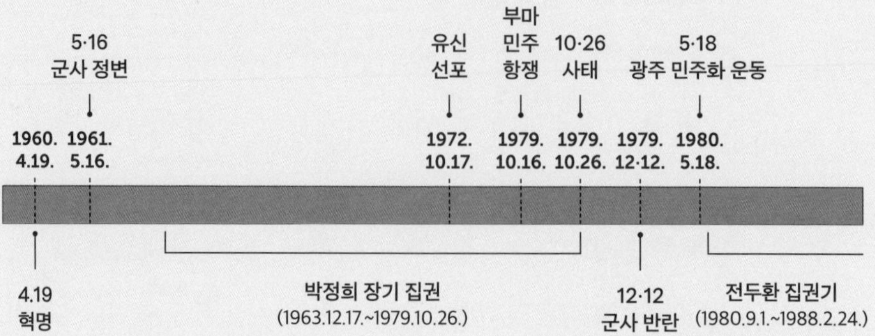

군사 반란 이후 1980년 5월 18일 광주에서는 새로운 군사 정권에 반대하는 시민들의 민주화 시위가 일어났어요. 신군부 세력의 진압은 무지막지했어요. 계엄*군을 투입하여 폭력적 진압을 시행한 것도 모자라 시민들을 향해 무차별 총격을 퍼부었어요. 그 결과 광주에서 200명이 넘는 사망·실종자와 3000명이 넘는 부상자가 나오는 등 수많은 희생이 발생했지요.

5·18 광주 민주화 운동을 무자비한 폭력으로 진압한 전두환은 간접 선거의 방식으로 대통령에 취임한 후 박정희의 유신 체제 못지않은 독재 정치를 펼쳤어요. 전두환은 민주화 세력을 공산주의자로 몰아 체포, 구금, 고문 등을 동원하여 민주화 운동을 억눌렀어요. 독재 체제 아래서 의문스러운 죽음이 꼬리에 꼬리를 물고 발생했지만 원인은 알

★ **계엄:** 전시·사변 또는 이에 준하는 국가 비상 사태에서 그 지역 내의 행정권 또는 사법권을 군의 권력하로 이관하고 헌법에 보장된 국민의 기본권을 제한할 수 있는 법 제도.

직선제 개헌을 수용한 6·29 선언을 보도한 호외

수 없었죠.

　국민은 대통령을 직접 선출하는 직선제(직접 선거 제도) 개헌을 요구했지만 전두환은 군부 독재를 이어 가기 위해 간선제(간접 선거 제도)를 유지하려 했어요. 자신의 후임으로 신군부 노태우를 대통령으로 앉히려는 속셈이었죠. 이에 1987년 6월, 전국에서 독재 타도와 대통령 직선제 개헌을 요구하는 시위가 일어났어요. 대학생이나 일부 세력이 아니라 수백만의 시민이 매일같이 전국에서 들고일어나는 엄청난 규모의 민주화 항쟁이었어요. 전두환은 국민의 요구를 받아들일 수밖에 없었지요. 결국 6·29 선언을 통해 대통령 직선제 수용을 약속했어요. 1987년 6월 항쟁은 30년 동안 이어진 군사 독재를 시민의 힘으로 끝낸 것이었어요.

불법적 군사 쿠데타의 처벌

1987년 6월 항쟁을 통해 헌법을 개정하고 제도적 민주화는 달성했지만 민주정부의 출범은 이루지 못했어요. 아이러니하게도 새로운 헌법에 따라 국민 직선제로 치러진 첫 대선에서 하나회 출신이자 12·12 군사 반란의 주역 중 한 명인 노태우가 당선되었거든요. 그러나 그다음 선거인 1992년 대선에서 김영삼이 대통령으로 당선되면서 '문민정부'의 시대를 열었지요. 드디어 군인 출신이 아닌 민간인 출신 대통령 정부가 탄생한 것이었어요.

김영삼 정부는 '역사 바로 세우기' 작업을 통해 군 개혁에 착수했어요. 하나회를 해체하고 12·12 군사 반란 세력을 법정에 세웠지요. 12·12 군사 반란 및 5·18 광주 민주화 운동에 대한 재판이 열렸고 이들은 내란죄로 처벌되었어요. 이때 전두환은 무기징역과 추징금을, 노태우는 징역 17년과 추징금을 선고받았어요. 꼭지 첫머리에 나오는 판결문의 내용처럼, 쿠데타에 적극적으로 참여한 신군부 세력 13인도 징역 3년 6개월에서 8년의 실형이 선고되었어요(297쪽 참고).

이 재판 당시 신군부 세력은 12·12 군사 반란이 성공한 쿠데타이므로 처벌될 수 없다는 황당한 논리를 펼쳤는데, 이는 서울고법의 판결문에서 조목조목 반박되었지요. 내란죄를 규정한 판례이자 불법 군사 쿠데타를 처벌한 선례이므로 다음의 판결문 〈서울고법 1996. 12. 16. 선고 96노1892 판결〉의 일부를 읽어 보면 좋겠어요.

뒤의 범죄 사실란에서 인정하는 바와 같은 피고인들의 군사 반란과 내란 행위는 이 사건 기록에 나타난 그 당시의 사회 상황, 그 전개의 전후 과정, 피고인들이 표명한 주장, 그리고 그 결과를 종합하여 평가할 때에 이를 혁명이라고 할 수는 없고 대신 ○○의 군사 쿠데타라고 할 것이다. 그리고 그 발생 당시의 형법과 군형법에 의하면 이것이 내란과 반란의 범죄를 구성하는 것도 뒤의 범죄 사실 인정에서 보는 바와 같이 분명하며 위 형법과 군형법의 해당 조항이 그 뒤에 효력을 상실한 바 없음 또한 명백하다. 이러한 경우에 쿠데타를 처벌하는 것은 법의 효력이나 이론의 문제가 아니라 법의 집행과 실천의 문제라는 것 또한 이미 위에서 밝힌 바이다. 그렇다면 피고인들이 일으킨 반란과 내란이, 성공한 쿠데타에 해당하여 처벌될 수 없다는 법리는 존재하지 않는 것이고 따라서 이와 다른 피고인들의 주장은 이유 없다.

저절로 유지되지 않는 민주주의

우리나라는 오랫동안 희생을 감내하며 민주화의 길을 걸어왔어요. 그러나 지난 2024년 12월 3일 밤 10시 30분경 윤석열 전 대통령이 군대를 동원하여 비상계엄을 선포했어요. 국회의 정치 활동을 금지하고 언론 출판의 자유를 통제하는 계엄사령부 포고령이 반포되고, 특전사가 유리창을 깨고 국회로 진입하는 장면이 인터넷으로 생중계되자 많은 사람이 영화 〈서울의 봄〉을 떠올렸다고 해요. 민주화의 시계를 거꾸로 돌린 듯한 이 사건은 국민들의 심각한 우려와 비판을 불러일으켰어요. 다행히 그간 쌓아 온 민주적 국회 시스템 덕에 계엄령은 약 6시간 만에 해제되었지만, 이 일은 국내외에 큰 충격을 주었어요. 국민은 소모적인 논쟁으로 갈등, 분열하고 연일 전국에서 시위가 열렸으며, 경제는 바닥을 쳤지요. 결국 이 사건의 여파로 윤석열 전 대통령은 탄핵되고 말았어요.

우리 역사에서 알 수 있듯, 시민의 권리와 자유가 보장되는 민주 사회는 절로 얻어지는 것이 아니에요. 한번 성립되었다고 자동으로 유지되는 것도 아니죠. 성숙한 시민의식과 시민들의 참여, 법치주의에 입각한 제도, 정치의 투명성, 권력의 견제와 균형, 시민 교육의 강화 등 여러 가지 요건이 꾸준히 충족되어야 유지될 수 있어요. 우리 역사상 민주주의가 어느 때보다 활짝 꽃피운 현재를 살아가는 여러분이지만, 이 영화를 통해 민주주의와 민주 시민의 역량에 대해 깊이 생각해 보는 계기가 되기를 바랍니다.

국가 부도의 날
국가 존망의 기로, IMF 사태

첨부한 경제 프로그램 각서는 향후 3년 이상 한국이 이행할 정책을 개관하고 있습니다. 이 정책은 현재의 재정적 어려움을 초래한 근본 원인을 치유하여 시장의 신뢰를 회복하고 한국 경제를 굳건한 기반을 토대로 한 성장의 길로 이끌 수 있을 것입니다. 이 프로그램의 이행을 위해 한국 정부는 향후 3년간 SDR 155억 달러 규모의 IMF 신용공여 지원을 요청합니다.

〈한국과 국제통화기금IMF 간의 차관 제공 합의 의향서〉, 1997년 12월 3일

- ◆ **감독**: 최국희
- ◆ **개봉연도**: 2018년
- ◆ **관람등급**: 12세
- ◆ **장르**: 드라마
- ◆ **등장인물(배우)**: 한시현(김혜수), 윤정학(유아인), 갑수(허준호), 재정국 차관(조우진), IMF 총재(뱅상 카셀) 등

〈국가 부도의 날〉은 경제 문제를 소재로 2018년 개봉한 영화예요. 1997년 IMF 사태라는 대한민국 현대사의 중대한 사건을 실감나게 다루었죠. 이 영화는 국가적 재난에 가까운 경제 위기를 갑작스레 마주한 우리 사회 곳곳의 경제 주체들을 보여 줘요. 정책 결정을 내리는 정치인과 경제 관료, 문제를 파악하고 여러 대안을 제시하는 은행가, 위기를 기회로 삼아 투자에 올인하는 증권맨, 금융 위기 앞에 속절없이 무너지는 사업가, 국가의 불행에 베팅하여 이익을 내는 투자자 등 다양한 인간상이 여과 없이 드러나는 것이 인상적이죠. 대학 때 IMF를 겪은 필자는 영화를 보면서 고통스러운 기억들이 떠올라 슬프면서도, 우리 사회의 물질 만능주의가 심화된 기점이 저 시기였음을 새삼 깨닫기도 했습니다. 그만큼 현대사의 분기 같은 엄청난 사건이 IMF죠.

영화는 1997년 10월, 외환 위기 발생 한 달 전부터 시작됩니다. 한국은행 통화정책팀장 한시현은 급격히 나빠지는 경제 지표들을 분석해 심각한 위기가 다오고 있음을 알아차려요. 외환 보유액이 빠르게 줄어

들고 환율이 순식간에 오르며 기업들이 줄줄이 부도가 나는 등 모든 지표가 경제 붕괴를 예고하고 있었거든요.

같은 시기, 중소 그릇 공장을 운영하는 갑수는 외환 위기가 온다는 사실을 전혀 알지 못한 채, 경제는 안전하다는 뉴스를 믿고 사업 확장을 계획하고 있었어요. 동업자와 함께 평생 성실히 일군 회사와 직원들을 지키기 위해 안간힘을 쓰지만, 은행 대출은 나오지 않고 물건값으로 받은 어음*들을 줄줄이 못 쓰게 되면서 현금 흐름이 끊겨 부도 위기에 처하게 되었어요. 빚을 갚지 못해 동업자는 구속되고 직원들 월급을 주지 못해 공장이 문을 닫으며 거래처 사장은 스스로 목숨을 끊는 등 막막한 현실이 눈앞에 펼쳐지죠.

한편 투자 전문가 윤정학은 한국 경제의 금융 위기를 예상하고 다니던 직장을 그만둬요. 그리고 원화 가치 하락을 내다보며 주가 폭락에 베팅하는 투기적인 투자를 감행하죠. 국가의 위기를 개인의 기회로 삼아 수익을 올리려는 심산이었어요. 국가 경제의 위기로 큰 이득을 취하는 것에 대한 죄책감을 느끼면서도, 그는 막대한 이득 앞에서 사람들의 삶이 무너져 내리는 현실을 외면해요.

시현은 각종 보고서로 급격히 나빠지는 경제 상황을 보고하고, 국가 경제가 곧 무너질 수 있다며 정부에 긴급 대책을 세워야 한다고 여러 차례 건의해요. 그러나 상부에서는 사태의 심각성을 인정하려 하지 않아요. 오히려 불안감을 조성한다며 경제 현황을 숨기는 데 급급하죠.

★ **어음**: 발행자가 정해진 날짜에 정해진 돈을 치르겠다는 약속을 적은 증표.

정부는 우리 경제가 튼튼하다며 입에 발린 말로 국민을 안심시키려 하지만, 현실은 벼랑 끝으로 내몰리고 있었어요.

결국 청와대는 극비리에 비상 대책반을 꾸려요. 핵심 책임자로 임명된 시현은 문제를 해결해 보려 노력해요. 그러나 대책반 내부의 의견이 갈리며 갈등이 일어나고 결국 IMF에 구제 금융을 신청하게 되지요. IMF 총재는 비밀리에 한국에 입국해 우리 정부와 협상을 벌이지만, 우리에게 매우 불리하게 진행되어 가요. 저들이 위기에 몰린 한국의 상황을 알아차리고 강력한 구조 조정과 경제 개방 같은 가혹한 조건을 요구했기 때문이죠. 시현은 IMF가 제시한 조건으로 지원을 받게 된다면 국내 경제가 큰 타격을 입어 국민 생활 전반이 어려워질 것임을 잘 알고 있었어요. IMF의 부당한 요구에 맞서기 위해 시현은 기자회견을 통해 사태의 심각성을 알리고자 노력하지만, 넘을 수 없는 현실의 벽에 막혀 좌절하고 말아요.

1997년 12월, 한국은 IMF 구제 금융 합의안을 발표했어요. 이로 인해 한국 사회는 크나큰 충격에 빠지죠. 영화 뒷부분에 대형 기업들이 줄줄이 망하며 거리에 직장을 구하는 사람들이 넘쳐나는 모습이 등장해요. 가정 경제를 책임지던 가장들이 하루아침에 일자리를 잃으면서 가정이 파탄 나고, 경제적 좌절에 고통받던 사람들이 실의에 빠지면서 자살률이 치솟는 현상도 보여 주지요. 그 후 20년간 한국은 전혀 다른 사회로 바뀌었고, 위기를 경험한 경제 주체들이 현실에 적응하면서 새로운 캐릭터로 거듭난 모습을 비추면서 영화는 끝을 맺어요.

〈국가 부도의 날〉은 우리 현대사의 최대 위기 중 하나로 꼽히는 IMF

사건을 바탕으로 국가와 개인 간의 관계, 사회 시스템과 경제 구조의 한계에 대해 곱씹게 만드는 영화예요. 이때의 위기를 극복하지 못했다면 현재의 대한민국도 없었을 테니까요.

Q. IMF 금융 위기란 대체 무엇이며, 왜 일어났을까요?

국제통화기금, IMF

우리나라에서 IMF라고 하면 1997년에 겪었던 큰 경제 위기를 가리키는 경우가 많아요. 그러나 사실 IMF란 '국제통화기금International Monetary Fund'을 의미하는 말이에요. 제2차 세계대전이 끝난 후 미국은 자국의 화폐인 달러화를 세계의 **기축 통화***로 삼고 국제 금융 질서를 새로이 구축했어요. 이를 위해 세계은행과 함께 출범시킨 국제 금융 기구가 바로 국제통화기금 IMF예요. 기축 통화를 찍어 내는 미국의 영향력이 강력하게 행사되며, 1945년 설립되어 1947년 3월부터 업무를 시작했지요. 우리나라는 1955년 가입했어요.

IMF란 세계 여러 나라가 함께 돈을 모아 비상금을 비축해 둔 기관이에요. 어느 나라의 경제에 위기가 닥치면 급한 불을 끌 수 있도록 달러를 빌려주는 역할을 하지요. 그래서 나라 안에 당장 쓸 달러가 부족해지거나 나라 살림을 제대로 못해서 문제를 겪는 나라들이 IMF에 도

★ **기축 통화:** 국제 무역이나 금융 거래의 기본이 되는 화폐. 대표적으로 미국 달러가 있다.

움을 요청하는데, 이게 바로 구제 금융을 신청하는 거예요. IMF의 도움을 받게 되면 당장의 경제 위기는 넘길 수 있어요. 그 대신 IMF가 요구하는 강도 높은 구조 조정과 제도 개편을 반드시 실행해야 해요. 지원을 받는 나라는 시장에서 국가의 역할을 줄이고 시장 중심의 더욱 강력한 자본주의 체제로 바뀌게 되지요. 또한 IMF는 국제 금융 기관 가운데 세계은행과 함께 가장 신뢰받는 곳이기도 해요.

1997년, IMF 사태란

'IMF 사태'란 1997년 우리나라에 벌어진 일련의 외환 위기를 말해요. 이 위기를 극복하기 위해 IMF의 긴급 구제 금융 지원을 받았기에 'IMF 사태'라고 부르기도 하지요. 당시 상황이 얼마나 심각했던지 6·25 전쟁 이후 대한민국 최대 위기로 평가되기도 해요. 긴급 구제 금융 지원을 받기 위해 IMF와의 불리한 협상을 받아들일 수밖에 없었기에, 협상이 타결된 1997년 12월 3일을 영화 제목처럼 '국가 부도의 날'이라거나 '경제 국치일'이라고 부르는 사람도 있어요.

부도란, 어음이나 수표를 가진 사람이 기한이 되어도 어음이나 수표에 적힌 돈을 지급받지 못하는 일을 뜻해요. 쉽게 말하면, 빌린 사람이 약속한 날짜까지 돈을 갚지 못하는 상황인 거예요. 부도는 개인이나 기업, 국가 누구에게나 일어날 수 있어요. 하지만 규모가 커질수록 사태의 심각성도 커지죠. 개인이 부도가 나면 돈을 빌린 사람이 곤란한 정도지만, 국가가 부도가 나면 해외에서 빌린 돈을 제날짜에 갚지 못하는 것이기에 국가 신용도가 곤두박질치고 국가 전체의 경제에 막대한 손실을 입히지요. IMF 사태 당시 우리나라의 처지가 딱 그랬어요.

모래성 같은 고도성장

우리나라는 6·25 전쟁 후의 폐허를 딛고 1960년대 이후 매우 빠르게 성장했어요. 고속 성장한 우리나라의 발전을 빗대어 '한강의 기적'이라는 말이 생길 정도였지요. 그러나 이런 눈부신 성장 뒤에는 어두운 그림자가 드리워져 있었어요. 기업들은 회사를 더 크게 키우기 위해 많은 빚을 내곤 했고, 은행은 빚 갚을 능력을 살피지 않고 기업에 쉽게 돈을 빌려주었지요. 부실기업들이 빚에 기대어 쌓은 경제 발전은 마치 모래 위의 성 같은 것이었어요. 기초가 튼튼하지 못하니 경제 상황이 조금만 나빠져도 휘청이고 무너질 수밖에 없었지요. 더구나 우리나라는 수출의 비중이 매우 크고 석유나 원자재는 모두 수입에 의존했

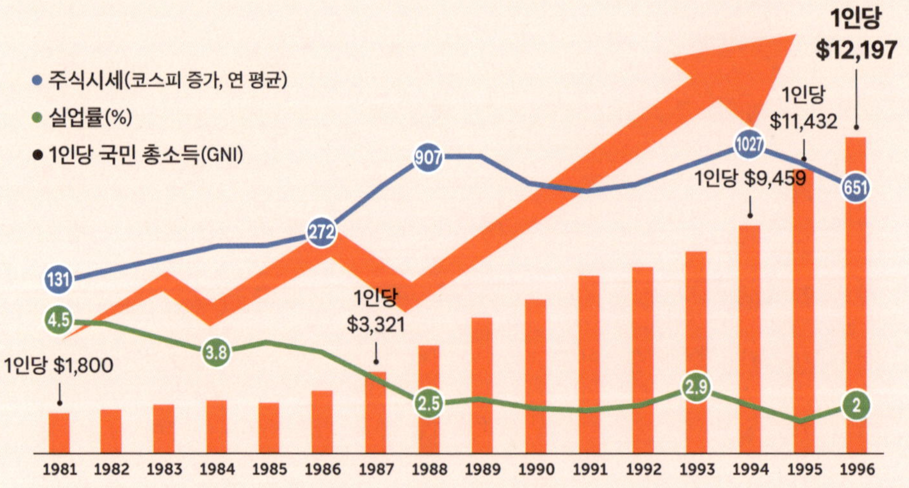

1981~1996년 우리나라 1인당 국민 총소득 고도성장 추이

기에, 수출이 막히거나 세계 경기가 나빠지면 그 충격을 고스란히 떠안아야 한다는 구조적 약점을 지니고 있었어요.

국내의 기업들은 이미 부도의 조짐을 보이고 있었어요. 빚을 내어 무리하게 사업을 확장하던 한보철강이 1997년 1월 부도를 내면서 여기에 돈을 빌려준 은행들도 휘청였거든요. 이후 돈을 돌려받지 못할 것이 두려워진 은행들은 기업에 대출을 해 주지 않으려 했어요. 삼미철강, 진로, 기아자동차 등 유수의 대기업들이 줄줄이 부도를 내고 그 협력업체인 수많은 중소기업이 도미노처럼 쓰러지면서 우리 경제는 뿌리째 흔들렸어요. 빚잔치로 몸집을 키우던 대기업 하나가 망하면 거래하던 기업들이 대금을 받지 못해 같이 망해 나가는 구조였던 거죠.

아시아 금융 위기의 확산

이러한 상황에서 1997년 여름, 아시아 전역에 금융 위기가 닥쳤어요. 태국의 화폐 가치가 곤두박질치면서 시작된 금융 불안은 인도네시아, 말레이시아 등 동남아시아 국가들을 연쇄적으로 금융 위기로 몰아넣었어요. 외국 투자자들은 아시아 여러 나라의 경제 상황이 위험하다고 보고 투자금을 빠르게 회수하기 시작했어요. 이런 현상을 '자본 이탈'이라 해요. 우리나라도 이 여파를 피하지 못하여 자본 이탈이 대대적으로 진행되었어요. 외국 투자자들이 투자금을 거두어 가자, 국내의 달러가 빠져나가면서 환율이 순식간에 치솟았죠.

여러분이 투자자라도 손해 보기 전에 투자금을 회수할 거 아니에요. 같은 이유로 당시 외국 투자자들은 아시아 및 대한민국 경제가 불안해지자 바로 투자금을 빼 버렸어요. 달러를 구할 수 없다는 것은 외국에서 빌린 돈을 제때 갚을 수 없다는 거예요. 이때 국내의 외환 보유액, 즉 '급할 때 쓰려고 모아 둔 달러'가 바닥나면 이른바 '국가 부도'로 이어지는 것이죠.

불가피한 선택, IMF 구제 금융 요청

1997년 11월쯤 우리나라는 외국과 거래할 때 치러야 할 달러, 즉 외환 보유액이 모두 떨어져 한 달 치 수입 대금도 지불할 수 없는, 국가 부도 직전의 상태에 이르게 되었어요. 당시 나라빚이 총 1500억 달러가 넘었는데 국내 보유 외화는 40억 달러도 안 되었지요. 환율은 걷잡을 수 없이 올라가, 달러당 800원 정도였던 것이 1998년 초에는 1700원을 넘어서기도 했어요. 원화 가치가 절반 이하로 떨어진 거예요. 이는 우리나라 물건의 외국 판매 가격은 낮아지지만, 원자재 등 외국 물건을 사 오는 데는 이전보다 두 배 이상의 돈이 필요해진다는 뜻이에요. 부도가 나서 온 나라가 쓰러지기 전에 어떻게든 외화를 마련해야만 했고, 정부는 어쩔 수 없이 IMF에 구제 금융을 요청해 돈을 빌릴 수밖에 없었던 것이죠. 이 때문에 'IMF 사태'를 'IMF 외환 위기'라고도 부르는 거예요.

IMF 사태는 빠른 양적 성장에 집중한 부실한 경제 구조, 금융 기관의 부실 경영, 정부의 방만하고 미숙한 외환 관리, 외국 투기 자본의 공격 등 내부의 취약성과 외부의 충격이 복합적으로 작용한 탓에 벌어진 건국 이래 최대의 경제 위기였어요. 영화 〈국가 부도의 날〉은 이 일련의 과정을 현실감 있게 보여 주고 있어요.

IMF가 제시한 조건들

영화 〈국가 부도의 날〉에서 보는 것처럼, IMF는 550억 달러라는 거금을 빌려주는 대신 국내 경제계의 고강도 구조 조정을 조건으로 내걸었어요. IMF의 요구에는 우리 경제를 회생시키기 위한 조건들도 있었지만, IMF에 강력한 영향력을 가진 미국의 입장이 반영된 것들도 있었어요. 그들은 국내의 부실기업을 싹 정리하고 직원을 쉽게 해고할 수 있게 하며, 은행을 통폐합하여 금융 시스템을 개선하고 이자율을 높여 돈 관리를 엄격하게 할 것을 요구했어요. 정부의 지출은 줄이며 세금을 늘릴 것이며, 외국 자본과 기업이 자유롭게 한국에 들어올 수 있도록 제한 조치를 없앨 것 등도 요구했지요. 대선을 앞둔 우리나라가 정

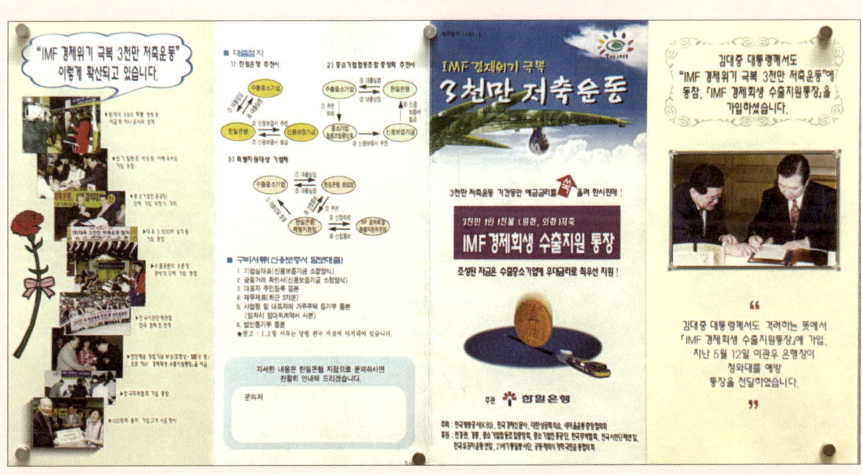

1998년 한일은행에서 발행한 IMF 경제 회생 수출 지원 통장 홍보 전단

1998년 제일은행에서 발행한 실직자 후원기금통장 홍보 전단

권교체 이후 입장을 번복할 것을 우려해, 유력한 대선주자들에게 IMF 와의 협상 결과를 번복하지 않는다는 각서까지 받았어요. 구제 금융의 대가는 이토록 혹독했고, '경제 국치일' 또는 'IMF 신탁 통치'라는 평가가 나오는 이유이기도 해요.

IMF가 제시한 조건 때문에 수많은 기업이 문을 닫고, 은행들은 서로 합치거나 사라졌으며, 수백만이 직장을 잃었어요. 실업률이 크게 오르면서 경제적 기반을 잃은 가정들이 무너져 내렸어요. 너무나 어려운 시기였기에 자살하는 사람도 늘어났죠. 오죽하면 이 시기에 대학교를 졸업하며 심각한 경제적 위기를 겪은 세대를 'IMF 세대'라고 부를 정도였지요. 고금리 정책은 부실기업뿐 아니라 우량 기업의 자금난과 부도를 가져오기도 했어요. 외국 자본이 대거 들어오며 한국 기업들은 적대적 인수 합병의 대상이 되었어요. 정부는 지출을 줄이는 긴축 재정을 실시하면서 복지를 축소했고, 이로 인해 경제적 취약 계층은 한계까지 내몰렸어요. 경제적 양극화가 심해지며 한국 사회는 극심한 경쟁 사회로 넘어갔어요.

위기의 극복과 경제 구조의 대전환

IMF가 550억 달러를 빌려주었다는 것은, 바꿔 말하면 대한민국이 국제적으로 550억 달러의 빚더미에 앉았다는 의미예요. 국민은 달러가 없어 우리나라가 부도 직전이라는 사실에 큰 충격을 받았어요. 이에 금 모으기 운동이 일어났어요. 금은 기축 통화인 달러처럼 쓸 수 있는 것이라, 장롱 속에 잠든 금을 함께 모아 나랏빚을 갚자는 취지였어요. 이에 아가들의 돌반지부터 부부들의 결혼반지, 운동선수들의 금메달, '위안부' 피해 할머니들의 금반지, 김수환 추기경이 지녔던 금 십자가까지, 350만 명이 넘는 국민이 동참해 약 227톤 18억 달러어치의 금을 모아 금융 위기 극복의 의지를 표명했어요.

경제 위기 사태로 정권이 교체되고, 1998년 2월 출범한 김대중 정부는 IMF의 개입을 수용하고 전면적이고 고강도의 경제개혁에 돌입하여 국가 경제를 재건하기 위해 총력을 기울였어요. 빚

IMF 사태 당시 금 모으기 운동 (출처: 위키피디아)

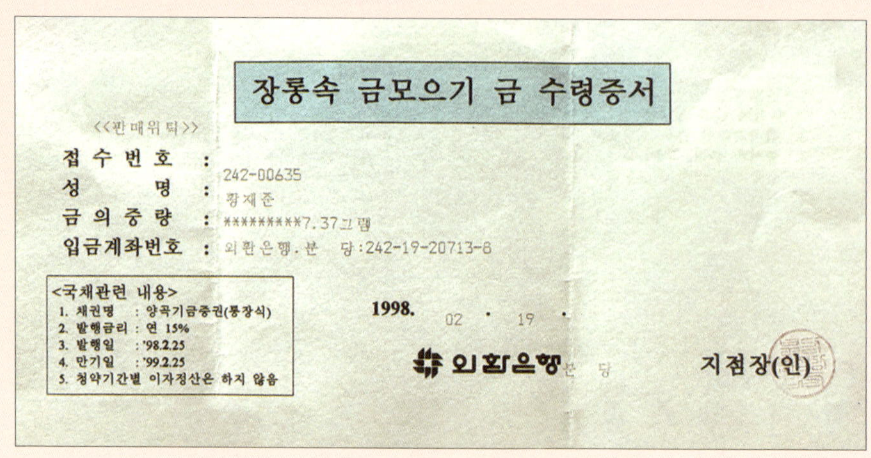

금 모으기 운동에 참여한 시민이 받은 금 수령증서

에 의존하던 기업들의 재무구조를 개선하고 금융 제도는 더욱 투명해
졌으며 기업 자체의 경쟁력 강화를 위해 매진했어요. 외환 위기 당시
39억 달러로 바닥을 친 외환 보유액은 1998년 말 520억 달러로 증가
하고 단기성 고금리 차입금부터 상환하면서 2001년 8월을 끝으로 부
채를 모두 갚았어요. 애초에 2004년 5월까지 갚기로 한 것을 3년 가까
이 앞당겨 국가 채무를 정리한 거예요. 이에 2001년 8월 23일부로 우
리나라에 대한 IMF의 관리 체제는 종료되었어요.

IMF 사태는 마치 지옥을 지나온 것 같은 현대사의 아픈 기억이에
요. 우리 사회는 성장만을 쫓아가던 기존의 방식을 반성하고 질적 성
장과 안정성을 함께 추구해야 함을 깨달았어요. 투명하고 공정한 경
제 시스템의 중요성이 부각되었어요. 이는 정치와 경제가 부당하게 얽
히는 정경 유착이나 방만한 금융 정책에 경종을 울렸고, 위기 상황에
서는 온 나라가 힘을 합쳐 극복해야 한다는 교훈도 함께 남겼죠. 외

환 위기 경험은 우리나라에 트라우마처럼 남아 이후 외환보유액에 대한 관리가 더욱 철저해졌어요. 2025년 현재 대한민국의 외환 보유액은 4163억 달러로 안정성과 유동성을 동시에 확보하며 외환 보유액 규모 세계 10위권 이내를 꾸준히 유지하고 있어요.

IMF 이후 우리 사회의 변화

국민이 함께 겪은 공동의 기억은 한 세대를 특징짓는 특성이 되기도 해요. 지금의 노년층이 부모에게 일제강점기의 경험을 듣고 자랐다면, 중년층은 부모에게 6·25 전쟁 이야기를 듣고 자랐을 거예요. 현재의 청소년이나 청년 세대는 부모에게 IMF의 기억을 듣고 자라지 않을까 해요. IMF 사태가 식민 지배나 전쟁만큼 강력한 충격이었음을 의미하는 것이죠. 이 사태를 계기로 우리 사회는 기존과 체질부터 크게 달라졌어요.

IMF 이전까지 한국 사회에서는 '평생직장' 개념이 강했어요. 한 회사에 입사하면 정년까지 다니는 것이 일반적이었죠. 하지만 대량 해고와 구조 조정을 겪으면서 이런 인식이 사라졌어요. 대기업에 비해 월급은 낮더라도 고용 안정성이 높은 공무원이 직업으로 크게 각광받기도 했죠. 학벌이나 연줄보다 실력과 성과를 중시하는 문화도 강해졌고요.

사회적으로는 정부와 기업에 투명성을 강력하게 요구하기 시작했어요. 이전처럼 밀실에서 이루어지는 정치는 지양되고 정보 공개 제도가 확대되었으며, 부패 척결을 위한 제도적 장치들이 속속 등장했죠. 무엇보다 심각한 경제 위기를 지나면서 취약 계층에 대한 사회 안전망의 중요성이 크게 부각되었어요. 특히 1999년 제정된 국민기초생활보장법은 빈곤함을 구제한다는 발상에서 최저 생활에 대한 권리 보장으로 인식을 바꾼 것으로, 우리나라 복지의 질적 도약이라 평가돼요. 이어 실업급여 확대, 국민연금 개혁 등과 같은 사회 보장 제도가 꾸준히 늘어났어요.

2007년 경제학자 우석훈·박권일이 함께 쓴 책《88만원 세대》★

　　IMF가 남긴 상처는 분명해요. 비정규직이 많아지면서 고용의 불안정성이 증가하는 동시에 외국어나 자격증 등 '스펙'이 중요해졌으며 개인의 생존과 성공이 강조되면서 '1등만 기억하는 사회'라고 할 정도로 경쟁이 치열한 사회가 되었어요. 가장 심각한 문제로 지적되는 것 중 하나는 경제 회복 과정에서 승자와 패자가 명확히 갈리면서 소득 격차가 심해졌다는 점이에요. 부유층과 중산층, 저소득층 간의 격차가 벌어지는 양극화가 극단적으로 심화되었죠. 고용 불안과 소득 격차에서 기인한 정규직과 비정규직, 대기업과 중소기업, 세대 간 갈등 등 다양한 사회 갈등 역시 깊어졌어요. IMF 사태라는 거대한 시련을 통해 우리 사회는 한층 더 성숙해졌지만, 극복하지 못한 부작용들 역시 현재 진행형인

★ **88만원 세대:** IMF사태 이후 정규직은 급격히 줄고 비정규직이 늘어 월 평균 소득이 약 88만 원 수준에 불과하여 생계·결혼·출산·미래 설계가 불가능한 세대를 가리킨다.

셈이에요.

위기를 넘어선 현재의 우리

우리 사회는 위기를 기회로 활용하여 새로운 산업의 기틀을 닦아 오늘을 일궈 왔어요. IMF 위기 국면에서 출범한 김대중 정부는 새로운 국가 비전을 제시하기 위해 기존의 산업 구조를 탈피한 IT 산업과 벤처 육성을 국가 경제 회생의 핵심 동력으로 설정하여 대대적인 지원을 기울였어요. 이때 투자를 감행한 초고속 인터넷망의 구축은 이후 국가 경쟁력을 좌우하는 중요한 전환점이 되었지요. 또한 '콘텐츠 산업'이라는 개념을 도입하여 문화 산업을 국가의 핵심 산업으로 적극 지원했어요. 현재 우리가 누리고 있는 한류, 'K-컬처'라고 불리는 문화강국으로서의 기틀은 현대사 최악의 위기 국면인 IMF 사태를 돌파하면서 반성과 숙고를 통해 이루어진 것이죠. 앞으로 우리나라를 어떤 방향으로 이끌지는, 이 글을 읽고 있는 여러분의 몫이에요.

참고문헌

고서
《삼국사기》
《삼국유사》
《고려사》
《고려사절요》
《조선왕조실록》
《동국여지지》
《송와잡설》
《전우치전》

단행본
국립공주박물관, 《무령왕릉 발굴 50년: 1971-2021》, 국립공주박물관, 2021.
국립중앙도서관, 《2016년 일본군 피해 관련 사료 조사 및 D/B화 사업 보고서. 2, 일본군 피해자 구술자료 재정리 자료집》, 2016.
국립청주박물관, 《한국의 청동기문화》, 국립청주박물관, 2020.
국방군사연구소, 《한국전쟁》, 국방군사연구소, 1995.
국사편찬위원회, 《한국사 22: 조선왕조의 성립과 대외관계》, 국사편찬위원회, 1995
국외소재문화재재단, 《오구라컬렉션, 일본에 있는 우리 문화》, 사회평론아카데미, 2014.
강은수 등, 《한국 박물관 100년사: 1909-2009》 국립중앙박물관, 2009.
강정숙, 《일본군 '위안부' 알고 있나요?》, 한국독립운동사연구소, 2015.
계승범, 《조선시대 해외파병과 한중관계》, 푸른역사, 2009.
곽승훈 등, 《한국 소재 한국 고대 금석문》, 한국학중앙연구원출판부, 2015.
김문자, 《《난중일기》로 본 임진왜란》 순천향대학교 이순신연구소, 2000
김양명, 《한국전쟁사》, 일신사, 1981.
김열규, 《한국신화와 무속연구》, 일조각, 1977.
김위현, 《高麗時代 對外關係史 研究》, 景仁文化社, 2004.
김재만, 《契丹.高麗關係史硏究》, 國學資料院, 1999.
노태돈 교수 정년기념논총 간행위원회, 《한국 고대사 연구의 자료와 해석》, 사계절, 2014.

모리카와 마치코 저, 김정성 역, 《버마전선 일본군 ‘위안부’ 문옥주》, 아름다운사람들, 2005.

민주화운동기념사업회 한국민주주의 연구소, 《한국민주화운동사 3: 서울의 봄부터 문민정부 수립까지》, 돌베개, 2010.

박선미 등, 《우리 문헌 속 고조선을 읽다》, 동북아역사재단, 2024.

배우성, 《조선후기 국토관과 천하관의 변화》, 일지사, 1998.

브루스 커밍스, 《한국전쟁의 기원》 상·하, 청사, 1986.

서대석, 《한국 건국신화의 연구》, 집문당, 2001.

송호정, 《단군, 만들어진 신화》, 산처럼, 2004.

유용태·정숭교·최갑수, 《학생들이 만든 한국 현대사: 제1권 시대사》, 한울, 2020.

유용태·정숭교·최갑수, 《학생들이 만든 한국 현대사: 제2권 사회문화사》, 한울, 2020.

윤내현, 《고조선 연구》, 일지사, 1994.

이도학, 《살아있는 백제사》, 휴머니스트, 2003.

이상태, 《김정호 연구》, 경인문화사, 2021.

이익주 등, 《동아시아 국제질서 속의 한중관계사》, 동북아역사재단, 2010.

이재오, 《한국학생운동사: 1945~1979년》, 파라북스, 2011.

이정철, 《대동법, 조선 최고의 개혁–백성은 먹는 것을 하늘로 삼는다》, 역사비평사, 2010

이찬, 《한국의 고지도》, 범우사, 1991.

이한상, 《황금의 나라, 신라》, 김영사, 2005.

일본의 전쟁 책임 자료센터 편, 강혜정 역, 《일본의 군 ‘위안부’ 연구》, 동북아역사재단, 2011.

장동익, 《高麗時代 對外關係史 綜合年表》, 동북아역사재단, 2009.

한국고고환경연구소, 《청동기시대의 고고학(1-5)》, 서경문화사, 2014-2016.

한국정신대문제대책협의회·정신대연구회 편, 《증언집: 강제로 끌려간 조선인 군위안부들 1》, 한울, 1993.

한글학회, 《한글학회 100년사》, 한글학회, 2009.

한명기, 《임진왜란과 한중관계》, 역사비평사, 1999.

한일관계사연구논집, 《임진왜란과 한일관계》, 경인문화사, 2005.

논문

강제훈, 〈조선 왕릉과 왕릉 의례의 특징〉, 한국사학보 (54), 2014.

강혜진, 〈고전소설에 나타난 환상계의 형상화원리와 의미: <구운몽>, <전우치전>, <옥루몽>을 중심으로〉, 고려대학교 박사논문, 2020.

고현아, 〈신라 중고기의 왕실 계보와 불교 이념:《석가보》의 수용을 중심으로〉, 한국고대사연구 83, 2016.

구산우, 〈고려 현종대의 대거란전쟁과 그 정치·외교적 성격〉, 역사와경계 74, 2010.

권덕영, 〈백제 멸망 최후의 광경〉, 역사와경계 93, 2014.

권용철, 〈거란 성종의 고려 친정(親征) 배경에 대한 새로운 관점: 거란의 정세 분석을 중심으로〉, 동방학지 197, 2021.

권용철, 〈거란의 1차 고려 침입 배경에 대한 추가적 검토: 거란 중심의 국제질서로 가는 길〉. 학림 53, 2024.

권은나, 〈광해군대 반역 사건을 통해 본 정국운영〉, 대구사학 148, 2022.

김규찬, 〈한국 문화콘텐츠산업 진흥정책의 내용과 성과: 1974~2011 문화부 예산 분석을 통한 통시적 고찰〉,《언론정보연구》50-1, 2013.

김기혁, 〈《대동여지도》 판본 형태의 비교 연구〉, 한국고지도연구, 14(1), 2022.

김기혁, 〈우리나라 도서관·박물관 소장 고지도와《대동여지도》〉, 한국고지도연구학회 학술대회, 2008.

김난옥, 〈고려사의 편찬과 조선전기 전조사 인식〉, 사학연구 116, 2014.

김덕원, 〈신라 善德王代의 불교정책에 대한 고찰〉, 신라사학보 31, 2014.

김덕원, 〈新羅 中古期 舍輪系의 政治活動 硏究〉, 明知大學校 박사논문, 2002.

김상협, 〈조선왕릉 회격현궁(灰隔玄宮) 축조방법 연구〉, 건축역사연구: 한국건축역사학회논문집 21(4), 2012.

김상협, 〈조선전기 왕릉 석실 축조 연구〉, 대한건축학회 논문집 – 계획계 25(7), 2009.

김상협, 〈조선초기 왕릉 석실 구조 연구〉, 대한건축학회 논문집 – 계획계 24(8), 2008.

김석희, 〈임진왜란과 부산 항전〉,《항도부산》9, 1992.

김선주, 〈선덕여왕의 즉위 배경과 통치적 특징〉, 페미니즘 연구 9(2), 2009.

김성환, 〈단군, 신화에서 역사로〉,《동북아역사논총》76, 2022.

김세희, 〈麗末鮮初 明과의 領有權 문제와 領域확정〉, 연세대학교 석사논문, 2012.

김수진, 〈《三國遺事》「皇龍寺丈六」條의 造像 과정 검토〉,《한국학논총》43, 2015.

김수진, 〈唐京 高句麗 遺民 硏究〉, 서울대학교 박사논문, 2017.

김수태, 〈百濟 義慈王代의 政治變動〉, 한국고대사연구 5, 1992.

金瑛洙, 〈古代 諜者考〉, 軍史 27, 1993.

김윤주, 〈조선 초기 '조선 건국'에 대한 역사 인식의 형성과 추이〉, 사학연구 142, 2021.

김윤주, 〈조선 태조~태종대 정치와 정치세력〉, 서울시립대학교 박사논문, 2011.

김인덕, 〈1915년 조선총독부박물관 설립에 대한 연구〉, 향토서울 71, 2008.

김정은, 〈光海君代의 政局運營과 王權의 確立〉, 충북대학교 석사논문, 2011.

김종필, 〈조선시대 국왕권력 이양 사례 연구〉, 건국대학교 박사논문, 2022.

김주성, 〈660년 7월 8일간의 전투 재구성〉, 백제문화 56, 2017.

김주성, 〈義慈王代 정치세력의 동향과 백제멸망〉, 백제연구 19, 1988.

김주원, 〈훈민정음 해례본의 겉과 속〉, 새국어생활 제16권 제3호, 2006.

김진실, 〈광해군 대 '弊政'에 대한 재검토〉, 경희대학교 석사논문, 2016.

김창겸, 〈新羅 善德女王의 王位繼承에 대한 論議〉, 한국학논총 44, 2015.

나희라, 〈射琴匣說話와 新羅의 王權儀禮〉, 역사문화연구 37, 2010.

남동신, 〈聖住寺 無染碑의 '得難'條에 대한 考察〉, 《한국고대사연구》 28, 2002.

남동신, 〈新羅 中古期 佛敎治國策과 皇龍寺〉, 《新羅文化祭學術發表論文集》 22, 2001.

남동신, 〈천궁(天宮)으로서의 석굴암〉, 《미술사와 시각문화》 13, 2014.

남미선, 〈皇龍寺 九層木塔 건립의 배경과 목적〉, 경북대학교 석사논문, 2015.

남상구, 〈한일 역사문제의 구조와 일본 정부의 사죄 표명〉, 일본역사연구 66, 2025.

남정호, 〈사비 후기 백제의 지배세력과 정국운영의 변화〉, 경북대학교 박사논문, 2016.

도현철, 〈조선 건국 과정에서 역사 기록의 상이한 평가와 해석〉, 역사학보 248, 2020.

도현철, 〈조선초기 단군 인식과 《삼국유사》 간행〉, 《동방학지》 162, 2013.

목수현, 〈일제하 박물관의 형성과 그 의미〉, 서울대학교 석사논문, 2000.

문동석, 〈660년 7월 백제와 신라의 황산벌 전투〉, 신라사학보 383, 2016.

문안식, 〈의자왕 전반기의 신라 공격과 영토확장〉, 경주사학 23, 2004.

민덕기, 〈임진왜란 초기의 전개상황과 그 배경〉, 전북사학 39, 2011.

민현구, 〈고려에서 조선으로의 왕조교체를 어떻게 이해할 것인가〉, 한국사시민강좌 35, 2004.

박광현, 〈식민지 조선과 박물관의 정치학: 재조선(在朝鮮) 식민 사회의 형성 과정과 관련하여〉, 日本學硏究 27, 2009.

박노석, 〈백제 황산벌 전투와 멸망 과정의 재조명〉, 인문과학연구 27, 2010.

박미선, 〈5세기 신라의 對高句麗關係와 왕실의 불교 인식 변화〉, 신라사학보 50, 2020.

박민경, 〈武王·義慈王代 政局運營의 硏究〉, 한국고대사연구 20, 2000.

박수진, 〈신라 성골연구의 현황과 과제〉, 신라사학보 52, 2021.

박원호, 〈고려말 조선초 대명외교의 우여곡절〉, 《韓國史市民講座》 36, 2005.

박주선, 〈百濟 義慈王代의 신라 고립책과 對倭 관계: 653년 백제와 왜의 通好를 중심으로〉, 한국사론 61, 2015.

박진이, 〈일제강점기 문화재 반출과 조선인의 대응〉, 강원대학교 석사논문, 2016.

박찬홍, 〈[왜?] 신라에는 왜 여왕이 있었을까?〉, 내일을 여는 역사 2, 2000.

朴昌和, 〈新羅史について(二)〉, 中央史壇 14-2, 1928.

박현숙, 〈《삼국유사》 선덕왕 지기삼사조의 형성 과정과 의미의 재고찰〉, 한국사학보 86, 2022.

배우성, 〈《대동여지도》와 조선후기사 연구〉, 한국고지도연구학회 학술대회, 2008.

백동인, 〈新羅 炤知麻立干의 神宮 설치와 親祀〉, 신라사학보 42, 2018.

서영대, 〈신화 속의 단군〉, 《한국사시민강좌》 21, 2000.

서혜은, 〈<전우치전>의 대중화 양상과 그 소설사적 의미〉, 어문학 115, 한국어문학회, 2012.

성준선, 〈신라 중고기 성골의 출현과 변천〉, 대구가톨릭대학교 대학원, 2021.

성준선, 〈신라 진지왕 폐위 원인에 관한 새로운 고찰과 그 역사적 의미〉, 대구사학 147, 2022.

申東河, 〈新羅 佛國土思想과 皇龍寺〉, 《新羅文化祭學術發表論文集》 22, 2001.

신윤호, 〈임진왜란 시기 三道水軍 연구〉, 경상대학교 박사논문, 2019.

신은제, 〈高麗史 편찬 후 고려에 대한 기억〉, 한국중세사연구 23, 2007.

신종원, 〈신라 불교 전래의 제양상〉, 《新羅初期佛敎史硏究》, 1992.

양보경, 〈대동여지도〉, 한국사 시민강좌 23, 1998.

양보경, 〈대동여지도를 만들기까지〉, 한국사 시민강좌 16, 1995.

양정석, 〈皇龍寺 中金堂의 造成과 丈六尊像〉, 《先史와 古代》 12, 1999.

양종국, 〈義慈王과 百濟 멸망의 역사적 의미: 義慈王에 대한 재평가(2)〉, 역사와 담론 36, 2003.

오수창, 〈조선왕조 개창의 형식과 논리: 禪讓論과 추대 사실의 검토〉, 동방학지 176, 2016.

우지현, 〈역사속의 여성 우리나라 최초의 여왕 선덕여왕〉, 鑑: 역사를비추는거울 5, 2008.

위영, 〈신라 초전불교의 전개 과정 검토〉, 신라문화 20, 2002.

육정임, 〈고려·거란 '30년 전쟁'과 동아시아 국제질서〉, 동북아역사논총 34, 2011.

윤미영, 〈중국 여황제 武則天의 정권 창립과 불교: 《大雲經疏》를 중심으로〉, 한국교수불자연합학회지, 2015.

윤은숙, 〈北元과 明의 대립〉, 《동양사학연구》 105, 2008.

윤재근, 〈전우치전설과 전우치전〉, 고려대학교 석사논문, 1982.

윤훈표, 〈고려 말 이성계의 군사 활동과 조선 건국 주도 세력의 결집 양상〉, 韓國史學史學報 33, 2016.

이기동, 〈善德女王의 시대〉, 한국과학사학회지 3-1, 1981.

이기봉, 《《대동여지도》와《대동지지》: 〈청구도범례〉에 담겨 있는 김정호의 꿈〉, 한국고지도연구학회 학술대회, 2008.

이대화, 〈'창씨개명' 정책과 조선인의 대응〉, 《숭실사학》 26, 2011.

이대화·한미라, 〈《대동여지도》로 읽는 19세기 조선〉, 교양학연구 15, 2021.

이도학, 〈《日本書紀》의 百濟 義慈王代 政變記事의 檢討〉, 한국고대사학회 11, 1997.

이동윤, 〈新羅 上代 왕실의 재생산 인식과 女性의 즉위 배경〉, 한국민족문화 74, 2020.

이동재, 〈歷史懷古와 勝景의 공간 落花巖〉, 동방한문학 71, 2017.

이상훈, 〈나당연합군의 군사전략과 백제 멸망〉, 역사와실학 59, 2016.

이상훈, 〈이성계의 위화도 회군과 개경 전투〉, 국학연구 20, 2012.

이상훈, 〈황산벌의 위치와 전투의 재구성〉, 서강인문논총 60, 2021.

이승일, 〈식민지 조선과 대만의 창씨개명·개성명 비교 연구〉, 《대동문화연구》 76, 2011.

이정선, 〈조선 전기 왕릉제도의 성립과 石人·石獸 양식 연구〉, 미술사논단 (29), 2009.

이정선, 〈조선총독부의 조선인 이름 정책과 이름의 변화 양상들〉, 《역사민속학》 49, 2015.

이정일, 〈임진왜란 전반기 조명 군사 협력의 일단: 함경도 일본군 퇴각과 관련하여〉, 한일관계사연구, 66, 2019.

이정훈, 〈고려 현종대 거란과의 전쟁과 지배체제 개편〉, 한국중세사연구 29, 2010.

이제민, 〈한국 외환위기: 원인, 해결과정과 결과〉, 《경제발전연구》 13-2, 2007.

이제민, 〈한국 외환위기의 성격과 결과: 그 논점 및 의미〉, 《한국경제포럼》 9-2, 2016.

이종필, 〈田禹治 전승의 양가적 表象과 그 역사적 맥락〉, 어문논집 75, 민족어문학회, 2015.

이지은, 〈일본군 '위안부' 서사 연구〉, 서울대학교 박사논문, 2023.

李炯植, 〈'조선의 전기왕' 오구라 다케노스케(小倉武之助)와 조선사회〉, 동양사학연구 145, 2018.

이형우, 〈高麗 禑王代의 政治的 推移와 政治勢力 研究〉, 고려대학교 박사논문, 1999.

이효형, 〈고려전기의 북방인식: 발해·거란·여진 인식 비교〉, 지역과 역사 19, 2006.

임동현, 〈1930년대 조선어 학회의 철자법 정리·통일운동과 민족어 규범 형성〉, 《역사와 현실》 94, 2014.

임석회, 〈IMF 경제위기 이후 경제재구조화와 지역격차〉, 한국지역지리학회지 8-4, 2002.

장성호, 〈한국군부의 정치개입과 권력획득에 관한 비교 연구: 구군부와 신군부 세력을 중심으로〉, 건국대학교 박사논문, 2000.

장인성, 〈해동증자 백제 의자왕〉, 한국인물사연구 4, 2005.

장정수, 〈17세기 전반 朝鮮과 後金·淸의 國交 수립 과정 연구〉, 고려대학교 박사논문, 2020.

장정수, 〈深河戰役 당시 광해군의 '密旨'와 對後金 배후교섭의 변질〉, 史叢 104, 2021a.

장정수, 〈조선후기 姜弘立에 대한 적대적 평가의 형성 배경〉, 역사와 담론 98, 2021b.

장창은, 〈新羅 炤知王代 對高句麗關係와 政治變動〉, 사학연구 78, 2005.

전경수, 〈한국 박물관의 식민주의적 경험과 민족주의적 실천 및 세계주의적 전망: 탈맥락(脫服絡)화 再맥락화, 原맥락화〉, 박물관학보 3, 2000.

정다함, 〈"뿌리 깊은 나무"와 "샘이 깊은 물"이라는 계보: 《龍飛御天歌》에 담긴 역성혁명 서사와 태종 이방원의 역할〉, 한국사학보 69, 2017.

정대영, 〈조선시대 고지도 간행에 대한 試論: 상업판매와 수요층을 중심으로〉, 한국고지도연구 14(1), 2022.

정우택, 〈光海君代 政治論의 分化와 改革 政策〉, 경희대학교 박사논문, 2009.

정재환, 〈8·15 해방 직후 조선어 학회의 활동: 1945.8.15.~1946.2.〉, 《사림》 41, 2012.

제장명, 〈3대 해전을 통해 본 이순신 전략과 리더십〉, 이순신연구논총 8, 2007.

제장명, 〈임진왜란 시기 조선의 수군정책과 이순신의 수군 운용〉, 이순신연구논총 31, 2019.

조경철, 〈고대 삼국의 불교와 정치〉,《백제문화》51, 2014.

조경철, 〈단군신화 속 홍익인간의 유래와 그 의미〉,《한국학》3, 2017.

조경철, 〈신라의 여왕과 여성성불론〉, 역사와현실 71, 2009.

조훈, 〈전두환의 신군부 집권과정에 대한 연구: 하나회를 중심으로〉, 전주대학교 석사논문, 2006.

천혜정, 〈IMF 외환위기 기억의 사회적 구성〉, 사회과학연구논총 33⑵, 2017.

첵메드 체렝도르지, 〈14세기 후반 동아시아의 국제 정세와 북원과 고려의 관계〉, 한국학중앙연구원 박사논문, 2011.

최경봉, 〈'조선말 큰 사전 원고'의 사전화 과정과 사전학적 의의〉, 민족문화연구 91, 2021.

최덕환, 〈993년 고려–거란 간 갈등 및 여진 문제〉, 역사와현실 85, 2012.

최두환, 〈壬辰倭亂 時期 朝明聯合軍 硏究〉, 慶尙大學校, 2011.

최석영, 〈조선총독부박물관의 출현과 "식민지적 기획"〉,《역사와 담론》27, 1999.

최선자, 〈신라 전륜성왕 연구〉, 건국대학교 박사논문, 2021.

최윤오, 〈김정호의《대동여지도》제작과 조선의 고지도 발달사: 이상태,《김정호 연구》(경인문화사, 2021)〉, 한국사연구 196, 2022.

崔昌大, 〈善德.眞德女王과 그 時代〉, (釜山工業大學)論文集 23-1, 1982.

하일식, 〈선덕·진성여왕의 지도력과 시대 조건〉, 내일을 여는 역사, 58, 2015.

하태규, 〈임진왜란 초 호남지방의 실정과 관군의 동원실태〉, 지방사와 지방문화 16⑵, 2013.

한성백제박물관 편, 〈백제학연구총서 쟁점백제사: 백제 고분 연구의 쟁점과 향후 과제, 한성백제박물관, 2024.

황인덕, 〈부여 낙화암 전설의 형성과 전개〉, 한국문학논총 29, 2001.

기타

국가기록원, 〈6·25 전쟁〉

국가기록원, 〈IMF 자금지원 합의내용 영문자료〉

국가기록원, 〈IMF 외환위기 극복: 550억 달러의 빚을 진 경제국치의 날〉

국가기록원, 〈제4호 조선말 큰사전 편찬 원고〉

국가법령정보센터, 판례 96노1892

국사편찬위원회, 〈제4장 일제강점기의 배움과 가르침〉

국사편찬위원회, 〈한국과 국제 통화 기금(IMF) 간의 차관 제공 합의 의향서〉

문화재청, '서오릉 순창원(順昌園) 도굴 미수 현장 발견', [보도자료], 2006.1.19.

박찬수, '문화를 산업으로 본 첫 대통령…DJ, '한류' 기반을 놓다', 한겨레, 2024.01.17.

민주화운동기념사업회 https://archives.kdemo.or.kr/

한국민족문화대백과사전 https://encykorea.aks.ac.kr/

Trading Economics https://ko.tradingeconomics.com/